U0926137

中国读书会发展调查研究报告

陈丹　常昕／著

人民出版社

目　录

第一章

读书会发展背景与概念界定

第一节 全国读书会的发展背景与政策支持

一、“全民阅读”理念的兴起与发展

1995年，联合国教科文组织正式宣布4月23日为“世界读书日”，致力于向全世界推广阅读。从此，读书人有了自己的节日，读书活动被赋予了一种神圣而崇高的意义。在我国，全民阅读得到了政府的重视，以行政手段来进行阅读推广活动。1997年1月，中央宣传部、文化部等9个部委共同发布了《关于在全国组织实施“知识工程”的通知》，倡导全民读书，建设阅读社会。2006年4月，中宣部、中央文明办等11个部门联合发布《关于开展全民阅读活动的倡议书》，号召全国各地各有关部门要开展丰富多彩的读书推广活动，为全民阅读营造良好的读书环境。

（一）党中央高度重视全民阅读

2012年11月，党的十八大报告提出“开展全民阅读活动”，将其纳入我国社会主义文化强国建设。2014年以来，“倡导全民阅读”连续三年写入国务院政府工作报告。2016年3月，《中华人民共和国国民经济和社会发展第十三个五年规划纲要》要求“推动全民阅读”，并将全民阅读工程列为“十三五”时期文化重大工程之一，标志着全民阅读上升到国家战略的高度。

同时，习近平总书记多次对领导干部读书学习提出明确要求。2014年2月，习近平在俄罗斯索契接受俄罗斯电视台专访时指出，“我经常能做到的是读书，读书已成了我的一种生活方式。读书可以让人保持思想活力，让人得到智慧启发，让人滋养浩然之气”。习近平总书记在第四批全国干部学习培训教材“序言”中指出，“好学才能上进，好学才有本领。中国共产党人依靠学习走到今天，也必然要依靠学习走向未来。各级领导干部要勤于学、敏于思，坚持博学之、审问之、慎思之、明辨之、笃行之，以学益智，以学修身，以学增才。要努力学习各方面知识，努力在实践中增加才干，加快知识更新，优化知识结构，拓宽眼界和视野，着力避免陷入少知而迷、不知而盲、无知而乱的困境，着力克服本领不足、本领恐慌、本领落后的问题”。①

在新的历史条件下，深入开展全民阅读，对于提高公民的思想道德素质和科学文化素质，培育和践行社会主义核心价值观，传承中华优秀传统文化，满足人民群众日益增长的精神文化需求，对于全面建成小康社会，实现“两个一百年”宏伟目标、实现中华民族伟大复兴中国梦，具有重大而深远的意义。

（二）“建设学习型社会”重要决策的引领

党的十八大提出，“完善终身教育体系，建设学习型社会”。党的十九大进一步提出，“办好继续教育，加快建设学习型社会，大力提高国民素质”。这是继党的十六大和十七大提出建设全民学习、终身学习的学习型社会，《国家中长期教育改革和发展规划纲要（2010—2020年）》确定到2020年“基本形成学习型社会”后，又一次突出强调的国家重大战略决策，是我国实现全面建成小康社会和中华民族伟大复兴宏伟目标的根本保障。

（三）出台首个国家级全民阅读规划

为贯彻落实“完善终身教育体系，建设学习型社会”重要决策，中宣部、中央文明办、新闻出版总署以及中国图书馆学会等部门组织发起

---

①　参见新华网北京2015年2月27日《第四批全国干部学习培训教材〈序言〉》，见http://www.xinhuanet.com/politics/2015-02/27/c_1114459086.htm。

了“全民阅读”活动。

2016年12月27日，国家新闻出版广电总局正式发布《全民阅读“十三五”时期发展规划》（以下简称《规划》），旨在推动全民阅读工作常态化、规范化，共同建设书香社会，提出了要举办全民阅读品牌活动等九项主要任务，这也是我国制定的首个国家级全民阅读规划。《规划》除了首次以九项任务科学界定了全民阅读工作的范围，还细化并确定了28个全民阅读重点工程和项目，从阅读氛围、阅读活动、阅读内容、阅读设施、阅读保障等提出原则要求。

《规划》提出成立全民阅读促进协会，“汇聚相关部门、群团组织、阅读推广机构、出版发行单位、公共图书馆、基层阅读组织、知名作家学者以及其他热心全民阅读推广的社会人士，组建各级全民阅读促进协会，开展全民阅读推广工作。到2020年，全国所有省（自治区、直辖市）都应成立全民阅读促进协会，50%的地级市应成立全民阅读促进协会”。全国各地的读书会组织为全民阅读促进协会的凝聚和发展奠定了重要基础和构成元素。

（四）国务院立法推进全民阅读脚步加快

就世界范围而言，已经有很多国家通过立法推动全民阅读，比如韩国1991年制定了《图书馆振兴法》，美国1998年颁布了《卓越阅读法》，日本1999年通过了《有关儿童读书年的决议》。在我国，国家层面立法推进全民阅读的历程大致是：

2013年全国两会期间，邬书林、厉以宁、葛剑雄、白岩松等115位政协委员联名签署并提交《关于制定实施国家全民阅读战略的提案》，明确提出由全国人大制定《全民阅读法》、由国务院制定《全民阅读促进条例》的建议。

2013年下半年，国家新闻出版广电总局全民阅读立法起草组成立，全民阅读立法被列入国家立法工作计划。

2014年3月，李克强总理作政府工作报告，首次提出倡导全民阅读。

2015年12月，国务院法制办发布《中华人民共和国公共图书馆法(征求意见稿)》。

2016年2月，《全民阅读促进条例（征求意见稿)》完成起草，并公开征求意见。

2017年3月，《中华人民共和国公共文化服务保障法》正式颁布，全民阅读被纳入其中。

2017年6月，国务院法制办审议并原则通过了《全民阅读促进条例（草案)》，自2017年6月起正式实施。

2017年11月，《中华人民共和国公共图书馆法》正式颁布。

2018年3月，全国政协委员朱永新提交《关于建立国家阅读节，深化全民阅读的提案》，建议把全民阅读提升为国家战略。国务院办公厅关于印发国务院2018年立法工作计划的通知，其中包括为坚定文化自信，推动社会主义文化繁荣兴盛，提请全国人大常委会制定全民阅读促进条例。

现行《全民阅读促进条例（草案)》以法律的形式确认了我国公民享有基本阅读权利，并对政府如何加大全民阅读投入和保障力度、如何创造良好的阅读环境进而引领社会风尚进行了规范和约束。比如，《全民阅读促进条例（草案)》规定县级以上政府应当将全民阅读所需经费纳入财政预算、将全民阅读设施建设纳入本级城乡建设规划，并加强公共图书馆、社区书屋等场馆建设，定期举办全民阅读活动等。全民阅读立法的意义在于强化政府保障公民基本阅读权利的公共服务职能，提供充足的阅读资源与良好的阅读环境以满足民众的阅读需求，通过规范化的财政行为、系统化的阅读设施建设、社会舆论导向以及阅读氛围的营造来鼓励民众进行阅读活动，引领社会自觉形成全民阅读之风。

全民阅读全国性立法呼之欲出，各地方在阅读立法工作上先行先试。截至2018年，已有江苏、湖北、辽宁、四川、吉林、黑龙江6省份，以及深圳、石家庄、常州、烟台4城市发布并实施了全民阅读法规。宁夏、山东、云南、陕西、河南、重庆、河北等地已开始着手制定全民阅读法规。

二、政府主导下的阅读推广

（一）政策层面的力推

《全民阅读“十三五”时期发展规划》提出，组织引导社会各方力量共同参与全民阅读事业的发展。鼓励和吸引社会力量建设全民阅读公共设施、提供全民阅读服务。充分发挥热心阅读推广的社会名人、文化名家的阅读引领作用。鼓励和支持公务员、教师、新闻出版工作者、大学生等加入阅读推广人队伍，定期培训，提升阅读推广人队伍的整体素质和服务能力。鼓励和支持文化团体、教育机构和其他社会组织开展阅读推广并提供公益阅读服务。成立各级全民阅读促进协会。鼓励和支持高等院校和科研单位进行阅读研究，鼓励从跨学科的角度研究阅读理论，创新研究方法，加强阅读学学科建设，促进全民阅读工作的开展。

《规划》提出，制定阅读推广人培养方案及管理办法，建立基层全民阅读工作者队伍培训机制，对全国各级全民阅读工作人员、图书馆馆员、农家书屋管理员、阅读推广人等进行系统培训，提高全民阅读推广能力，支持开展各类基层读书活动。充分发挥各类绘本馆、阅读空间、读书会等的重要作用，提升阅读推广专业性、阅读服务规范性，培育一批在社会上具有广泛影响力的阅读推广机构。

（二）品牌阅读推广组织和活动

1. 品牌阅读推广组织

在全民阅读成为国家战略的背景下，各地方政府尤其是新闻出版主管部门着力通过政策释放和资源投入为阅读推广搭建平台。在此过程中，各地逐步形成了一些扎根实地、致力于社会服务的阅读推广组织，有些已经成为传播品牌。比如北京新闻出版局于2011年启动的“北京阅读季”活动，2014年“北京阅读季”升格为全国首家国家级品牌的全民阅读活动，定名为“书香中国·北京阅读季”。经过8年的进化、创新与发展，有越来越多的阅读空间、阅读服务机构、文化创意机构、读者等与阅读相关的社会资源加入到这个公共平台，共同推助“北京阅读季”成为一个具有品牌效应的阅读推广组织，在全国全民阅读活动中起到了示范引领作用。值得一提的是，这个组织的外延并非闭合的，而是在阅读推广过程中不断吸纳和更新，使得组织内涵愈加丰富，这也是“北京阅读季”品牌越来越响，具有可持续发展动力的重要原因。

2. 品牌阅读推广活动

有些阅读推广或服务机构通过打造品牌活动来凝聚阅读资源，进而有针对性地推进全民阅读。比如2016年年初，中国新闻出版传媒集团创办了“妈妈导读师”亲子阅读大赛活动。内容包括：参赛家庭辅导0—12岁子女进行亲子阅读、家庭共同表演原创亲子情景剧。这项活动一年四季都有大型比赛，并设立了以省、直辖市、中央部委为单位的全国各地分赛区，于每年年底进行总决赛。“妈妈导读师”在短时间内聚集了热烈的人气、吸引众多媒体的关注、获得了年轻父母、孩子以及政府部门的认可，有力推动了全民阅读。目前，“妈妈导读师”活动影响力逐步扩大，成为中国亲子阅读活动运营与传播的一个品牌。

三、民间读书会的交流互动

与政府主导相对应的是民间阅读组织带有自发意志的抱团取暖。政府主导下的阅读推广带有强烈的政策执行属性，同时社会上的阅读资源也具有高度的支配能力。但是散落在民间的各类大大小小的读书会在一定程度上是十分隐见的存在，他们虽然是构成庞大的公众阅读队伍以及推进全民阅读的重要细胞，但却缺少与政策和资源之间的联通。在这种背景下，民间读书会开始自发性地联合起来，通过论坛、会议、沙龙等形式进行资源互通和相互借力。

2014 年 4 月 12 日，“2014 年北京共同阅读促进大会暨首届民间读书会发展交流大会”在北京举办，来自全国 50 多家民间读书会和 20 多家其他阅读组织代表共 200 多人参加了大会。

2015 年 10 月 31 日，主题为“建构新的阅读生态”的“第二届读书会发展论坛”在北京召开。此次会议由 42 家民间阅读读书会发起，在“北京阅读季”的支持下举办。包括各界业内领导、学者、嘉宾和全国各家活跃的民间读书会发起人及代表等 200 多人参加了大会。

2016 年 12 月 18 日，以“发现新的阅读空间”为主题的“第三届读书会发展论坛”在北京召开，来自全国各地的阅读组织代表和其他人员共 160 多人参加了大会。

2017 年 12 月 7 日，以“领读中国：全民阅读的社会力量”为主题的“第四届全国读书会交流发展大会”在北京举行，来自全国各地的 50 多家阅读组织的代表参加了这次大会。

除了一年一度的民间读书会交流发展大会，各地有影响力或倡导力的读书会组织或个人也在本地区小范围内组织召开论坛或沙龙，讨论读书会发展中的现实问题并寻求解决方案。比如，北京地区的“读联会阅读智库”在 2018 年连续多次举办沙龙，结合不同主题讨论读书会的发展思路。再如，杭州读书会微论坛于 2018 年 8 月在杭州举行，杭州和上海地区的十几家读书会的负责人到场，就读书会运行发展中的实际问题进行了互动和交流。

民间读书会本身具有数量多、规模相对较小、组织方式灵活、阅读分享更为便捷等优势，有能力和条件开展阅读推广。在全民阅读大背景下，民间读书会的活跃交流和互相抱团实则体现为阅读推广的责任心，有了民间读书会健康、良性、可持续的发展，才能更好地促进全民阅读走向广泛和深入。

四、读书会联合会平台的创立

调研过程中发现，社会上散见的读书会多是基于阅读爱好者的兴趣或热情而成立的自结盟组织，大都带有结构松散、缺少资源、生命力弱等特点。对于这些读书会而言，他们需要引领、支持、知晓度以及与外界的联系。人民出版社读书会及其搭建的读书会社交平台在一定程度上发挥了这样的作用。

（一）人民出版社读书会创立过程

2011 年，当时成立不到半年的人民出版社团委以围绕中心、服务青年为工作宗旨，在中央国家机关团工委、原国家新闻出版总署机关党委指导下，面向中央国家机关青年干部开展了“书香行动”——向中央国家机关青年干部推荐好书活动。人民出版社团委连续五年组织编写精品图书书目，第一时间为广大青年干部读者推荐当下可读性强、内容质量高、充满正能量的图书 500 余种，节约了广大读者筛选图书的时间；同时印制了供优惠购书的书香卡，向中央国家机关青年干部发放。

在“全民阅读”活动日益深入的情况下，为深化“书香行动”，满足社会各界读者的读书需求，搭建作者与读者之间、读者与出版社之间沟通的桥梁，2014 年 8 月，在中央国家机关青年志愿者协会指导下，人民出版社团委、青年志愿者协会联合中央和国家机关各部门以及所属企事业单位志愿服务组织共同发起成立了先进青年自组织——公大读书会。第一期读书会于 2014 年 8 月 15 日举办，之后每个月至少举办一期。读书会采用了走出去的办法，走进党政机关、企事业单位、高校和科研院所、社会组织和公益机构、社区和街道等，作者带着书与读者面对面交流。这种形式改变了传统的新书发布会的宣传推广模式，受到了广大读者和作者的喜爱。

2015 年 5 月 4 日，人民出版社读书会办公室成立，成为进一步助力“全民阅读”工程，并推动传统出版社转型升级的一个杠杆。

（二）读书会社交平台的搭建

2015 年 8 月 26 日，由人民出版社读书会办公室（数字阅读部）负责以“读书会”命名的大型社交平台改版上线。这个平台最大的特点有两个：一是形成线下与线上联动的 O2O 模式，把线下读书会运营到线上，将作者、读者、编者联结在社交平台上。正如人民出版社党委书记、社长黄书元所说：人民出版社要打造一个依靠全国出版社、知名作者、新闻媒体和广大读者，为整个出版行业的营销提供专享服务、为所有读书者提供阅读服务的大型阅读社交平台——成为出版界的淘宝网。从而实现传统出版和新兴出版的融合发展，提高出版社的传播力和竞争力，扩大出版社的网络影响力。①

各地读书会负责人参观访问人民出版社

① 王彤：《人民出版社读书会：可读有趣味　严肃又活泼》，《中国新闻出版广电报》2017 年 6 月 12 日。

二是为散落在全国各地的民间读书会组织提供了资源共享和互联互通的平台。数据显示，目前入驻该社交平台的读书会团体超过630家，包括党政机关、高校/科研院所、企事业单位、公益组织、新闻媒体以及民间等各个来源。该平台的注册人数为82.9万，访问量近4000万次。读书会团体借助人民出版社社交平台进行资源分享和交流，并能将人民出版社的优质出版资源为己所用，增强各个读书会外联力和知晓度的同时，扩充其发展潜能和后劲。

人民出版社读书会王晨：我们一直以来秉承的原则就是线上和线下同步走。比如说线下我们做活动的目的是为了拉动更多人在线上使用我们的平台，都是要互通的。我们之前做了那么多活动，不是简简单单说做个活动就结束了，做活动本身人数都是有限制的，再多也多不到几万人。所以，我们更多还是希望让大家知道人民社读书会有这么一个网站、平台，让大家加入进来。

第二节　读书会的概念界定

一、现代读书会的起源与提法

《礼》曰：“独学而无友，则孤陋而寡闻。”人类在团体环境中讨论文学的历史已经超过500年，包括人们熟知的18世纪的法国沙龙和19世纪的北美妇女文学会。关于现代读书会的产生，大家一般都认为是起源于瑞典，由中学教师奥尔森于1902年在瑞典的兰德创立的第一个读书会组织。因为奥尔森是中学教师，因此他所创设的读书会，主要是以学生的学习和讨论活动为主，当时称之为“学习圈”（Study Circle）。后由于国会议员雷克斯达基的主张和干预，读书会组织开始得到政府的支持，逐步走向制度化。于是，“读书会的组织，其后获得社会大众与政府的支持，推广于瑞典全境，并扩及北欧国家乃至全世界”[①]。

在不同地区，读书会的名称有所区别，国外除了 Study Circle 这个提法之外，还有 Book Discussion Club、Book Club、Reading Club、Reading Group、Book Group 等提法。我国港台地区称为读书会，大陆地区一般称为书友会、读书馆、读书俱乐部、读书沙龙等。随着全民阅读活动的日益兴盛，民间读书会越来越多，“读书会”的提法也越来越普及。

二、读书会的内涵解析与概念界定

依据瑞典官方的成人教育文告（Adult Education Proclamation）的界定，所谓读书会是指一群朋友根据事先确定的题目或议题，共同进行一种有方法、有组织的学习[②]。台湾地区研究文献中较早提及读书会的《成人教育辞典》对读书会的解释则是指由一群人定期聚会针对一个主题或问题进行有计划的学习[③]。两者的定义虽然具体阐述上不同，但实质相近。

目前，国内外学术界对读书会没有权威性定义，学者向剑勤在其研究中将不同学者对读书会概念的认知归纳为四种观点。

（一）朋友圈说：围绕话题讨论的聚会活动

早期瑞典学习圈的推动者与研究者均主张不必清晰界定学习圈的概念，但他们对学习圈大致的轮廓有一个基本的认识，即读书会是一群人围绕某个话题聚在一起讨论而举办的活动，学习圈活动强调话题性，话

① 邱天助:《读书会的定义、起源、种类、特性及基本条件与国内外读书会的传统与理念》，见 http://blog. renren. com/ share /298443855 /14018088639。

② 余政峰:《读书会的团体动力因素之研究》，2014 年 2 月 2 日，见 http://www.Doc88.com/p-032714151957.html。

③ 台湾地区成人教育协会编:《成人教育辞典》，成人教育协会 1995 年版，第 106 页。

题迎合社会热点。瑞典“学习圈之父”O.Olsson① 认为学习圈是一起讨论问题或共同关心的主题的朋友圈，各类学习圈都应该满足这样的要求：学习圈应该如朋友之间的非正式对话或讨论一般，日常自然的对话是学习圈开展的基础，但对待问题的态度应该比普通对话更加严肃和深入。

（二）方式说：阅读、学习和休闲的方式

两位美国学者 Striphas T.A.② 和 Farr C.K.③ 在系统研究了美国脱口秀节目主持人奥普拉·温弗瑞举办的奥普拉读书会（Oprah's Book Club）之后，他们的观点更加强调读书会的工具和方法属性：奥普拉读书会鼓励人们将图书和图书阅读当成是一种思考自身价值和社会规则的工具。

（三）共同体说：创造集体诠释能力的共同体

英国学者 Fish S.E.④ 最早将“诠释共同体”界定为“由具有共有诠释策略的人们所组成的阅读群体”。每个读者对阅读内容都有自己的解读，而读者之间发生交互时，持续的解读将会出现。

（四）空间说：表达自我的安全空间

加拿大学者 Rehberg Sedo D. N.⑤ 从读者的角度将读书会理解为一个重要的文化、情感和社交活动。读书会作为社区，是社会的缩影，

---

① 向剑琴：《读书会的演进及其功能探析》，《图书情报工作》2016 年 3 月第 60 卷第 5 期。

② Striphas T. A. *dialectic with the everyday:communication and cultural politics on Oprah Winfrey's book club*. Critical studies in media sommunication, 2003, 20（3）:295-316.

③ Farr C. K. *Reading Oprah:How Oprah's book club changed the way America* reads.New York:SUNY Press, 2005.

④ Fish S. E. *Is there a text in this class?the authority of interpretive communities*. Cambridge:Harvard University Press, 1980.

⑤ Rehberg Sedo D. N. *Badges of wisdom, spaces for being:a study of contemporary women's book clubs*. Burnaby:School of Communication-Simon Fraser University, 2004.

读者在其中以私下和公开两种不同的方式交换着新的信息。从这个意义上讲，读书会可以被认为是一种安全空间，成员在读书会里能向其他人表达自己的想法。

尽管世界各地的阅读研究者从各自的角度对读书会给出了不同的内涵界定，对其核心指涉有不同的认知，但总结看来，研究者们具有一致性的看法是：读书会是有一组人参与的互动形态的团体阅读活动，其性质是自由的、自主的、自愿的，参与者阅读共同研究的作品与材料，分享学习心得并讨论观点，从而激发新的思考，扩大思维的空间。同时读书会是以民主、开放、合作、共享为准则，通过阅读和讨论，增进思辨和批判能力的一种群体性学习方式，在促进个人成长和关注社会公共议题方面发挥重要作用。

进入 21 世纪以来，随着我国各级政府持续倡导和推动全民阅读以及社会公众的自身需求，在全国各地，各类型读书会如雨后春笋般兴起。人们或三五人或数十人，基于相近的阅读兴趣、阅读目标、对阅读的喜爱等原因常常相聚在一起，共同阅读、相互促进，成为一种制度保障和压力释放的读书生活。

第三节　全民阅读视野下读书会的价值外延

在全民阅读的背景下，读书会被赋予了新的生命，有了更多的价值期许。读书会中开展的读书活动既是一种读书行为，同时也纳入全民阅读活动的体系与框架内。不论是以官方行为组织并得到政府经费支持的官方读书会，还是社会团体或个人自主发起的林林总总的民间读书会，虽然他们阅读传播的目的各不相同，但作为一种社会阅读组织，就其阅读行为本身来讲，与全民阅读的终极目标是一致的。可以说，读书会是推进全民阅读活动不可或缺的组成部分，而且是最具活力的部分。

一、推动全民阅读的有效实践形式

从促进阅读的效果来看，读书会是一种特殊形式的小团体互动形态的研读，人们通过参加读书会，可以交流思想，倾听、分享阅读成果，进而激发阅读兴趣，培养阅读习惯，提升阅读能力。从参与对象来看，读书会是全民都可以参与的一种非正式的阅读组织，参与者因共同兴趣结合在一起，没有门槛限制，无需具备特定的学术背景。从读书会发展的实践来看，从官方到民间、从儿童到成人、从现实到网络，读书会可以遍布社会的各个角落，可以专门面向各种特定人群。可以说，读书会是推动全民阅读的有效实践形式，如进一步加以普及推广，将会更好地促进全民阅读风气的形成。

二、增强全民阅读深度的有效手段

在数字化传播和移动互联的时代，阅读行为本身呈现出强烈的“碎片化”和“快餐化”特点。2018 年 4 月发布的“第十五次全国国民阅读调查”显示，数字化阅读的发展，提升了国民综合阅读率和数字化阅读方式接触率，但也带来了图书阅读率增长的放缓。在沉浸式阅读成为稀缺的情境下，阅读者偏向于浅尝辄止的速读和概读，不利于阅读者形成深入思考的能力。读书会作为读书团体，通过开展各种读书活动，引导阅读者进行精读、细读、品读，并分享心得体会、交流感悟，深刻理解阅读内容中的思想，从而得以个人能力、品格和素养的提升。此外，从读书会的导向作用来看，由于读书会一般设有组织者或主持人之类的核心人物，在其引导下，可以将读者的阅读倾向进行良性引导，使读者的阅读感悟能对自己和他人具有积极健康的促进作用。

三、衡量书香社会的重要因素

近年来，全国各地都在通过推进全民阅读，营造“书香校园”“书香城市”的读书风尚。对社会而言，读书会的作用首先是传播书香文化，扩大阅读人口，唤起重视阅读的风气。比如，2012 年发布的全国首个“书香城市”建设指标体系——《张家港市“书香城市”建设指标体系》，将“阅读组织”列为指标之一，并明确要从资金、场地等方面对读书会等民间阅读组织给予大力支持①。读书会作为社会阅读组织之一，其数量越多，表明参与阅读的人口越多。“北大单是中文系学生就有几十个读书会。读书是需要互相触动、互相交流、互相给力的，需要更好地加油推动，读书会就是阅读长跑中的加油站”②。相关调查显示，不少读书会参与者年均阅读量在 50 本以上，有的甚至超过百本。由此看来，读书会理应成为衡量书香社会的一个重要因素。

四、争夺人心和群众的重要舆论阵地

广大读书会以阅读、读书为兴趣点将群众组织在一起，读书会活动中阅读的读物、传播的言论信息等直接传递给参与者，并在长期的活动中对其价值观念乃至思想意识等形成影响。在此意义上，读书会作为团结群众的自组织，其自身发展和组织内的传播不仅关乎阅读，也关乎人心、舆论和意识形态。因此，办好读书会，合理引导读书会的传播立场和价值观是至关重要的，甚至是反制各种敌对势力在文化、思潮、价值观等方面进行渗透的无形战场，是与敌对势力争夺人心和群众的重要前沿阵地。

---

① 《张家港发布“书香城市”建设指标体系》，2013 年 3 月 21 日，见 http://sh.people.com.cn/n/2013/0321/c134810-18331856.html。

② 摘自聂震宁 2017 年 11 月 14 日在“2017 博鳌全民阅读论坛”上的主题演讲《独读书不如众读书，全民阅读也要有方法》。

第二章

全国读书会的基本面貌与类型属性

第一节　调查范围与研究方法

一、研究方法

本章内容采用数据分析、个案分析和深度访谈相结合的方法，对全国读书会基本运行情况进行现状描述。随机抽样完成的小型社会调查可以在宏观上为研究全国读书会的运行面貌搭建一个观察框架，以展示全国读书会在类型、人员、活动、效果等方面的整体格局和形态。个案的引入则以相较微观的视角，观察读书会个体现实运行中的实际表现，以小见大地窥察我国读书会运行发展中的某个具体侧面，并深化对整体格局的认识。同时，个案分析过程中亦会引入深度访谈的内容，作为支撑性论据起到印证观点的作用。

二、问卷调查实施说明

（一）样本框与抽样渠道

2018 年 7 月至 11 月，课题组采用随机抽样的办法对全国各地读书会组织进行了一次小型社会调查。调查通过问卷形式开展，随机发放问卷的样本框主要为两个：一是人民出版社读书会近年来在进行阅读推广和联盟培训过程中积累建立起来的读书会通讯库。课题组组织人员采用电话问卷的方式随机抽样并获取有效问卷；二是在第二届至第四届读书会发展大会的微信群中发放电子问卷，微信群中的读书会负责人或工作人员随机应答，并直接回收到问卷样本库中。

（二）数据来源与分布

通过电话问卷和电子问卷两条渠道收集有效问卷共计 135 份，调查

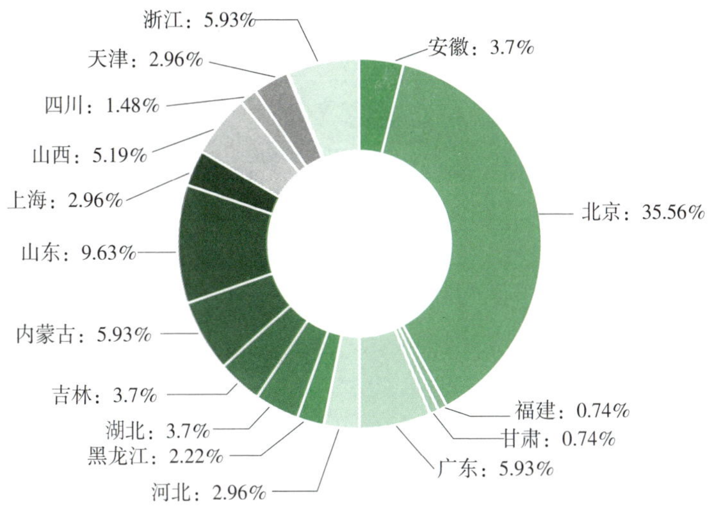

图 2—1　受访读书会的省份分布

范围涉及全国 16 个省市的各类读书会组织。因为此次小型调查采取的是随机抽样的办法，而非根据各省市读书会总体数量进行的配额抽样，所以百分率并不代表各省市读书会在全国整体中所占的大致体量，仅用来显示本次调查所使用的两个样本框内读书会组织在全国各地的分布情况。

此次调查有效问卷中 35.56% 的读书会来自北京地区，单纯从问卷应答率来看要多于全国其他省份，原因是调查所依据的两个样本框中北京地区的读书会的基数大，所以在随机抽取样本的过程中，北京地区的数据突出出来。

第二节　全国读书会的团队面貌

一、成立时间

在受访的 135 家各类型读书会中，41.48% 的读书会成立于 2015—

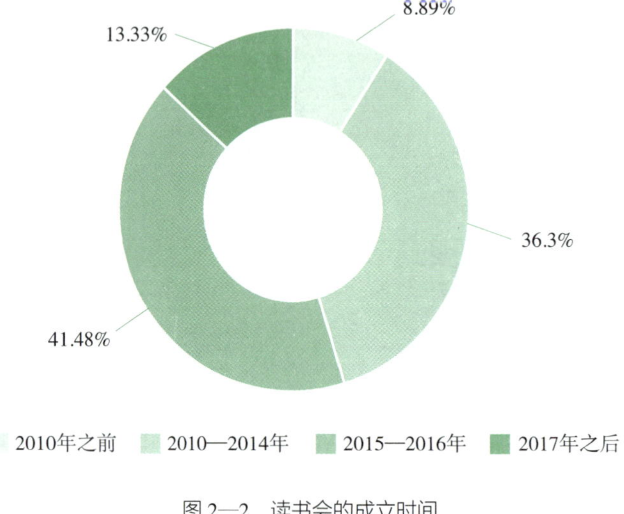

图 2—2 读书会的成立时间

2016 年，36.3% 的读书会成立于 2010—2014 年，也即，将近有八成读书会是成立于 2010 年之后的。另外有 13.33% 的读书会是 2017 年之后成立的，有 8.89% 的读书会发展的历史更长一些，是在 2010 年之前就成立了。

随着全民阅读的倡导和推进，2014 年之后涌现出了更多的读书会群体，成为促动社会各界阅读风气养成的新鲜和活跃力量。但与此同时我们不得不重视调查数据所反映出的潜在问题，即读书会尤其是民间小型读书会可持续发展的问题。调研过程中发现，不少民间读书会曾经活跃在 2010 年前后，通过豆瓣小组、百度贴吧等发帖组织读书会活动，当进一步检索其在新近几年的活动时，就很难再找到记录了。有的读书会更换组织者之后就此停办，有的因发起人碍于时间和精力有限而放弃做读书会，等等。在依据人民出版社读书会常年积累的通讯录做电话问卷时，课题组也时常遇到对方给出“不办了”“换人了”“不清楚”等回应。也有人回应称，当时为了办读书活动而临时成立了一个读书会，但后续运行事项繁琐，又因不是主营业务，所以就停办了。

读书会从始至今都是一个基于阅读趣味或个体精神需求而自发组织

的团体。在我国，读书会的属性成分相对多元化，行政或事业单位、中小学、高校、图书馆等机构主导下的读书会往往是机构或组织全局中的一个分支或局部，在人、财、物上受到不同程度的保障。而大批民间读书会缺少对外力的依附，受制于人、财、物的约束和匮缺，这是导致一些读书会发展乏力、生命力不足的关键原因。

二、团队面貌

（一）团队规模

本次调查受访对象中，61.48% 的读书会团队规模是“10 人以下”；17.04% 的读书会团队规模是“10—30 人”；8.15% 的读书会团队规模是“31—50 人”；有共计 13.33% 的读书会团队规模在 51 人以上。

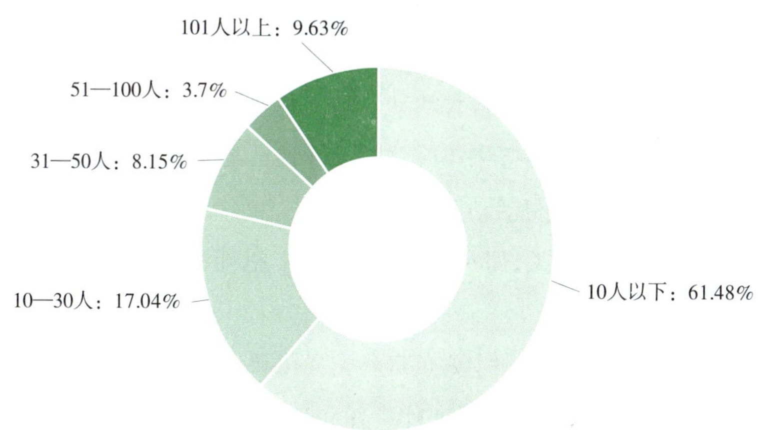

图 2—3　读书会运行团队的规模

可见，有超过六成的读书会是 10 人以下的团队在运行，有的只有 2 到 3 人能够参与读书会的常规运行，包括线下活动的场地安排、活动设计、读者召集，以及活动的线上发布、成果总结和多渠道发布等。

尽管很多读书会运行团队规模小、人数少，但他们能够在工作范围和具体职责上进行明确分工，各就其位，从而保证读书会运行的工作效率。比如兰坪沧江读书会设置了办公室、宣传组、活动组、后勤组四个职能小组，每个组（室）3人。办公室负责会员管理、活动协调、对外联络等事务；宣传组负责活动推广、会员招募、会务宣传等事务；活动组负责活动策划实施；后勤组负责活动场地、车辆、饮食、经费等事务。

蔓来小院读书会设置了包括会长、副会长、秘书长、副秘书长在内的6人管理团队，此外，再按读书会运行中的实际工作需要，分列出设计师、摄影师、领读、志愿者四个运行组，将细节性工作具体分配到人。蔓来小院读书会运行团队共计27人，职能分工如下：

会长：1人，主要负责蔓来小院的总体工作，各种活动发起，公众号编辑。

副会长：2人，负责各种活动发起，阅读领读，公众号编辑。

秘书长：1人，负责各种活动发起，对外宣传推广，联系沟通。

副秘书长：2人，负责各种活动发起，阅读领读，公众号编辑。

设计师：1人，负责蔓来小院院内设计、日常维护打理。

摄影师：2人，负责活动照片拍摄。

志愿者：固定10人，负责蔓来小院日常整理维护，每次活动的场地布置、人员接待。

领读导师：固定8人，主要负责各类文化活动课程讲座，阅读领读。

这样一方面确保了读书会工作责任和分工明确，另一方面，人员固定带来了团队结构的稳定和配合上的顺畅，从而给读书会活动的稳定性和延续性创造了管理条件。

（二）职业状态

在所调查的135家各类读书会中，从团队成员的职业状态或从事读书会活动的身份来看，有74.07%的读书会中的团队成员是“兼

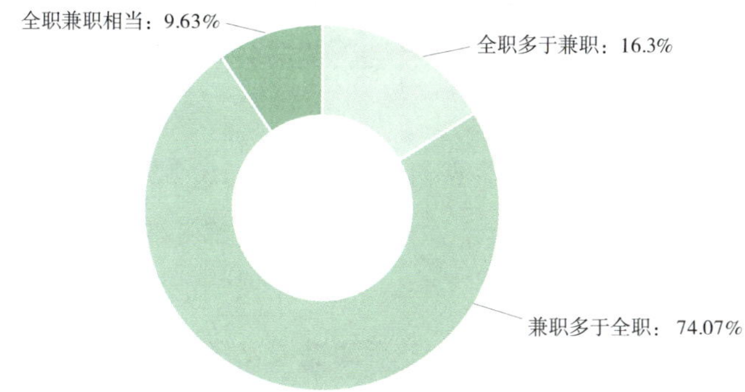

图 2—4　团队成员的职业状态

职多于全职”的状态；有 16.3% 的读书会中的团队成员是“全职多于兼职”的状态；有 9.63% 的读书会中的团队成员是“全职兼职相当”的状态。

在调研中，我们随机询问了若干读书会创始人或负责人的职业情况。由表 2—1 可见，读书会活动的倡导者来自于各行各业，且在力所能及的情况下坚持从事读书会的创办和运营。

表 2—1　读书会负责人职业情况列举

读书会名称	地点	成立时间	发起人 / 负责人	职业
囤粮计划读书会	广东	2015 年 11 月	黎炜湘	会计师
大庆书友读书会	黑龙江	2012 年 5 月	白玉兰	记者
沧江读书会	云南	2017 年 10 月	宋彪	大学教师
奥林浦斯学院	北京	2013 年 7 月	卿涛	软件工程师
言石读书会	北京	2011 年 2 月	李娟	工人

不仅很多读书会的负责人是兼职的，读书会团队中的工作人员或长期服务于读书会活动的志愿人员也都是在本职工作之外，服务于读书会

的运行和成长。在不少受访者看来，读书会本身是基于阅读兴趣而自发形成的团队或组织，成员来自于社会，读书会的发展也必须利用和借助广泛的社会力量。

“石简读书会”段宾宾：我们整个团队有16个人，他们中有律师、医生、留美博士、摇滚女歌手、大学生，大家都是我们河北省的读书爱好者。

“大庆书友读书会”白玉兰：这件事情是必须借助社会力量的，这个事情不是你自己来做的，也不是媒体能来做的。我们没有专职人员，比如我们组建的主讲师团，就是那些几年来给我们做过主讲的一些作家诗人。他们全是义务的，是公益性的。

第三节　全国读书会的类型属性

在对全国读书会进行类型划分之前，课题组先采用文献检索的办法，梳理了既有研究成果中对读书会类型的界定情况。吴惠茹（2014）将大陆地区读书会区分为民间读书会、图书馆读书会、学校读书会、网络读书会四大类；阮健英（2017）在研究中重点对图书馆主导的读书会、民间公益读书会、媒体主导的读书会、书店主导的读书会、高等学校读书会共五大类读书会做了类型研究；董丽娟等人（2017）在研究民间阅读组织时，将成人阅读主题下的读书会区分为社会公众组织的读书会和高校读书会两大类。

综合既有研究，我们在调查问卷中对我国现有读书会做了七大类型划分，分别是：公共图书馆为主导的读书会；中小学（图书馆）为主导的读书会；高校或学生社团为主导的读书会；出版社或书店为主导的读书会；媒体单位为主导的读书会；机关、其他企事业单位为主导的读书会；民间组织或个人主导的读书会。笔者使用个案深描的方法，为每种类型提供了一个发展模式已相对成熟的读书会个案，从其发展过程、阅读定位、阅读方式等几个层面进行案例展示，以此提供一个观察各类型读书会的切面，形成对不同类型读书会的直观认识。

一、公共图书馆为主导的读书会

指的是各地区公共图书馆为行为主体创办和负责运行的读书会，比如西城区第一图书馆绿色阅读沙龙、角楼图书馆读书会、深圳图书馆“南书房”、浦东图书馆盲人读书会等，不胜枚举。这是国内外读书会或阅读研究者聚焦的重点对象。

案例　角楼图书馆

（一）基本情况

2017年10月28日，角楼图书馆作为东城区第二图书馆的分馆，正式对外开馆。角楼图书馆共有三层：一层为活动展示区。主要举办老北京文化主题展览，同时还举办讲座、读书会和文化沙龙等活动。二层为阅览区。馆内现有地方文献图书6700册，报纸30余种、期刊100余种，书籍特别突出京味文化特色，不仅有《北京史》《北京地方志》，还有各种讲述北京及各区县历史、文化、风俗的图书。三层为露天活动区，可以举办小型文化活动。

（二）运营理念

运营采取的是“图书馆+”的创新理念，在实现传统图书馆的基础设施和软性服务的基础上，植入了社群建设、新媒体运营、生活方式体验等诸多新理念、新思维、新做法，通过资源聚集、内容导入、社群活动、品牌传播，紧紧围绕老北京文化主题和特色，构建创新性、品牌化、专业化的“图书馆+”运营体系。

（三）主题定位

角楼图书馆从文献资源配置、展览展示内容到活动主题策划、新媒体内容风格，都围绕着“唤醒古都记忆，寄托北京乡愁”这一文化内核开展的。在馆藏方面，注重提供体现老北京历史文化特色的书籍和期刊，甚至有些是已绝版的地方典籍。在展览方面，角楼图书馆已经邀请过多位京味儿画家举办画展，包括杨信、马海方、王佩坤等，同时长期展出北京老物件，让参观者感受到浓郁的古都韵味。在活动策划和新媒体推广方面，也注重突显老北京的文化印记，吸引了一批喜爱北京文化的读者关注，从六、七十岁的老人到“90后”的青年，各个年龄段都有，让广大读者近距离地感受和学习北京历史文化，唤起大众对北京的共同记忆。

（四）阅读形式

1. 设置主持人，且主持人为固定人选。

2. 邀请很多对北京传统文化十分了解的老师来讲课。老师本身热爱阅读，且在课前做了充分准备，所以在“如何挑选好书”环节能给出很多建议。在如何选书，如何记录方面，老师的经验十分重要。

3. 阅读分享会。读者自由分享阅读体会，经过老师点评后再展开自由讨论。

4. 作家分享会。作家们以自己的阅读储备为基础，以年代为线索进行一些书目的推荐或者介绍讲解。包括北京每个年代出现的作品和作家，以及与同期海外作品的联系，作家用这种“列时间轴”的方式谈他的个人看法。同时作家们也会分享一些自己的经历，比如当时读书的场景、读书的目的，或者早期的读者与今天的读者对同一本书的不同评价，等等。

角楼读书会卢秋平：这种脉络不是我们自己读完十本、二十本书后就能总结归纳出来的。他经历过那个年代并且从事相关工作，见解自然是地道深刻的。我们讲的不再局限于一本书，而是历史观和哲学观，例如怎样去评价解读历史；怎样更好地了解北京的传统文化，每一时期的代表人物、相关著作、主要观点；初级、中级、高级的递进又是怎样的；等等。这些讲解和讨论使得有些人对曾经陌生的领域有了初步认识并产生兴趣，同时他们了解到如何层层递进地去学习去深化认识，如何有针对性地去读自己感兴趣的书。

5. 帐篷读书（户外阅读）。将读书和旅行结合在一起，组织户外阅读。开创“帐篷读书”的特色形式，在晚间举行，以这种更有趣味的形式提高大家的阅读热情。

（五）推广方式

利用微博、微信公众号、头条号、直播等多种新媒体手段和渠道，生产、组织、包装、传播与角图书籍有关的内容，如“角图悦读”“角图荐书”等栏目，并将内容特色化、主题化、标签化，已形成一定的品牌识别度，即利用社会性网络进行深度的阅读推广。

二、中小学图书馆为主导的读书会

指的是各地区中小学内部面向广大中小学师生开办的读书会，比如上海的宜川中学书友会。

三、高校或学生社团为主导的读书会

指的是各地区高等学校内部机构、教师或学生社团主导下的读书会，比如北京理工大学新烛读写社、青岛农业大学思享读书会、青岛大学听海读书会、郑州大学读书会等。

案例一 青岛农业大学思享读书会

（一）基本情况

思享读书会成立于2014年10月，是由共青团青岛农业大学委员会指导的当代青年读书组织。这个读书会成立的目的，主要是为了响应国家全民阅读的号召、推动全民阅读的深入发展，同时也是为了推进青岛农业大学书香校园的建设。思享读书会的宗旨是倡导“做思想中不私享的思享者”。

2017年9月，思享读书会正式成为青岛农业大学的一个校级学生社团。这个社团设有会长一名，副会长两名，宣传部长一名，读书会下设的七大板块负责人各一名。团队成员在十数人左右，均为在校学生。

（二）常规活动

1. 读书工作坊。主要是读书分享活动，包括师生读书畅谈会、书名猜猜猜、旧装换新颜DIY手工坊、淘书换书结新友四项活动并线进行，同学们根据自己的兴趣自由选择。

2. 阅读交流会。邀请校园名师，以师生共读的形式，围绕每期既定主题展开交流。共读活动的场地主要选择在室外，在美好的校园风景中享受阅读乐趣。

3. 拾光下午茶。在校园中特定地点开展，邀请校园名师做主讲，分享自己的读书经历、读书感受。

4. 静默读书室。定时定点举办，要求参与者遵守活动要求，如保持手机关机、不携带电子设备等，仅携带图书走入教室，心无旁骛地阅读和思考。

5. 思享读书角。在校学生会办公室设立思享读书角，向广大同学提供读书借阅服务，定期推出活动预告、文学常识竞猜等活动。

6. 云端交流群。即读书会线上活动，通过微信、微博进行线上阅读宣传，通过微信群、QQ群进行阅读交流。2018年4月23日启动了青岛农业大学思享读书会第一届“阅读马拉松”活动，在导师的指导、学生助教的辅助下，学员通过线上打卡、分享阅读感悟的形式，用 67 天阅读品味经典名著《红楼梦》。

7. 大部头阅读。针对网络时代越来越多的碎片化阅读现象，该读书会倡导阅读经典，进行“大部头”阅读。建议参与者从阅读心态上做好准备，科学利用时间，读“大家”作品，在读书的选择上坚守高品位书籍。

案例二　东北电力大学荷光者读书会

（一）基本情况

荷光者读书会成立于 2016 年 3 月 21 日，起初仅是东北电力大学电器工程学院的院级社团。该读书会的宗旨是通过阅读提高青年人的人文素养和通识水平，培养青年人的健全人格。

（二）组织结构

核心团队约 40 人，设置了主席团、秘书处、读书部、宣传部、组织策划部、后勤保障部以及志愿服务微公益部，共七个部门。荷光者读书会自主设计了读书会的 LOGO 和会旗，建立了荷光者微信平台和会员 QQ 群。

（三）阅读定位

主要设置了两条主线：一是针对核心会员的经典著作读书会，分“文、史、社、哲”四大专题；二是针对普通会员与临时参与者的普及类读书会、文艺类读书会，旨在普及基础读物，宣传推介优秀图书。

（四）阅读形式

1. 专题阅读。即从文、史、社、哲四大方向设置阅读专题，推送推荐书目自行阅读，再通过线下读书会进行阅读讨论。

2. 名师讲座。利用校内外教育资源，开办阅读讲座，推荐好书。

3. 线上阅读。从 2017 年开始，在微信公众号上设置“远方诗歌”栏目，推荐诗歌佳作。开展了为期一个月的“与你共读”读书计划，在公众号连续推出27篇共读文章，营造线上阅读氛围。

4. 围绕传统文化设置阅读议程。“荷光者读书会”围绕传统文化和红色文化进行阅读主题的设置和活动安排，包括主办东北电力大学第一届汉字听写大赛；推出《习近平的七年知青岁月》专题读书活动；家书家训写作与分享会；等等。

四、出版社或书店为主导的读书会

指的是出版社或各个书店为主体创办和运行的读书会，比如地质出版社创办的“大地读书会”、海天出版社创办的“大道行思读书会”等。既有研究中对书店开设的读书会有一定的关注，但鲜有研究者将出版社主导下的读书会设列出来。但实际上，出版社和书店一样都有图书销售和发行的功能，其在举办读书会的预期也有相似性和重合度，因此，我们将这一类框定为以出版社或书店为主导的读书会。

案例 大地读书会

（一）基本情况

2016年6月，在全民阅读政策的引领下，地质出版社、中国大地出版社合资注册子公司北京大地书苑文化有限公司，确立独立法人。同年9月，大地读书会创立。读书会依托大地书院开展活动，大地书院从专业图书经营场所转变为综合文化体验空间。

（二）阅读活动

亲子阅读是大地读书会的一个重点活动方向。读书会以大地书院为活动空间，创立了“阅创乐园”儿童阅读体验中心。书馆精选了逾万册经典中英文儿童图书，配备2名专业幼师指导。旨在为学龄前儿童提供优质的阅读环境、个性化的阅读服务，让每个家庭都能享受温馨的亲子时光。

在时间规划上，读书会将亲子阅读安排在上午，成年读者下午活动居多，而学生活动则集中在晚上。在活动内容上，除了年初已经确定的主线框架，如“季节”“节日”“节气”等主题，还会根据热点话题、事件临时穿插，如2018年暑期响应北京阅读季举办了“36小时阅读马拉松”“夏阅山——观山读诗”活动，切合高校学生特点举办双十一高校书影联谊会，还会集体外出参观李四光博物馆，进行户外朗读。在活动频率方面，一周最少一次，一次至少两小时。

（三）线上营销

书店与互联网相结合进行营销升级正如火如荼地展开，这种趋势也为大地读书会带来了新的尝试。李杭蔚表示，在读书会活动宣传期，市场部通过微信服务号、订阅号、微博、社群中发布资讯，线上招募读者，每期活动人数不固定。活动结束后，征集读者反馈意见。

大地书院公众号开设微店，主要售卖地质出版社出版的相关图书。同时，为了服务参加读书会的亲子群体，微店也提供了少量童书的销售服务。用户关注微信订阅号即可成为大地书院的粉丝，可累计积分兑换相应文化产品或参与读书会活动。用户还可以在微信服务号上进行点餐、预订座位及预约相关服务。此外，书院还设立了会员制度，购买不同额度的储值卡可享受最高8折的购书优惠，并享有所有兴趣课程不限时、不限量优惠。

五、媒体单位为主导的读书会

指的是传统主流媒体或新兴媒体机构主导创办的读书会，比如《钱江晚报》主办的“钱报读书会”、凤凰网读书会、搜狐读书会等。媒体在传播新闻信息之外，还负有社会守望和公共教育的职能，不少媒体单位将开办读书会视为社会责任的一部分，同时也是媒体与受众互动的重要形式。我们将媒体主导的读书会单列出来作为一种类型。

案例　钱报读书会

（一）基本情况

以线下活动为主，基本每周一次。活动地点并不固定，视主题需要而定。与杭州当地的书店、文创空间以及文化传播公司等合作紧密，经常一起主办活动。《钱江晚报》的文化行业资源与社会机构的服务资源形成合力，实现对接。

（二）阅读定位

通过组织线下文化讲座、阅读推荐等活动，形成"钱报读书会"的文化品牌，以此聚拢阅读爱好者以及文、史、哲等方面的兴趣人士参加。

（三）活动形式

1. 作家新书分享会。比如 2018 年 1 月 13 日，邀请新书《时钟突然拨快——生于 70 年代》的主编苏七七、王犁，以及六位特邀嘉宾，与读者近距离交流。6 月 30 日，邀请到《年羹尧之死》一书的作者郑小悠，与读者一起细读历史。作家新书分享会可以固定吸引到一部分作者的拥趸，同时又不拘泥于某一类书目，而是能通过主题兴趣吸引到相应的读者。

作家分享会是钱报读书会最为推崇的一种活动形式。2018 年年初，钱报读书会在作家分享的活动中进一步细分出"钱报读书会 · IP 风云录"系列活动，截至 11 月初，已开办 8 场。这些活动是应和当下"IP 热"的文化现象，邀请多个文化领域中的名人、各行各业的"大咖"带着自己的作品和故事与读者见面。比如 2018 年 11 月 3 日，"钱报读书会 · IP 风云录"第 8 场在浙江警察学院举办，邀请的是"80 后"法医、国内畅销书悬疑作家秦明，为大家讲述他的"法医秦明"系列作品从微博连载到热门 IP 的故事。

2. 主题讲座或漫谈。比如 2017 年 7 月 14 日，钱报读书会与华文文化公司合作，邀请作家唐颖和文学评论家吴亮就"性别视角与都市写作"的话题展开对谈。

六、机关、其他企事业单位为主导的读书会

"诵读小站"位于北京三联韬奋 24 小时书店海淀分店的站点

指的是国家各省（区、市）的党政机关以及各类企、事业单位（学校除外）主导和开办的读书会。根据参与对象的不同，这些读书会通常又可以分为两种：一种是面向机关或企事业单位内部员工而开办的读书会，比如滕州市房地产管理局的"房管局读书会"、汕头海关的"乐彼园读书会"。其目的是提高内部成员的文化向心力、凝聚力和文化素养，但由于读书会并非这些机关或企事业单位的核心工作，一般不设专人专管，活动频率也比较低，因此，读书会带有一定的"应景"性，实际能够达到的阅读效力较弱。另一种是企事业单位面向社会开办的读书会，不仅吸收内部人士参加，更鼓励社会各界阅读爱好者的参与，比如西安高新区房地产开发公司的"高新地产读书会"、新鸿基地产的"新阅会"等。开展读书会活动是其企业社会责任或公关形象的一部分。

案例一　北京人民广播电台"诵读小站"

（一）基本情况

北京电台推出的"诵读小站"，是一个兼具线上传统广播播出、新媒体平台推送和线下实体互动功能的"三位一体"融媒体产品，2017 年 4 月 23 日在北京文艺广播（包括 FM87.6、微信公众号）和北京三联

韬奋24小时书店海淀分店同步推出。

线上部分，时长3分钟的《诵读小站》栏目嵌入文艺广播每天六个整点时段以及微信公众号等新媒体平台（2018年1月1日起增加到每天八个整点时段）。内容为邀请主持人、名家和群众等向听众荐书并诵读。

线下部分，在北京设立了3个实体录音间“站点”，分别位于北京三联韬奋24小时书店海淀分店①、北京图书大厦以及王府井涵芬楼书店。老百姓在“诵读小站”通过专业的录音设备录制自己心仪的文学作品，诵读后，马上生成声音二维码，微信扫一扫就能把在小站里录制的声音分享出去。同时，经过电台专业人员的精心编辑，读者的声音有机会出现在北京文艺广播的电波中。

2017年7月26日，在北京图书大厦揭幕的升级版“诵读小站”，不仅可以作为录音间满足听众和读者们在这里录制诵读作品的需要，还是北京电台设置在北京图书大厦的一个开放型直播间，未来北京电台的各个频率都可以在这里直播、录播节目。

（二）多方借力的新型阅读平台

“诵读小站”这个平台是在“北京阅读季”的大框架下运行的，北京电台与中国华侨公益基金会、北京老舍读书会、北京大学校友诗歌与朗读协会、平心读书会、新世相等部门和机构深度合作，为节目提供必要音频内容，同时给读者提供聆听、诵读和参与等功能性服务，为读者呈现美文与美声相互融合的文化体验空间。

北京人民广播电台不仅是一家媒体，同时其自身具有强烈的事业属性和功能。“诵读小站”的出现和运行体现出两个层面的意义：其一，这是电台创新和拓宽内容资源的一条渠道，广大读者、听众诵读并录制的声音内容成为电台节目的有机组成；其二，“诵读小站”提供了公共

① 2015年4月23日，北京三联韬奋24小时书店海淀分店在清华同方科技大厦开业，这是北京三联韬奋24小时书店的第二家门店。

北京图书大厦“诵读小站”同时是一个开放直播间

文化资源和公共阅读环境，是一种特殊的阅读形态。一般意义上的读书会是人际之间的，“诵读小站”是人机之间的。阅读个体先是通过内向传播，将文本念给自己听，而后将录制完成的音频文件通过微信群或朋友圈转发出去，调动他人的阅读兴趣，实现更大范围的阅读传播。延伸而言，读书会可以利用“诵读小站”或其他类型的有声阅读平台调动参与者的积极性、丰富活动的形式和样态。

案例二　新鸿基地产“新阅会”

（一）基本情况

新鸿基地产是一家在香港交易所上市的地产公司，是香港最大地产发展商之一。“新阅会”是新鸿基地产所属的阅读推广品牌，是该公司践行社会责任的重要组成，也一直是香港地区推进公众阅读，尤其是青少年阅读的一支重要社会力量。近几年，新鸿基地产上海公司也将“新阅会”品牌融入上海全民阅读的大环境中，利用本地的文化资源以及内地与香港之间的资源互动，开展了各种类型的读书会活动。“新阅会”

在内地（主要是上海地区）的活动开展由该公司的公关事业部具体负责，是该部门日常工作的一部分。

（二）阅读形式和内容

1. 阅读分享会和新书推广会。比如与出版社合作，邀请有一定知名度的新书作者分享阅读经验和写作体验等。通常这些作者有固定粉丝群，因此组织听众和读者并不困难。

2. 多媒体形式的原著讲读会。请知名人士用多媒体形式讲读经典作品，吸引对原著有兴趣但对文字阅读感到枯燥的一类听众。

3. 电影沙龙。邀请知名作家、出版人、学者等做主讲，围绕某个话题，讲述与之相关的某部电影以及文学作品。参与者通过电影赏析加深对文学作品的认识和见解。比如邀请作家周嘉宁将电影《房间》① 和小说《房间》②、《红丝带》③ 串联起来，解析电影与原著之间的关系和异同，并与读者一起探讨女性和爱尔兰文学的话题。

4.IP 效应下的落地活动。也即邀请当红偶像、文化名人进行阅读分享，或围绕热播剧、网络小说形成的偶像 IP 开展与阅读有关的落地活动。参与这些活动的人不是为了读书而来，而是为偶像而来。通过偶像的力量带动粉丝关注作品或者其他原创，是举办这类活动的主要目的。

七、民间组织或个人主导的读书会

指的是无法人单位依托的民间组织、小团体或个人行为主导的读书会，也即以往研究中提到的“民间读书会”。

---

① 由兰纳德·阿伯拉罕森执导，改编自爱尔兰女作家爱玛·多诺霍的同名小说，2016 年首映于爱尔兰。

② ［爱尔兰］爱玛·多诺霍：《房间》，李玉瑶、杨懿晶翻译，2012 年出版的小说。

③ ［爱尔兰］爱玛·多诺霍：《红丝带》，周嘉宁翻译，2014 年出版的小说。

案例一　嘤鸣读书会

（一）基本情况

2013 年 11 月创立，目前是在民政部门正式登记注册的社会公益组织，登记全称是：南京市玄武区嘤鸣阅读文化发展中心。嘤鸣读书会被联合国授予“2014 年联合国开发计划署年度特别奖”。

2015 年 12 月，嘤鸣读书会与南京市栖霞区政府的“阅享栖霞”全民阅读行动合作，创办成立嘤栖书院。2017 年 6 月，嘤栖书院关闭。2018 年，嘤鸣读书会以“南京国际青年诗会”为突破口，继续进行阅读推广。“南京国际青年诗会”邀请国内外的知名诗人走进南京，开展持续一年的诗歌朗诵会、驻市诗人计划、咖啡诗座、诗歌快闪、青年诗歌剧场、诗人进校园、诗歌大师班、诗歌野餐会、青年诗歌狂欢节、诗歌大奖赛等系列活动。

（二）阅读项目

1. 嘤鸣读书沙龙。每次沙龙都会邀请知名学者、作家、教授作为嘉宾进行主题演讲，参与者一起围绕沙龙主题进行讨论交流。

2. 嘤鸣精读会。精读会，不是嘉宾分享会，而是小型、持续、深入的阅读讨论会，每位参与者都要发声，在互相启发中增加对同一本书的认识和理解。

3. 嘤鸣读剧会。参与者分别担任剧中的角色，一起朗读戏剧文本，发现戏剧的新乐趣，以“读剧”的形式进行文学阅读和心灵交流。

4. 嘤鸣乡村图书馆。通过筹建书屋，给农村的儿童和青少年提供更多接触阅读的机会。

嘤鸣读书会的发展路径是从领读、精读等传统阅读出发，拓展延伸出以戏剧表演为依托的文学阅读新形式。当读书会的参与者、知晓度都达到一定水平后，社会力量、政府资源等参与到读书会的发展建设中，嘤鸣读书会开始超越群体阅读行为这层概念，而希望通过搭建图书馆、书屋等向社会提供阅读空间和服务。嘤鸣读书会代表的是一类更有成熟色彩和规模体量，甚至是有一定品牌效应的民间读书会，山西的青莲读书会也大致具有这些特点，已发展成为受到当地政府支持、公众认可的民间读书会。

案例二 武汉光谷读书会

（一）基本情况

武汉光谷读书会是武汉市东湖高新技术开发区的民间阅读公益组织，因东湖高新区有“中国光谷”的别称，所以读书会得名于此。光谷读书会创办于2015年6月，前期主要是线上交流,2018年正式落地，开展实体读书会，进行面对面的交流。由于光谷读书会的创办人早在2009年就开始兼职从事读书会工作，所以积累了较多经验和潜在读者。从2018年2月至11月，光谷读书会共组织了9期线下活动，均采取主持人领读和参与者共读相结合的方式，每期活动有明确的读物和活动流程，通过微信公众号“全民阅读推广小组”进行预告和推送。

（二）阅读形式

1. 主题和读物预告。提前一周以上在公众号对本期读书会活动进行预告。同时，对后续即将开展的主题和具体读本进行预告，提醒书友提早开始阅读和思考，以备活动期间更充分的参与和讨论。

2. 活动流程

以武汉光谷读书会在2018年11月10日举办的第9期读书会活动为例，介绍其常规的活动流程和组织方式。

主题：“小平，你好!”纪念改革开放40周年

读物：《邓小平文选》（第三卷）

时间：14：00—17：00

流程：

(1) 自我介绍：每位参加的会员自我介绍，职业、阅读兴趣、爱好，等等，便于各位书友相互认识和交流。

(2) 主持人简要介绍该书的主要内容。

(3) 会员依次轮流发言。每位参与书友发言时间5分钟以内。就自己所读《邓选》里的某一篇文章，或者某些经典的论断，谈谈自己的看法。有的放矢，理性发言。并适当结合当下现实情况，加以阐述。参与者务必读完此书，或者你所要发言的那篇文章。切忌泛泛而谈。

(4) 自由讨论：大家围绕本书，展开对邓小平同志关于改革开放的相关讨论，当年是如何开启改革开放的？一个古老的中国是如何通过一系列政策的开启，打开国门，走向世界的？那一场关于真理标准大讨论的始末，给予我们哪些启发？

(5) 推荐下期主题：大家可以现场提议下一本分享的经典作品，文艺社科、历史等，坚持非功利性阅读。各类鸡汤，实用类，成功学等书籍严谨进入读书会主题。

(6) 一句话总结：对本次读书会或者这部作品的总结。建议、收获、感受，等等。读书会把大家的发言整理记录，延后发布到光谷读书会微信公众号"全民阅读推广小组"上。

从阅读形式和组织方式看，武汉光谷读书会代表的是传统意义上的读书会，即阅读兴趣相投的一群人聚集在某处进行读书、讨论和思考。很大一批民间读书会都坚持用近似的方式定期组织活动，这些读书会并不主张参与规模上的壮观和活动形式上的花哨，也不急于在更大范围内承担阅读推广的使命。通常有一些对传统读书会形式感到认同的读者或书友加入其中，进行深入且实在的文本阅读。

统计来看，受访读书会中有54.81%属于"民间组织或个人为主导"的读书会，所占体量最大；14.07%属于"机关、其他企事业单位为主

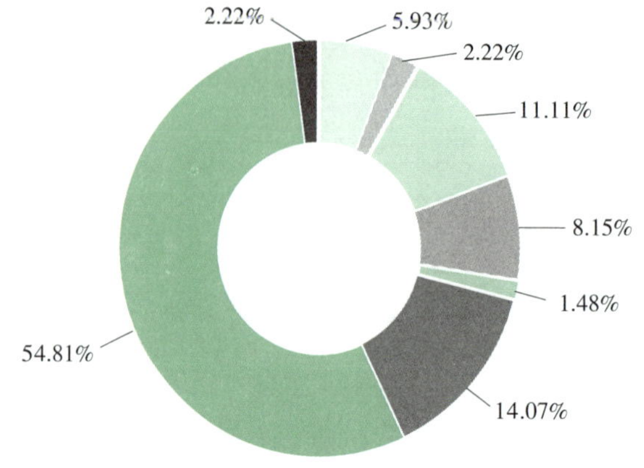

图 2—5　读书会的主体属性

导”的读书会；11.11% 属于“高校或学生社团为主导”的读书会；8.15% 属于“出版社或书店为主导”的读书会；5.93% 属于“媒体单位为主导”的读书会。此外，各有 2.22% 属于“中小学图书馆为主导”的读书会和其他属性的读书会。

我们之所以未将网络读书会单列成类，原因主要是两个：一是样本框中几乎没有单纯的网络读书会，绝大多数是需要从事线下活动的读书会，因此，如果将之单列出来，随机抽样的结果很可能导致这个选项无人应答，成为干扰项。二是我们对读书会进行类型划分的依据是创立和运行读书会的行为主体，而非阅读介质或阅读形式。当然，网络读书会是在社交化阅读、快餐式阅读等新型阅读习惯，以及知识焦虑和知识付费的时代心理下共同缔造的特殊形态的读书会，我们将在相应章节中予以分析。

八、读书会的特别类型

以上梳理了全国读书会的七大类型并作以个案分析。除此之外，有两种特别的读书会形态需要单独予以说明。

（一）“强素质·作表率”读书品牌活动

以“强素质·作表率”为代表的国家机关、社会团体中的读书品牌活动虽不以读书会命名，但在组织形式和活动内容上与本课题所指读书会的概念一致。但由于调查问卷的样本框并不包括中央国家机关、社会团体等样本对象，所以问卷中并未单列此项，仅在此进行个案陈述。

中央国家机关“强素质·作表率”读书活动，是中央国家机关工委与国家新闻出版广电总局联合主办，中国新闻出版研究院承办，在中央国家机关党员干部中推广的读书活动。该活动于2009年4月21日启动，截至2018年8月，活动已进行了100期。近9年来，读书活动牢牢把握加强党的执政能力建设、先进性和纯洁性建设这条主线，紧紧围绕党和国家工作大局，积极跟进中央国家机关司处级干部的知识需求和工作需求，凸显“强素质·作表率”主题，定期推荐精品图书、举办高端讲坛、进行读书交流，成为社会影响力较大的一项品牌读书活动。

1. 基本情况和特点

“强素质·作表率”读书活动主要包括三方面内容：一是主题论坛。每月一期，结合推荐书目，邀请我国政治、经济、历史、文化、科技五个领域的著名专家、学者或领导干部进行主题讲座；二是推荐图书。每年分上、下半年两次面向社会发布党员干部推荐书目；三是交流互动。包括讲座现场专家、学者互动，场外读者交流，纪念活动征文，评选优秀听众等形式。

主题论坛彰显时代性。作为读书活动联系和服务党员干部的重要载体和平台，主题讲坛紧跟国家战略，紧扣执政热点，理事结合，达成理论性、思想性、权威性、故事性和感染力的统一。

推荐书目突出针对性。针对中央和国家机关党员干部文化层次高、理论素养深、阅读选择指向性强等特点，读书活动制订了导向正确性与书目可读性、推荐书目与推荐主讲嘉宾、精品新书与经典名著“三结合”的荐书原则。选聘中央宣传部、中央党校、中央党史研究室、人民日报社、中国社会科学院、中国出版集团、人民出版社等机构的专家学者组成专家荐书委员会，定期向大型出版集团和知名出版社发出定向荐书通知，并组织中央和国家机关公务员开展荐书征集活动。

交流活动注重实效性。主题讲坛设计了问答互动环节，活动上还发放意见反馈表，设置了听众感言栏，及时编印活动总结性读物和光盘读物，延伸读书活动的覆盖面。不定期开展读书心得交流、主题征文比赛、忠实听众评选等活动，推进读书活动的深入展开。

2. 主要成效

弘扬了“学习立党，学习兴党”的优良传统。读书活动营造了乐于读书、勤于学习的浓厚氛围，创建了主动参加、主动宣传的学习品牌，有效推动了学习型党组织建设。

拓宽提升了机关干部的战略视野和理论素养。读书活动坚持从问题出发，从理论上探讨，从规律上把握，从案例中回应，传递有现实需求的思想、观念和信息，引导听众和读者开阔文化视野，增强战略思维，进而提升执政能力。推荐书目涵盖丰富、指向明确，既注重前沿学科的专业性，又注重整体结构的体系性。

（二）农家书屋

2007 年 3 月，我国开始在全国范围内实施“农家书屋”工程。农家书屋是在行政村建立的、农民自己管理的、能提供农民实用的书报刊和音像电子产品阅读视听条件的公益性文化服务设施，是我国农村公共文化服务体系建设的重大惠民工程之一，对新时期农村建设、农业生产和农民发展发挥了重要的作用。农家书屋作为独具中国特色的一种读书会存在形式，在十余年的建设下，其呈现覆盖面广泛、体量巨大的特点。截至 2017 年 10 月末，全国有农家书屋 58.7 万家，累计向广大农村配送图书突破 11 亿册。较之一般的读书会，农家书屋的读者群体更为清晰，即各行政村的农民。鉴于农家书屋的发展业已自成体系，故本课题在调研中并未将此纳入核心研究对象的范围。对农家书屋的系统调查和分析有待后续课题的专门性研究。

第三章

全国读书会读者结构及基本情况分析

读书会是一定数量的社会个体自发组织的阅读集合体，缺少了读者，自然构不成读书会。同时，读书会又是从事阅读这项传播活动的重要传播途径或传播介质，在此意义上，没有信宿或落点的传播活动也是无效的、不成立的。因此，我们很有必要去探看和分析全国读书会读者的基本面貌，并了解其对所参与读书会活动的反馈和所思所想，服务于读书会今后发展的群体针对性。

本章在“全国读书会发展情况调查问卷”和“全国读书会读者情况调查问卷”两份社会调查数据的基础上，介入深度访谈和个案描述的手段，对全国各地参与读书会活动的读者（或称之书友、参与者、会员）的基本情况进行叙述和分析，从而探索出一幅关于读书会参与者的群体肖像。

第一节　读书会的面向群体和读者规模

本节借助“全国读书会发展情况调查问卷”得到的全国 135 家读书会的数据，从宏观上对我国读书会读者的整体面貌进行描述。也即，将读者视为读书会的组成部分来观察读者的大体结构。

一、读书会的读者规模

从读书会的读者或会员规模来看，30.37% 的读书会其读者或会员规模为“501 人及以上”；18.52% 的读书会其读者或会员规模为“201—500 人”。这些读书会的面向范围通常比较广，并不指定为某个单位、某家公司或某个社区，而是面向社会各界进行读者招募。15.56% 的读书会其读者或会员规模为“101—200 人”；19.26% 的读书会其读者或会员规模为“51—100 人”。这些读书会一般在一定范围内招募读者、征集会员并展开活动。另外，有 16.3% 的读书会其读者或会员规模控制在“50 人以下”，这些成员规模和活动体量较小的读书会通常有特定的读者群，比如公司或机构内部的读书会不面向外界招募会员，其成员数量严格控制在一定范围内；再如有些读书会的阅读范围和目标集中在小众领域，参与人群少而精，相对固定，且一般具有较高的参与黏性。

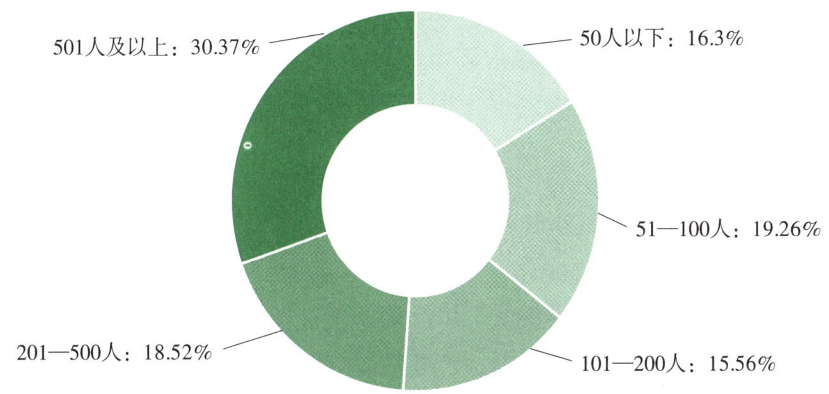

图 3—1　读书会的读者或会员规模

调研中发现，有的读书会对读者或会员设置了入门门槛，但通常这些门槛并不高。而且，微信公众号和小程序已成为读者报名或入会的主力渠道。比如上海“慈怀读书会”在微信公众号上设置“线下报名”通道，用户点击之后跳出小程序，在感兴趣的活动页面填写简单的个人信息和联系方式即可完成报名参加线下活动；北京“一起悦读俱乐部”公众号设置“读书会报名”通道，用户只需要在公众号回复姓名、电话、邮箱、人数即可参加感兴趣的活动；北京“以明读书会”微信号设置“会员招募”通道，具体办法是：关注公众号→加入以明读书会旁听书友群→参加至少一次活动，了解以明活动流程及氛围→提出会员申请→成为会员。从这几种有代表性的会员招募方式看，读书会对参与者持有很包容的态度，并不在阅读经历和阅读能力上设置门槛。

还有很大一部分读书会采用人际之间“滚雪球”的办法，读书会微信群内读者“邀请入群”的人即可加入成为会员。在这种定义下，微信群内的所谓会员越来越多，但究竟有多少人是活跃在读书会活动上的，有多少人在群内属于“僵尸粉”状态，从不在线上讨论，也不参加线下活动，这些情况是很难实际把控的。

“大庆书友读书会”白玉兰：我们现在已经有三个微信大群了，大概1500人。我们限制了人数，有的100—200人，有的300—400人，都是各分会的书友。现在在我们这注册的差不多有40多家分会了。其他的民间自发组织不计其数。这也在无形中给线上管理增加了困难。

二、读书会面向的阅读群体

在问卷设计之初，课题组提出一个设问，即读书会是面向什么人而开展的？通过预调查和文献梳理，我们发现读书会的读者敞开面首先要一分为二：面向所有人和面向特定人。在面向特定人的读书会中，儿童和青少年、高校学生是中外读书会都涉及的人群，比如加拿大、英国、中国香港的阅读推广都将儿童和青少年作为一个起步抓手，再如我国台湾地区在中小学、高校层面建立起了较为完备的读书会发展体系。除此之外，在全社会、全系统推进全民阅读的当下，我国很多行政机关、企事业单位以及居民社区也在层出不穷地建立读书会，并将之视为本机构、本区域文化建设的重要部分。基于这样的观察，我们将读书会阅读群体的基本面貌分为了图3—2所示的五大类。

调查可见，65.19%的受访读书会并不设置读者职业或群体门槛，是面向“社会各界人士”而开展读书活动的，所有人都可以报名参加。因此，这些读书会中读者的职业归类是五花八门的，但同时这也回应了一个问题，即读书会的集结和组织本身是从阅读兴趣出发的，共同兴趣将不同职业、不同背景的人黏合在一起。

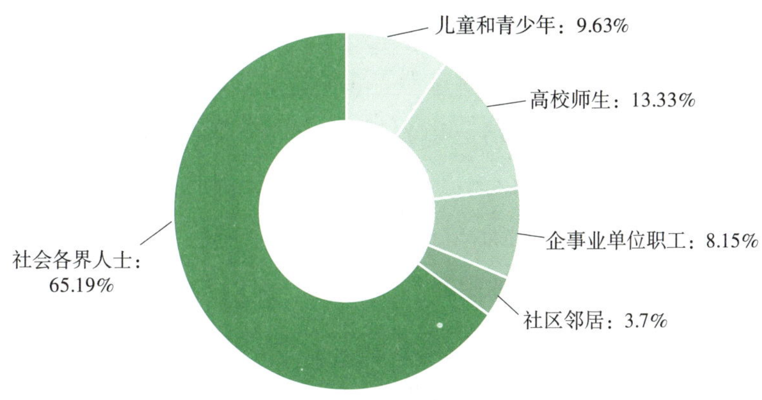

图 3—2 读书会面向的阅读群体

13.33% 的读书会仅面向“高校师生”开展读书活动，这些读书会的主体大都为各地高校，由校内图书馆、教师或学生社团等组织开办；9.63% 的受访读书会是面向“儿童和青少年”群体而成立和展开活动的；8.15% 读书会的参与群体仅限于“企事业单位职工”；3.7% 的读书会是面向“社区邻居”而开办的。

石简读书会段宾宾：现阶段我们读书会的书友主要是邯郸地区的社会各阶层的人员，其中包括大学教授、公务员、律师、医生、大学生等，从老人到小孩都可以参与其中，涵盖面非常广。我们每场活动都是免费参与，先到先得，也不存在其他读书会的会员制度，年龄、身份都不是问题，只要你想来就可以来，无论你是大人还是小孩，年迈或是年轻，我们都很欢迎大家参与进来。

三、读书会读者的年龄构成

目前，国内外对人口年龄结构的划分，没有统一的强制标准。我们在对读书会成员的年龄构成进行分段时主要参照了以下几个因素：其一，从国际标准看，0—14 岁为少儿人口、15—64 岁为劳动力人口、65

岁以上为老年人口。因此，我们设置了“老年（66 岁及以上）”这一选项。其二，中华全国青年联合会对青年的年龄定义是 18—40 岁，我们在选项中沿用了“青年（18—40 岁）”这个划分类项。其三，我国教育部门规定儿童年满 7 岁则入小学开始义务教育，因此我们划分出“少年（7—17 岁）”这个选项，以示与儿童“幼年（0—6 岁）”这个阶段的区分。而介乎于青年与老年之间的则为“中年（41—65 岁）”。

从调查情况看，62.22% 的读书会中，“青年（18—40 岁）”群体是最活跃的主力读者或参与者。此外，23.7% 的读书会成员以“中年（41—65 岁）”为主体；11.11% 的读书会成员以“少年（7—17 岁）”为主体；以一老一小两个极端年龄段为参与主力的读书会占比是很小的，仅有 2.22% 的读书会成员以“老年（66 岁及以上）”为主体的，仅有 0.74% 的读书会以“幼年（0—6 岁）”为参与主力。

青年人群加入读书会的意愿高涨、需求旺盛，似乎也与当下国内大中城市中群体性“知识焦虑”的现状密切相关。“知识焦虑”在本质上是一种源自高强度社会竞争而产生的压力情绪，其中，高校学生的就业

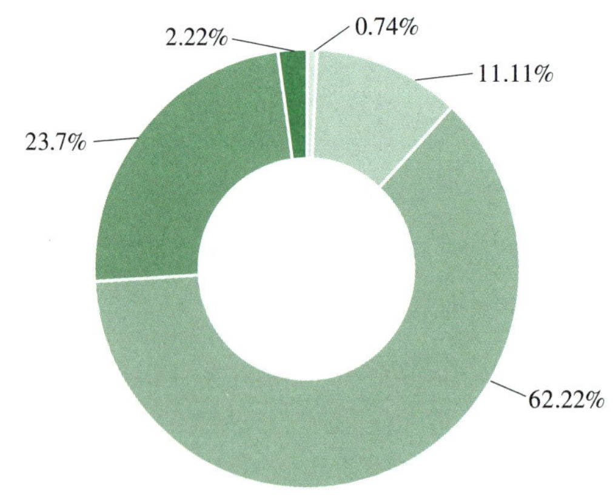

图 3—3 读书会成员的年龄构成

和职场人员的晋升则是最有典型性的两类易于导致压力情绪的社会竞争，“知识焦虑”最明显地表现在这些即将走向社会，或仍需要在强力竞争中站稳脚跟的青年群体身上。焦虑引发的学习动机直接拉动了近年来知识付费行业的快速发展，在一定程度上，公众尤其是中年、青年群体的知识焦虑或学习焦虑也成为刺激读书会创立与发展的一项社会因素。

细究看来，我们将读书会的读者年龄划分为幼、少、青、中、老五个类项，仅是比较粗略地框定了一下各个读书会读者的大体年龄面貌。但实际上，这五个类项又各自包含了一定的年龄跨度，比如 25 岁的读者和 35 岁的读者属于“18—40 岁”这个年龄段，但他们的阅读倾向和趣味恐怕未必一致。尽管我们在统计时可以放大范围，但读书会实际运行中实则很有必要对读者或会员的年龄层次进行细化处理，从而在书目选择、活动形式上有所变化和区分。尤其是对于一些读者数量众多、敞开范围广的读书会来说，细分读者既能达到更好的阅读效果，又能降低因多元年龄而带来的执行难度。

比如西城区青少年儿童图书馆读书会总结出了一条重要的办会经验，即细分幼年和少年的年龄段，精细化地设置对口活动。

西城区青少年儿童图书馆读书会高华丽：以前策划活动的时候从来没进行过细分，结果参加活动的孩子们之间年龄悬殊过大，老师给年龄较小的小朋友说故事，年龄大一点的小朋友就会不耐烦，很难做到两者的平衡。我们现在办活动会很重视年龄段的划分，尽量把同一个年龄段的孩子聚集到一起做活动。比如专门针对年龄段在 6—10 岁的孩子开展观影品读会，再针对 2—4 岁的孩子开展节日故事会。

四、当地民众接触阅读和书籍的程度

“所在城市的民众接触阅读和书籍的程度如何”这道题目旨在从读书会负责人或工作人员的视角，给出他们对当地阅读氛围的看法或态

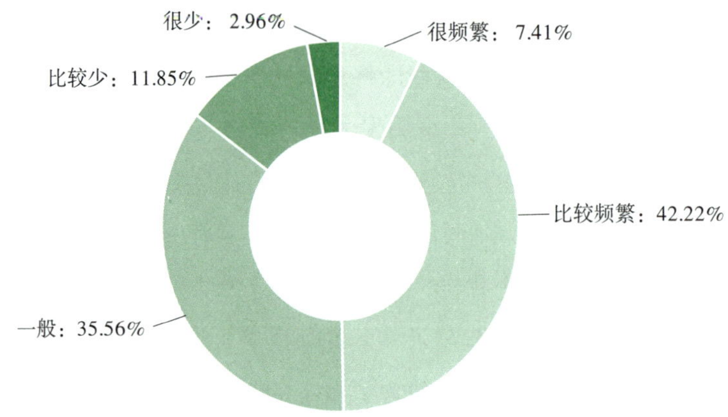

图 3—4　所在城市的民众接触阅读和书籍的程度如何

度。数据显示，将近一半的读书会负责人认为其所在城市民众接触阅读和书籍的程度是良好的，其中，42.22% 的认为当地民众“比较频繁”地在接触阅读和书籍，7.41% 的认为当地民众“很频繁”地接触阅读和书籍。另外，也有一半左右的人认为当地民众接触阅读的情况并不好，其中，35.56% 的认为当地民众接触阅读和书籍的情况“一般”，11.85% 的认为接触地“比较少”，2.96% 的认为当地民众接触阅读和书籍“很少”。

第二节　读书会读者的人口学特征

基于分析全国读书会读者的阅读行为和阅读态度这一研究目的，课题组制定了面向读书会读者群体的调查问卷。选择了两个样本框进行问卷发放，一是通过第二、三、四届民间读书会发展论坛的三个微信群，由群内读书会负责人将电子问卷转到各自读者群进行在线填答。通过此方式回收有效问卷 382 份。二是通过“问卷星”的样本服务，在其样本库中随机发放问卷，并回收有效问卷 596 份。通过两条途径合计回收有效问卷 978 份。本节将以本次问卷调查的结果为依据，分析我国各类读书会读者的人口学特征。

一、地区分布：与宏观经济格局呈现一致性

在接受问卷调查的所有随机样本中，广东地区的读书会读者是最多的，占比 17.11%。上海、山东、江苏、北京、天津五省市的读者占比分别是 6.86%、6.45%、6.45%、5.84%、5.84%，是随机样本应答率排名靠前的几个地区。单从随机抽样应答的层面看，读书会读者的地区分布与我国宏观经济发展所呈现的基本格局大体一致，比如 2017 年经济总量领跑全国的广东、江苏、山东三省的读者反馈人数分别为第一位和并列第三位；上海、北京、天津三个直辖市的经济结构中文化产业占比较高，读书会组织密度较大，因此在此次调查中的反馈人数也居高；在经济发展情况相对乏力的甘肃、海南、宁夏、青海、西藏等地区，样本的反馈时间间隔较长且样本量偏少。

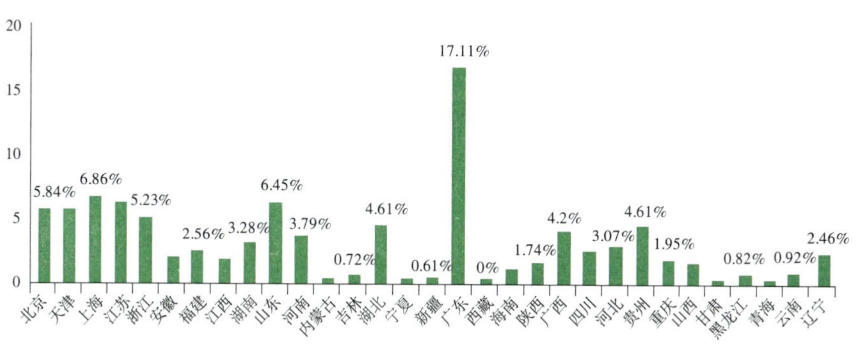

图 3—5　地区分布

二、性别：女性读者是男性读者的两倍

截至 2018 年 6 月，我国人口男女比例为 51.2∶48.8，我国网民男

女比例为 52.0∶48.0，可见，我国网民性别结构与人口性别属性趋同。那么，全国范围内参与读书会活动的读者性别情况呢？随机调查可见，66.97% 的受访者为女性，是男性受访者的两倍。这与我国人口性别比例以及网民性别比例存在显著不同，读书会显然更受女性的青睐。

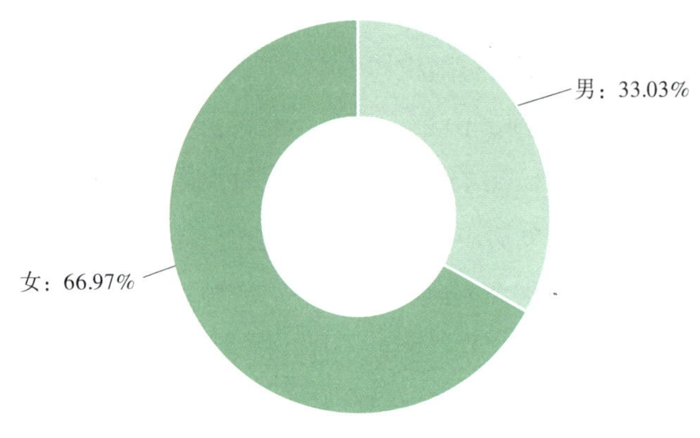

图 3—6 性别构成情况

三、年龄：18—30 岁读者占比近六成

在读书会读者年龄方面，读者以 18—50 岁群体为主，占整体的 96.22%；其中 18—30 岁年龄段的读书会读者占比最高，达 58.18%；31—50 岁年龄段的群体次之，占比为 38.04%。此外，51—65 岁的读者占比为 2.56%。参加读书会活动的青少年和老年人合计占比仅为 1.23%。

四、收入：5001—8000 元月收入者占比最高

在读书会读者中，月收入在 5001—8000 元及 3001—5000 元的群体占比较高，分别为 28.02% 和 24.44%。月收入在 8001—12000 元的群体占 19.02%，3000 元及以下的群体占 20.76%。

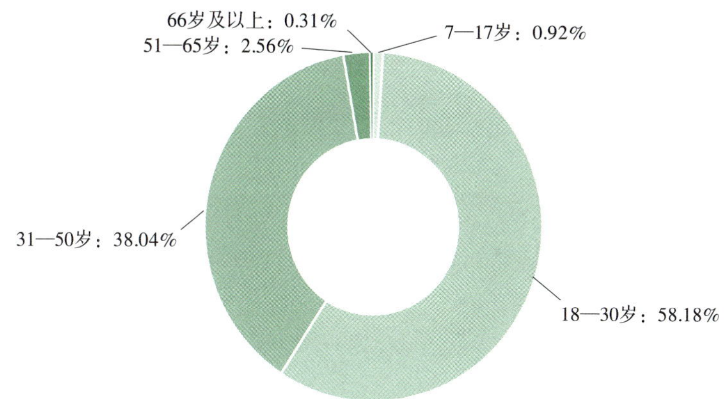

图 3—7　年龄分布情况

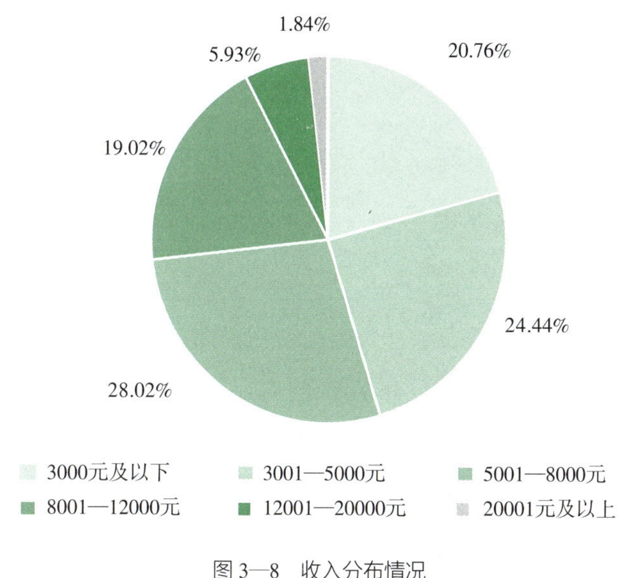

图 3—8　收入分布情况

五、教育水平：本科学历读者占比超过七成

从受教育水平方面看，参与读书会活动的群体以大学本科学历为主，占比为 70.86%。高中、中专和大专学历的读者共计占比为 18.3%，硕士研究生及以上学历的读者占比为 9.61%，初中或初中以下学历的读者占比为 1.23%。

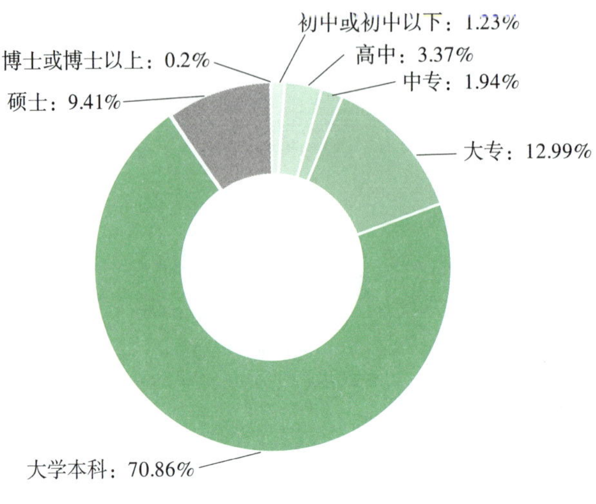

图 3—9　教育水平分布情况

第三节　读书会读者的阅读情况分析

一、读书会推助读者日均阅读时长增加

在应答问卷的读者中，46.73% 的人在加入读书会或参加读书会活动之前每天的阅读时长为 1 小时以下；44.17% 的人每天的阅读时长为 1—2 小时；7.36% 的人每天阅读时长为 3—4 小时；每天阅读时长为 5—6 小时或 6 小时以上的人占比均不到 1%。

加入读书会或参加读书会活动之后，受访者的日均阅读时长整体上都出现了增加，每天读书不足 1 小时的人明显减少，占比仅为 5.93%；日均阅读时长为 1—2 小时的占比为 55.52%；日均阅读时长为 3—4 小时的占比为 33.13%，比未加入读书会时的占比增加了约 26 个百分点；日均阅读时长为 5—6 小时的占比为 3.99%，比未加入读书会时的占比增加 3 个百分点；日均阅读时长在 6 小时以上的人数占比也有所增加。

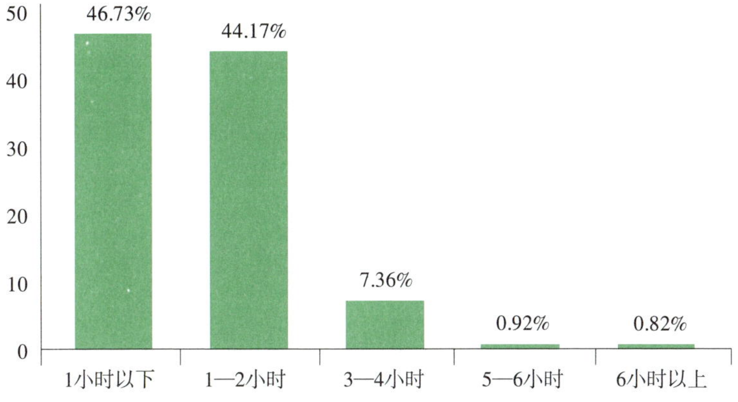

图 3—10　加入读书会之前的阅读时长

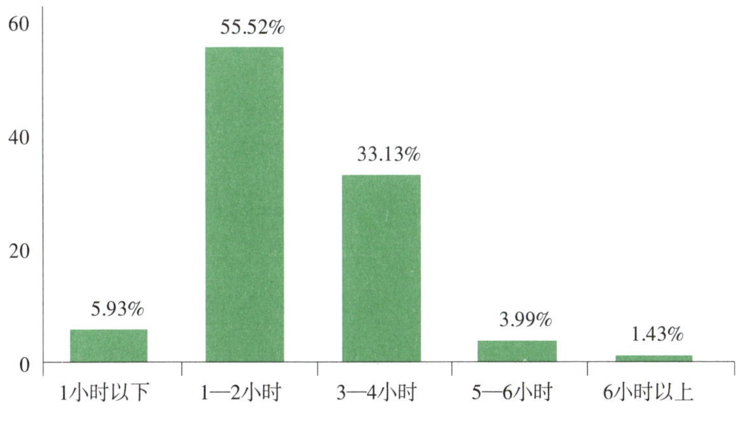

图 3—11　加入读书会之后的阅读时长

二、多数读者对阅读的原始兴趣浓厚

一般认为，加入读书会或有愿望参加读书会活动的公众是喜爱阅读或书籍的。从我们采用量表方式对这一经验性判断进行验证，调查发现，有 34.25% 的受访者表示对阅读“非常喜欢”；59.2% 的受访者表示对阅读“比较喜欢”；6.13% 的受访者表示对阅读“一般喜欢”；有极少的受访者表示对阅读“不太喜欢”或“很不喜欢”。可见，读书会读者

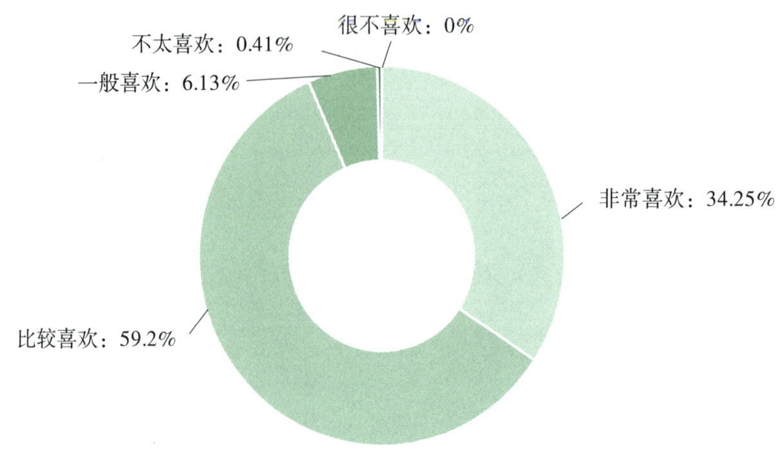

图 3—12 对阅读的喜爱程度

对阅读的兴趣与人们的经验判断是一致的，绝大多数人对阅读持有积极接受的主观态度，这也能解释他们加入读书会或参与阅读活动的主动性。

受访者加入读书会或参加相关活动的初衷，基于受访者的多选回答，我们发现，83.23% 的受访者加入读书会的目的是为了“增强个人修养”；75.26% 的受访者加入读书会的目的是为了“培养阅读兴趣”；52.86% 的受访者是为了“享受集体阅读氛围”而加入读书会；50% 的受访者加入读书会的目的是为了“结交朋友和社会关系”。与阅读直接相关的培养阅读兴趣、增强个人修养、享受阅读气氛是受访者选择加入读书会的前三大初衷和目的，说明读者加入读书会的初衷相对纯粹，他们希望通过这条渠道满足自身的阅读兴趣和需要，同时提高自我修养。同时，也有一半的受访者认为加入读书会的初衷还包括“结交朋友和社会关系”。从传播类型而言，读书会活动属于组织传播，组织传播的特点之一是成员之间因共同原因、需求或目的而聚集且接受信息。有不少读者选择在读书会这种小团体或组织中缘于共同兴趣而搭建社会关系，这一初衷与阅读并不直接相关，但读书会却天然地为读者提供了这种条件。

具体到受访者加入目前所在读书会的原因，71.78% 的受访者加入该读书会的原因之一是因为“集体阅读的气氛”；68.71% 的受访者加入

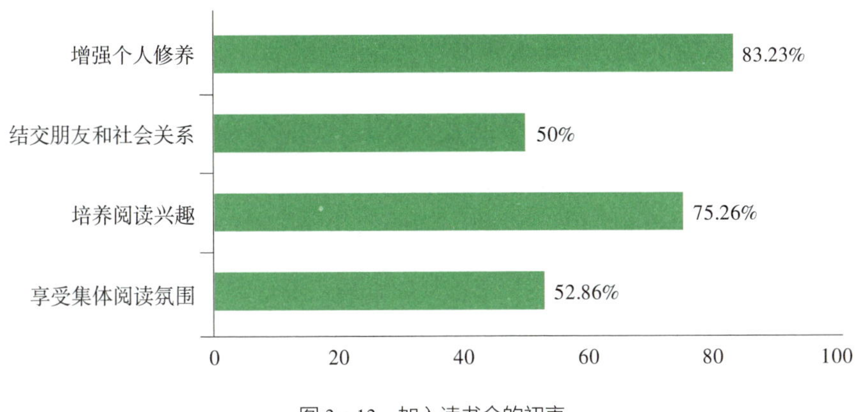

图 3—13 加入读书会的初衷

的原因之一是感兴趣于该读书会的“阅读定位（对象人群、读物类型、阅读目标等）”；68.1% 的受访者因该读书会“阅读活动的形式丰富”而加入目前的读书会；27.2% 的受访者加入目前读书会的原因之一是基于“负责人的威望和魅力”。也就是说，多数人选择加入当前所在读书会的原因是相对理性的，关注的是该读书会的阅读定位、阅读气氛、阅读形式等客观原因，不到三成的受访者出于相对主观的原因，即出于对负责人个人魅力的喜爱而选择加入。这说明，读者加入读书会的原因是理性且内向化的，他们关注的更多是阅读内容、氛围、形式本身以及自我的成长和感受，读书会组织者个人的角色重要性并不突出。

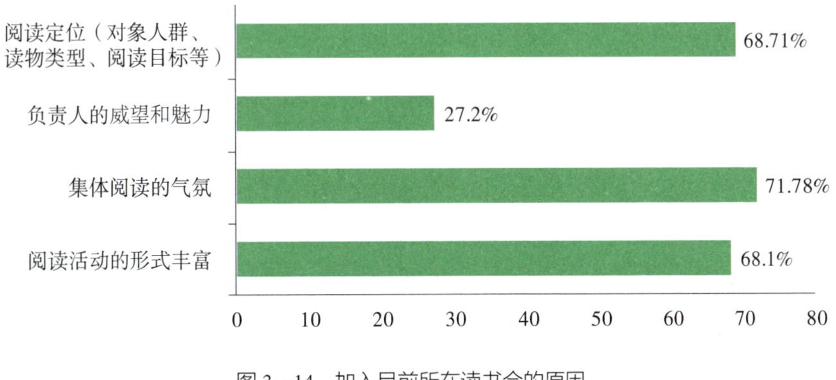

图 3—14 加入目前所在读书会的原因

三、读书会与潜在读者之间存在信息缺口

有 53.78% 的受访者是“朋友推荐”而知晓当前所在读书会；有 37.83% 的受访者是“在网络渠道无意中看到”了该读书会；有 8.38% 的受访者是“主动搜索找到的”该读书会。也就是说，90% 以上的受访者是被动获取了读书会的相关信息，在此之前，他们或者不知道读书会组织的存在，或者不知道哪家读书会适合自己，有什么渠道可以加入该读书会。广大有阅读兴趣和爱好的人从“无组织”变为“有组织”的过程是被动的，这意味着在读书会组织与广大读者之间存在对接乏术和信息不对称的问题，读书会在寻觅读者，读者也在寻找志同道合的群体，二者之间缺少更开放且显见的信息流通渠道。

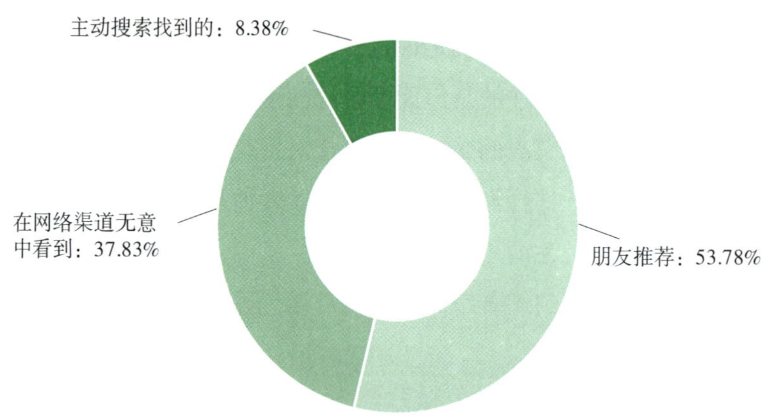

图 3—15 知晓目前所在读书会的途径

四、六成读者对阅读介质持包容态度

在阅读介质方面，27.51% 的受访者表示更喜欢以纸质书为主的传统阅读形式；10.63% 的受访者更喜欢通过电子书、手机阅读、电脑阅读等电子媒介从事阅读活动；61.86% 的受访者表示两种阅读介质都愿

意接受。可见，六成以上的受访者对阅读介质持有包容开放的态度，能够适应当前阅读传播走向数字化、电子化的新生局面。同时，也有超过 1/4 的受访者对传统纸质阅读流露明确的偏好，有一成左右的受访者更青睐新兴阅读介质。读书会在组织招募读者或组织活动之初，亦应当从细节上关注读者的介质倾向，从而在文本策略上更接近读者的需求。

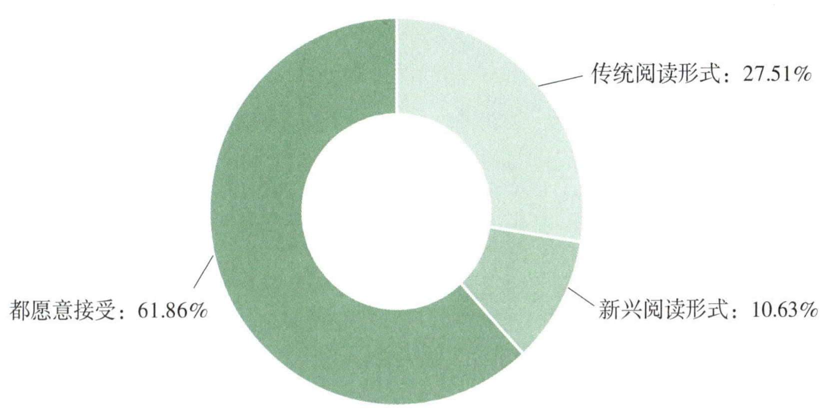

图 3—16　对纸质阅读和网络阅读的接受程度

当自变量 X 是性别，因变量 Y 是阅读介质的接受情况时，不同阅读介质在男女受访者方面表现出整体上的一致性，即都有半数以上的受访者表示传统和新兴阅读形式都可以接受，此外，比之新兴阅读形式，男女受访者都对传统阅读形式表达了更好的接受意愿。

具体来看，男女受访者中均有三成左右的人单纯接受传统阅读形式，情况相当；单纯接受或喜好新兴阅读形式的男性受访者比女性受访者多出 5 个百分点以上；对两种阅读形式兼可接受的受访者中，女性比男性多出近 10 个百分点。这说明，参加读书会的女性可能对阅读介质的兼容性更喜好，而男性则有可能更愿意尝试通过新兴媒介渠道去参与阅读活动。

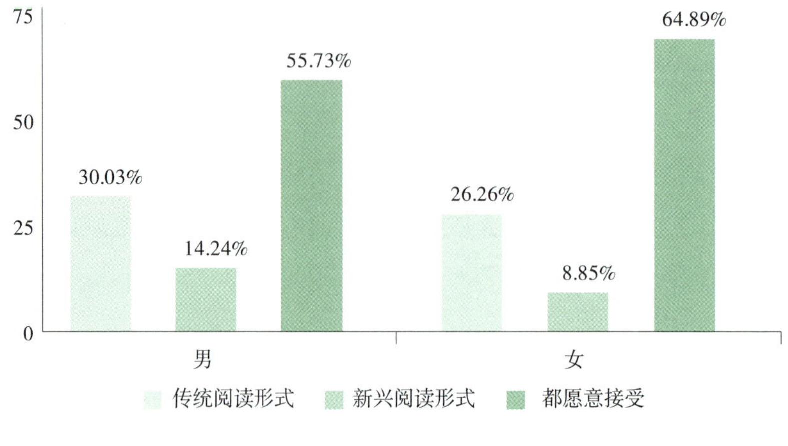

图 3—17 不同性别读者的阅读介质接受情况

五、读者对读书会信息传播和活动形式的态度

（一）微信的使用热度远高于其他线上平台

目前，读书会大都选择借助网络媒介渠道进行信息发布和内部沟通，有些读书会还搭建了不同的信息渠道。从受访者的反馈看，86.71%的人关注了所在读书会的微信公众号；64.52% 的人关注了所在读书会的微信群；37.93% 的人关注了所在读书会的新浪微博；29.86% 的人关注了所在读书会的官网；23.11% 的人关注了其 QQ 群。可以看到，读书

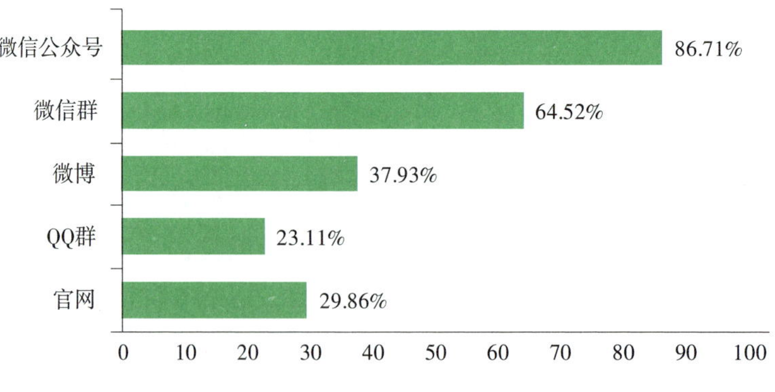

图 3—18 关注所在读书会的线上发布渠道

会搭建的信息渠道与当前网络媒体的普及率和使用热度是一致的，微信因其更强的即时通讯功能而具有更高的使用热度，读书会更倾向于开辟公众号、建立微信群，读者也更倾向于借此进行信息交流。微博的使用热度次之。QQ 群和官网作为 PC 端和 Web2.0 时代的主流媒介平台，其在 Web3.0 时代的使用热度则弱了下来。

（二）不同年龄层的媒介倾向

在交叉分析中，研究者将自变量 X 设为年龄，因变量 Y 设为关注的信息发布渠道。分析发现，微信公众号方面，7—17 岁、18—30 岁、31—50 岁三个年龄段通过公众号订阅和关注读书会信息的使用率几乎相当，51—65 岁年龄段微信公众号的使用率略低。在微信群方面，受访者年龄越大，通过微信群获取读书会相关信息的使用率越高。在微博方面，18—30 岁年龄段对微博的使用率最高，51—65 岁年龄段通过微博获取读书会信息的使用率最低。

不管对哪个年龄段来说，微信公众号和微信群都是两条最主要的信

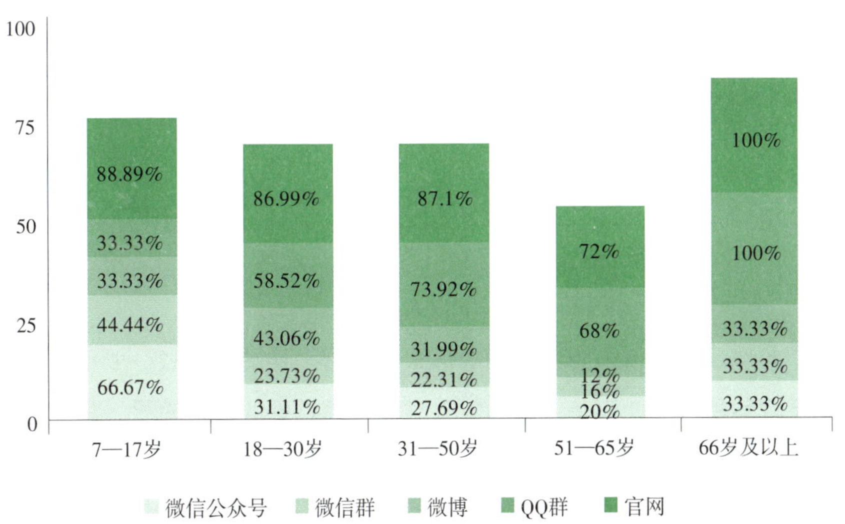

图 3—19　不同年龄层读者的媒介使用倾向

息接收渠道，都更倾向于、习惯于通过这两条途径获取读书会发布的相关信息。QQ 群的使用效率在各个年龄段都偏低，尤其是 18—30 岁、31—50 岁、51—65 岁三个读书会主力年龄段受访者都最少通过 QQ 群来获取读书会信息。

（三）近九成读者对读书会的线上活动感到满意

64.62% 的受访者对目前所在读书会的线上活动感到“比较满意”，23.93% 的受访者对此感到“非常满意”。也就是说，将近九成的受访者对当前读书会的线上活动是满意的，小部分受访者对此感到“一般”“不太满意”或“很不满意”。

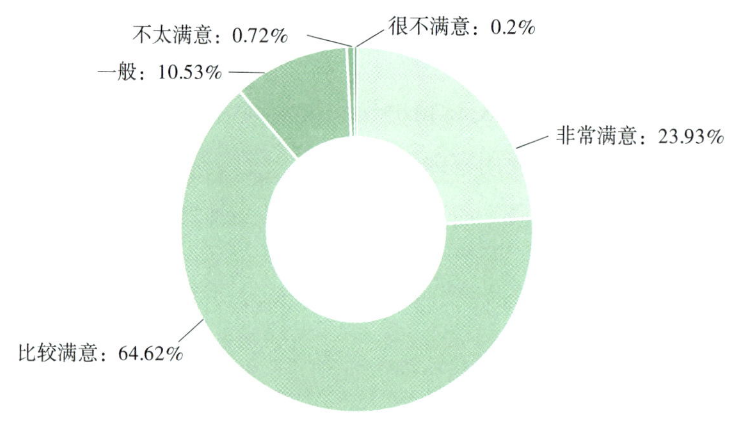

图 3—20　对所在读书会线上活动的满意程度

（四）读书讨论是最受欢迎的阅读形式

各地读书会组织阅读活动的形式是丰富多样的，而且一般不会只限于采取某种形式，而是多种形式并举以达到良好的活动效果。从受访者的多选项反馈来看，82.52% 的受访者喜欢“读书讨论”活动；65.54% 的受访者喜欢“作者讲座”活动；57.26% 的受访者喜欢读书会组织的各种形式的“听书”活动；37.73% 的受访者喜欢有领读人介入的“领读”

活动。另外还有不足 3% 的受访者喜欢其他形式的阅读相关活动，如主题分享会、直播讲书或回放、拆书等。

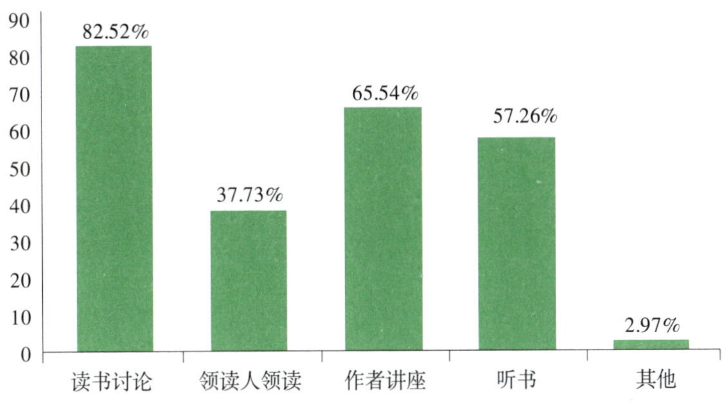

图 3—21　对所在读书会阅读形式的喜好情况

（五）带有互动性质的阅读相关活动更受欢迎

不少读书会在读书活动之外，也会举办一些阅读相关的集体参与性活动，以达到活跃气氛、凝聚人气、增进兴趣等作用。从调查情况看，广大读者对这些活动也表现出广泛的兴趣。其中，“篇章朗诵”“阅读游戏”“电影欣赏”“书画活动”是最受欢迎的几项阅读相关活动。这些活

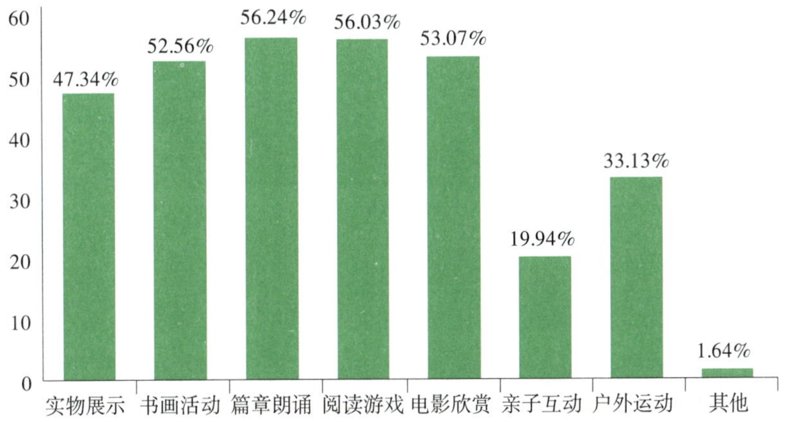

图 3—22　对所在读书会阅读相关活动的喜好情况

动的共同特点是需要交流互动或感受共鸣，读书会能够创造相应的条件和环境满足上述需求。此外，47.34% 的受访者对“实物展示”活动有兴趣；33.13% 的受访者喜欢读书会组织的“户外运动”活动；19.94% 的受访者喜欢在读书会团体中参与“亲子互动”活动。

（六）二成多读者的“纯阅读”需求亦需要关注

有 69.53% 的受访者认为在读书会中阅读和参加相关活动是“密不可分，都有必要”的；有 22.8% 的受访者认为在读书会中应当专注于读书，而不是参加活动；也有 7.67% 的少部分受访者认为读书会中的各类活动比读书更有意义和必要。依数据看来，多数读书会参与者还是倾向于在读书与相关活动的融合中增进阅读兴趣、增长个人见识等，读书会亦有必要在二者间找到平衡，满足读者在阅读和相关活动中提升自己的需求。但同时亦不应当忽视二成多读者相对纯粹的读书需求，要以高质量的读书活动和相关服务让他们感受到好的阅读体验。

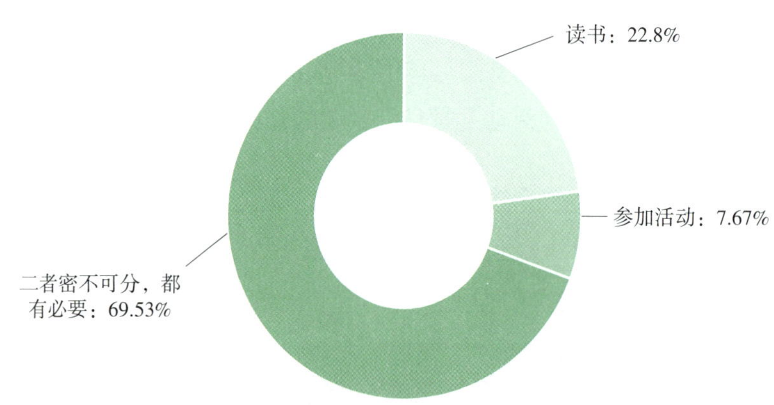

图 3—23　对读书和参加活动的二者关系的看法

六、自律和他律视角下的阅读活跃性

单一阅读个体从事阅读活动的活跃性或进入性受到内力和外力双方

面的驱动。个体在阅读兴趣的驱动下自主自觉地阅读，这体现为一种自律；个体在他人的影响或要求下进入阅读行为，这体现为一种他律。具体到读书会的情境中，读书会本身是一个集体组织，活动时间、地点、形式、读物等都不能由某个阅读个体掌控，阅读个体需要被约定在一个框架下进行阅读活动，带有一定的被动介入性。因此，阅读个体能否在框架的约定和他人的要求下有规律地参加读书会活动，则同时体现为一种自律和他律。此外，社会个体长期居住、工作、学习的场所中的阅读氛围也构成影响个体阅读认知和阅读参与的外力因素。

（一）六成读者规律性地参加读书会活动

53.17% 的受访者能够“比较规律”地参加读书会活动；10.63% 的受访者认为自己能够“十分规律”地参加读书会活动。也就是有 63% 以上的受访者都能规律性地参加读书会活动，具有良好的阅读活动介入性。同时，24.44% 的受访者认为自己参加读书会活动的规律性“一般”；另有一成多受访者认为参加读书会活动“不太规律”或“很不规律”。也即有三成以上的受访者不能定期、定时地参加读书会的活动，在读书会组织中从事阅读活动的规律性不好。

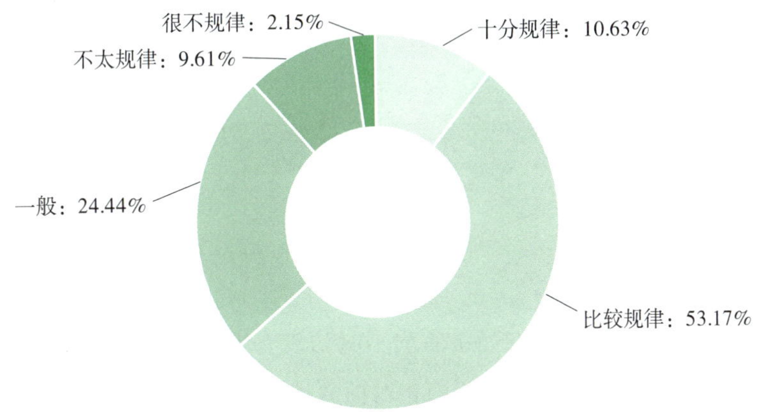

图 3—24　参加读书会活动的规律性情况

（二）八成以上读者非孤立的读书会参与者

此前提到，不少受访者是在亲朋好友的推荐下加入读书会的，这说明读书会活动的信息传播带有一定的人际传播的特点，在相互的推荐和告知下，读书会得以“滚雪球”般的发展和组织扩大。如果阅读个体周边参加读书会的熟人越多，那么他们之间进行阅读信息分享的可能性越大，阅读活跃性可能更强。从读者反馈情况看，47.75% 的受访者身边有 1—5 位亲朋好友加入了读书会；21.47% 的受访者身边有 6—10 位亲朋好友加入了读书会；11.25% 的受访者身边有 10 人以上加入了读书会。也就是说有 80% 以上的受访者并不是孤立的读书会读者，而是身边不同数量的存在着同样具有阅读兴趣和阅读需要的亲朋好友。甚至有一成多的受访者身边有超过 10 位亲朋好友加入了读书会，可以想见，阅读兴趣是这些受访群体在日常交往和社会生活中的人际信息联结点，他们可能会因为密切的信息共享和交流而以更积极的态度融入读书会，与读书会建立更密切的归属关系。

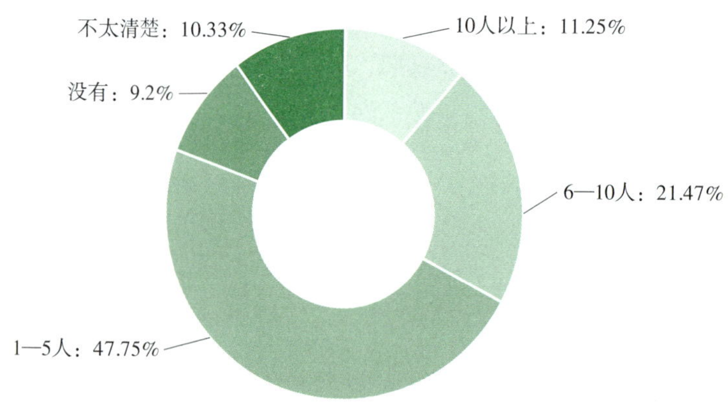

图 3—25　身边亲朋好友加入读书会的情况

当然，也有约两成的受访者表示身边没有加入读书会的亲朋好友，或对此并不清楚。这意味着他们相对孤立地从家庭、学校、工作单位等走向外界参加读书会，身边没有具有相同爱好或兴趣的人分享信息。相对而言，这部分读者缺少来自周围的信息激励和他律约束，与读书会组织的归属紧密程度可能偏弱，他们可能随时因失去兴趣、缺乏响应、精力不够等主客观原因而脱离读书会。

（三）社区情境的阅读氛围优于工作情境

家庭或社区中阅读氛围的优劣对社会个体阅读兴趣的培养和社会范围内的阅读促进有重要作用，家庭成员的阅读习惯和社区成员营造的阅读氛围可以成为有力的促进个体阅读的他律因素。调查发现，51.64%的受访者认为家庭或社区环境中的阅读氛围“还可以”；14.42% 的受访者认为家庭或社区环境中的阅读氛围“很好”。也就是说，超过 66% 的受访者对家庭或社区中的阅读氛围是满意的。在其他人中，24.85% 的受访者认为家庭或社区中的阅读氛围“一般”；7.67% 的受访者认为家庭或社区中的阅读氛围“不太好”；1.43% 的受访者认为家庭或社区中的阅读氛围“很不好”。也即大约有三成受访群体对家庭或社区中的阅读氛围感到不满意。

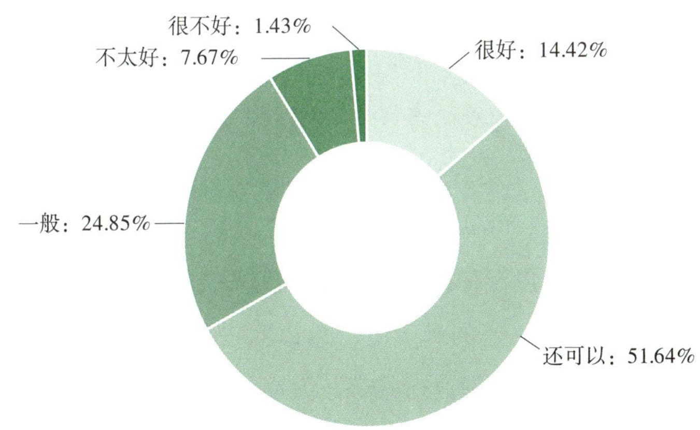

图 3—26　对家庭或社区环境中阅读氛围的看法

调查看来，受访者群体对其工作环境中阅读氛围的评价似乎整体偏低一些。有 37.32% 的受访者认为工作环境中的阅读氛围“还

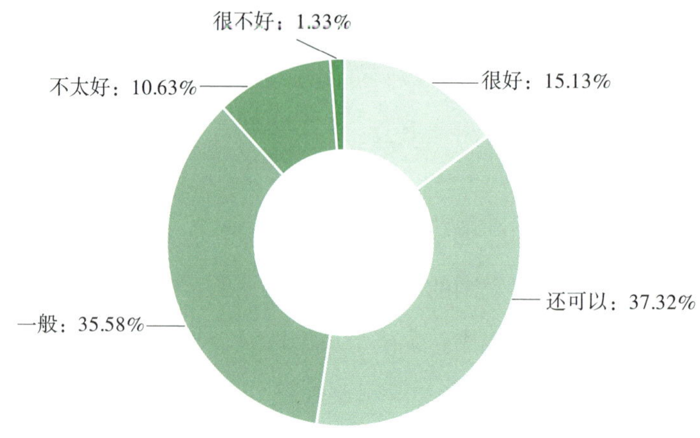

图 3—27 对工作环境中的阅读氛围的看法

可以"；15.13% 的受访者认为工作环境中的阅读氛围"很好"，也即 52% 左右的受访者对工作环境中的阅读氛围是满意的。在其他人中，认为其所在工作环境的阅读氛围"一般"的有 35.58%；认为工作环境中的的阅读氛围"不太好"的有 10.63%；认为该氛围"很不好"的有 1.33%。总体上有近 48% 的受访者对工作环境中的阅读氛围感到不满。

35.79% 的受访者认为其所在读书会最大的优点或优势是"阅读活动有趣有益"；21.98% 的受访者认为"图书资源丰富"是所在读书会最大的优点；21.47% 的受访者认为"阅读形式多样有效"是其所在读书会最大的优点或优势。可见，目前而言，广大读者对与阅读行为最直接的因素，即阅读活动是否有益、是否有收获这一点是最满意的，对图书资源和阅读形式也有一定的满意度。总体而言，近 80% 的受访者能够从阅读活动、图书资源、阅读形式等几方面获得具有实效的阅读体验和阅读辅助。但与此同时，只有 12.07% 的受访者将"读书活动的规律性强"视为其所在读书会的最大优点；仅有 8.69% 的受访者认为其所在读书会最大的优势在于"专家大咖资源丰富"。多数读书会在活动的规律性和专家资源方面仍有可提升空间。

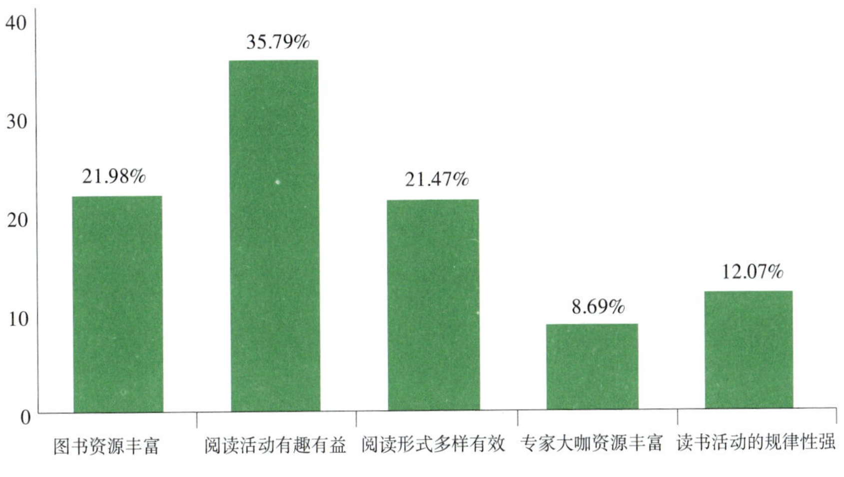

图 3—28　对所在读书会最大优点或优势的看法

七、阅读态度：缺少专家资源是读书会的最大短板

36.2% 的受访者认为其所在读书会最大的缺点或不足是“专家大咖资源不足”，这是受访者认为读书会最大的一个问题。这与受访者“对其所在读书会优势的看法”一题中“专家大咖资源丰富”的低响应率是

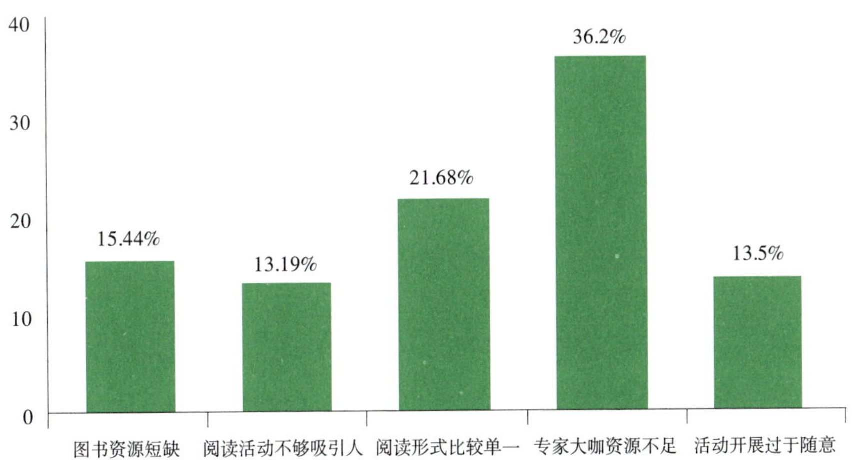

图 3—29　对所在读书会最大缺点或不足的看法

致的。这说明，在广大读者眼中，目前读书会很大的一个不足或短板是缺少足够的专家资源，以致在阅读活动中缺少意见引领和号召力。

此外，关于图书资源和阅读活动质量的响应率与优点一题的响应情况也呈现出一致性，即认为读书会图书资源不足、阅读活动不吸引人的受访者并不多，少于对这几点感到满意的人数。还可以看到，读书会组织活动的规律性这一选项在两道题目中的响应率都不高，这说明受访者对是否能够规律性地参加读书会活动似乎并不敏感，这一点并不构成他们衡量读书会优缺点的核心要素。

八、九成读者可接受的会费标准在 500 元 / 年以下

如果所在读书会需要收取年费，56.63% 的受访者认为 1—300 元 / 年的会费是可以接受的；33.7% 的受访者认为 301—500 元 / 年的会费是可以接受的。也就是说，90.33% 的受访者能接受的会费标准在 500 元 / 年以下，不愿接受更高的会费。6.71% 的受访者可以接受 501—1000 元 / 年的会费；2.65% 的受访者能够接受 1001—3000 元 / 年的会费。

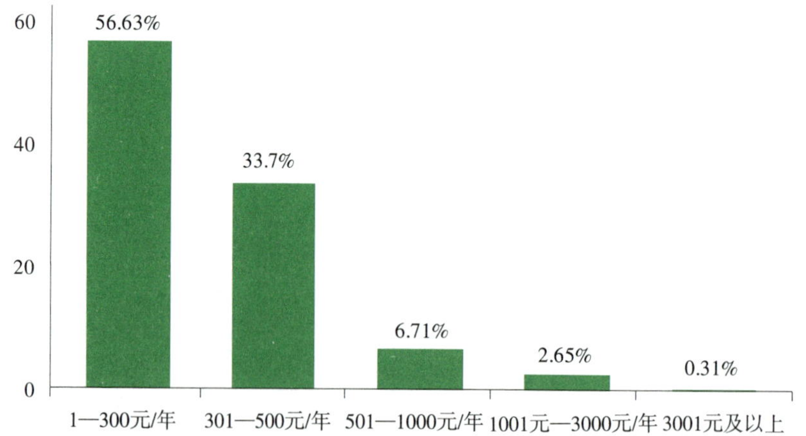

图 3—30　对读书会每年收取会费 / 年费的接受情况

九、八成以上读者对读书会的正向效果持肯定态度

整体上看，本次调查的受访者对其加入读书会之后的阅读收获和个体进步是乐观和积极的。其中，65.24% 的受访者认为读书会带来的收获和进步是“比较大”的；18.3% 的受访者认为读书会带来的收获和进步“非常大”。也即，共有 83.54% 的受访者对读书会带来的作用和帮助是满意的，态度是正向的。读书会作为阅读推进的组织形态有效起到了在民众中传播阅读理念、增进阅读意识、推动个体进步的作用，使多数参与者从中获益。

此外，亦有 14.62% 的受访者认为读书会带来的收获和进步“一般”；有 1.84% 的受访者认为这种收获和进步“比较小”或“很小”。

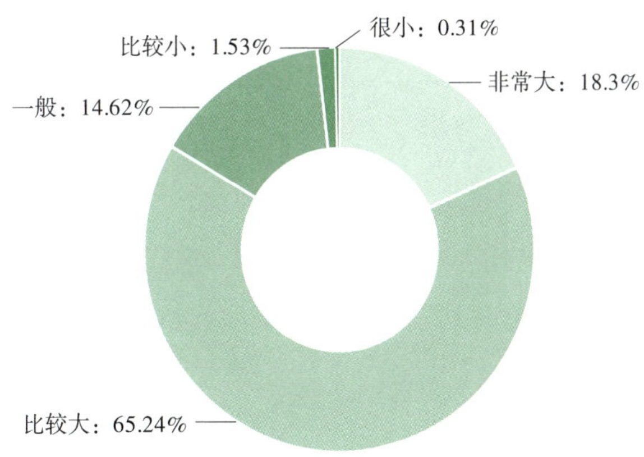

图 3—31　加入读书会后的阅读收获和个体进步情况

第四章

全国读书会的模式列举与分析

第一节 读书会的活动模式

一、活动前端：线上召集并在线下形成阅读群组

目前，多数读书会都通过线上渠道进行读书会活动信息发布、召集读者或会员等，并且有些读书会的线上传播渠道不止一条。因此，本题目设置为多选题，读书会可视情况选择其常用的一条或多条线上信息渠道。在所调查的 135 个对象中，70.37% 的读书会常借助“微信公众号”进行线上信息发布或召集活动；54.07% 的读书会常借助“微信群”进行线上信息发布或召集活动；20.74% 的读书会常借助“QQ 群”进行线上信息发布或召集活动；14.07% 的读书会常借助“微博”进行线上信息发布或召集活动；11.11% 的读书会常借助“官网”进行线上信息发布或召集活动。此外，还有 8.89% 的读书会选择了其他线上渠道进行信息发布或活动召集，其中包括“豆瓣小组”“互动吧 APP”等线上工具。

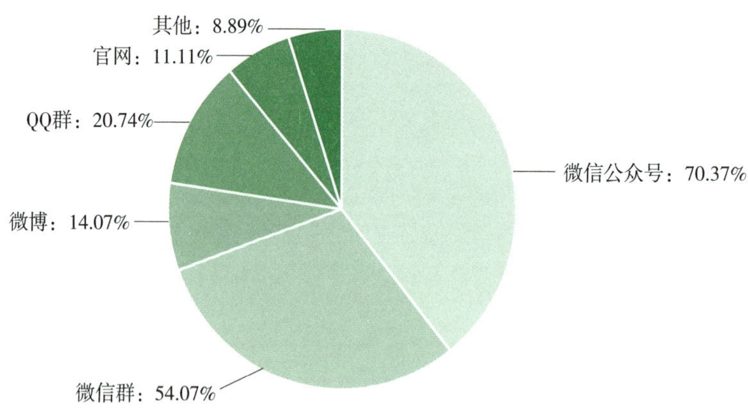

图 4—1 读书会线上发布通知或召集活动常借助的渠道

读书会线上信息传播渠道的使用率与各类媒介工具在整体上的使用水平是一致的。首先，微信是目前国内首屈一指的即时通讯工具与社交软件。腾讯官方发布的《2017 微信数据报告》显示，截至 2017 年 9 月，微信日登录用户超 9 亿，日发送消息 380 亿条，日发送语音 61 亿次，日发表朋友圈视频次数 6800 万次。[①] 对于读书会而言，微信的公众号功能和微信群聊功能是最有效的信息发布途径。一般来说，公众号主要用来推送活动信息或推荐阅读内容，微信群则重点承担读书会日常交流和阅读互动的功能。

其次，QQ 群与微信群实则具有相近的传播机制，同样可以进行群聊、信息发布、文件传输等行为，但是 QQ 工具本身属于 Web2.0 时代的媒介产物，其即时交互、智能传播和社交功能都在微信端得到了进化，所以，读书会对 QQ 群的使用率要远低于微信群。

再次，微博也是 Web3.0 时代自媒体的重要产物，但从传播形态上来说，微博“一对众”的开放性更强，具有大众传播的特点，而微信公众号、微信群、QQ 群都具备组织传播（小群体传播）的能力，更适合读书会进行组织范围内的信息传递。

各条线上渠道承担的不仅是信息发布和活动召集的功能，因自媒体本身强大的即时通讯功能和社交参与性，读书会所使用的各类线上渠道都承担着读书会成员线上阅读和群体互动的作用。

外交之声读书会瞿正清：外交之声读书会平时的互动就是在微信群中，在群里的都算是在外交之声读书会的成员。互动方式就是个人分享最近阅读的国外名著，将自己的读书感想和收获在群里与他人分享。每到外国著名作家的诞辰或者逝世日时，大家都会分享这位作家著作中的经典句子。

① 《微信 2017 大数据》，见 http://tech.ifeng.com/a/20171109/44753209_0.shtml。

二、活动过程：四种典型的阅读形式

在前期调研访谈的基础上，我们在问卷中列举了读书会实践中最常用到的四种阅读形式，分别是读书讨论、领读、作者讲座和听书。在预调查中发现这四种形式也大体可以覆盖多数读书会的运行实际，在正式调查中遇到四种形式之外的情况，则计入“其他”项。受访读书会可根据实际选择一项或多项常用的阅读形式。

统计显示，83.7% 的读书会在日常组织活动时实践过“读书讨论”的阅读形式；52.59% 的读书会实践过“作者讲座”的阅读形式；53.33% 的读书会实践过“领读人领读”的阅读形式；17.78% 的读书会实践过“听书”的阅读形式。总体看，读者或会员共同参与阅读和讨论的“共读”形式是最受欢迎和得到了最普遍实践的。以书籍作者或在某个领域、某本著述、某个话题上更有“意见领袖”作用的领读人为主讲的“他读”加互动的形式也比较受到欢迎，分别有半数以上的受访读书会都曾采用过“作者讲座”或“领读人领读”的阅读形式。

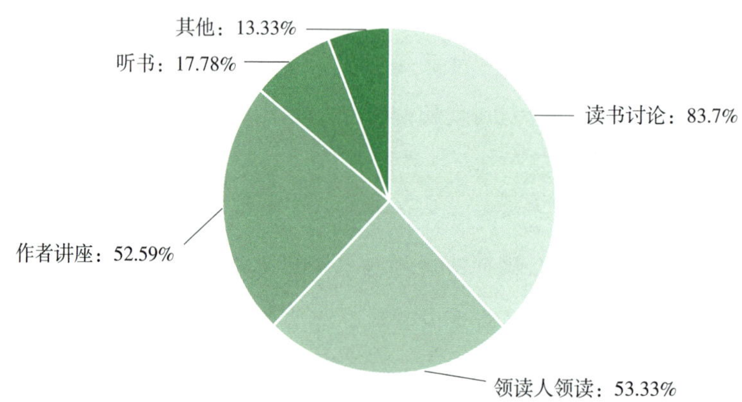

图 4—2 读书会实践过的阅读形式

（一）读书讨论

1. 线下共读

读书讨论的阅读形式也可以称为“共读”，也即读书会活动的每位参与者都要在活动中带读、发言或讨论，多人共同完成书目内容的阅读，同时，彼此的认知、观点在此过程中产生交集和碰撞，参与者通过“共读”获取更充分的阅读体验。读书讨论的形式通常要求读者在规定的时间内分享心得和观点，并穿插互动讨论。

杭州博畅读书会林凯：一场共读沙龙我们的时间是13：30—17：00，三个半小时，中间休息10分钟就继续讨论。读过的人每个人分享5—10分钟，怎么分享由他自己决定，他可以梳理一下这本书的脉络或主要观点，也可以谈谈他对那几个观点的看法以及延伸的思考，也可以是因为这本书他得到的启发，等等。参加者逐个分享，每个人分享之后会有一个简短的讨论。

2. 线下精读

上述线下共读的读书讨论形式是比较典型和有代表性的，只是不同读书会在总体时间和发言时长上略有不同。但是这一类阅读形式适合于阅读难度较低，共同参与性强的通识性、普及性读物。参与者可以一章一章地读、讲或概括。然而，对于一些行业性很强或相对晦涩难懂的阅读对象，比如哲学经典、古文文献等，则适合采取小范围的线下精读方式。精读同样可以共同参与，但需要随时介入讨论和问答，甚至需要一句句地进行解读和分析。

3. 线上共读

对于完全采取线上阅读的读书会来说，线上共读是一种主要形式，即围绕同一本书大家在阅读线上群内发言和讨论。但是这种形式的秩序化和高效率很难得到保障。所以，有些读书会将线上共读作为线下活动的一种补充，在必要的时候开展起来，通过当下流行的“线上打卡”的方式进行阅读讨论。

北京理工大学新烛读写社洋冠如：因为我们的成员跨越两个校区，甚至还有外校的同学，所以我们就采取“线上小组讨论”的形成进行《红楼梦》阅读。小组成员有16人，我们约定于每周六晚以微信语音群聊的形式进行读书互动：用一个小时的时间由大家轮流朗读将《红楼梦》的一回读完，不要求速度只求能逐字逐句地体会。轮流朗读后，大家会分享在朗读和听读过程中自己的心得和理解。投入的朗读和聆听，使讨论格外激烈，甚至因为各执己见而产生交锋。其实我们在平常聊天时很少这么较真，但是在自己对书的领悟产生分歧时会认真地进行讨论。

不论是线上共读、线下共读或精读，读书讨论中有一个不可或缺的元素——主持人，其角色是穿插引导、控场协调，而且同时还要对阅读内容有一定的熟悉程度和话语能力。有些读书会的发起人时常需要在活动中兼职主持人的角色。但是，随着活动趋向规律和频繁，且阅读内容多元广杂，单一个体很难在时间、精力和效果上满足每次活动的需要。因此，不少读书会在微信公众号上长期开设主持人招募计划，希望不断有熟悉不同领域的阅读爱好者加入进来，主持读书会日常活动的运行。

案例　武汉光谷读书会主持人招募条件和工作职责

（一）主持人具备条件

1. 真正喜欢读书的人，非功利性阅读。
2. 认可光谷读书会宗旨：品读经典，享受慢生活。
3. 有基本的文字整理功底，总结当期读书会。
4. 年龄和专业均无限制，但要有时间参加活动。
5. 关注读书会新媒体平台——“全民阅读推广小组”公众号。
6. 在读书会群里与大家交流自己平时的阅读主题图书。

（二）主持人职责

1. 参加光谷读书会的活动，熟悉读书会的常规流程。

2. 报送主题图书选题，书名。图书必须为经典作品，行业和专业不限，以文艺社科、文史哲等为主，兼顾管理等其他类别，严禁“鸡汤”题材进入读书会主题。

3. 根据读书会主题发布规则，撰写读书会预告，关注这本书的几本介绍、分享流程、参考图书样本，尽可能为书友考虑。

4. 将读书会预告，发给“全民阅读推广小组”公众号后台编辑，及时发布。

5. 按照确定日期到读书会活动现场主持读书会：主持分享，控场以及与广大书友现场交流、答疑解惑，要求十分熟悉自己主持的主题图书。

6. 在读书会现场务必做好笔记：主要是每个会员发言的要点、分享心得。在读书会结束后第二天整理成文字，发给“全民阅读推广小组”公众号编辑，编辑、设计排版，并及时推广出去分享。

7. 发现并培养、推荐新主持人，扩大主持人团队规模以及质量。

8. 在读书会群里能参与并力所能及地回答书友就阅读方面的咨询和问题。

（二）领读模式

1. 领读概念

从字面意义上说，领读指的是在集体阅读活动中，有一个人带领和引导众人进行阅读。与共读相较，领读有两个关键特征：一是担任领读任务的阅读个体需要对阅读对象有更深的介入性或对阅读活动的经验更丰富，其在阅读能力或阅读综合素质上有强于他人之处。共读参与者的阅读能力一般而言是比较均衡的。二是领读行为通常带来意见领导力，领读者易于成为读书会活动的意见领袖。而共读活动中，阅读个体的机会均等，且有主持人的现场控制，因此意见领袖不是天然存在的。

2. 领读人及领读形式

正是因为领读可以切入阅读对象的重点、要点，能够省时省力地给读书会参与者提供阅读建议，在一定程度上实现阅读效果的“事半功倍”，所以，“领读人”成为受到各类读书会重视的角色。不仅如此，国家各层面的阅读推广机构也通过开展领读人挖掘、培训、奖励等机制，从社会力量中培养领读人，为阅读参与者树立“榜样”，并鼓励他们深入到学校、社区、图书馆等进行公益阅读服务。比如北京市东城区在2018年推出“书香东城家庭领读人计划”，该计划遴选出了50多名领读人先期接受系统培训，他们进而深入到各个社区帮助成立和组织读书会。

具体到读书会的常态运行而言，领读人是读书会阅读组织结构的一部分。领读人作用发挥得好，读书会的阅读效果可以得到立竿见影般的体现。而在宏观维度上，领读人则是国家和社会阅读推广的重要力量，是阅读推广这项长期艰巨任务的承担者，因此，其作用和功能体现为长效性、长期性。2018年7月，人民出版社读书会阅读推广大会表彰了10位“阅读之星”，他们是活跃并贡献于各类读书会的阅读推广个人，负责指导建立运行读书会，参与领读实际工作等。

实际上，除了那些在社会上享有一定知名度，受到荣誉表彰的领读个体，读书会范围还有大量的读者、志愿者在默默从事阅读领读或阅读导读的工作。

从领读形式上说，各个读书会的领读方式和时间分配都不一样，有的是专人专职领读，有的是轮流领读。比如以下提到的杭州喜乐湾读书会采取读者自愿领读的做法，LinkUp英文读书会采取领读与深入共读相结合的办法，牛街回族大众读书会则采取上导读课的形式。

杭州喜乐湾读书会张晶晶：每次活动之前，我们的管理团队到微信群里联系群友，寻找那些想自愿分享的，想在分享中提高自己、挑战自己的人。然后让他自己去准备一本书，用2—3周的时间准备PPT或者讲稿。他可能第一次不太会讲，我们的管理团队会全程辅助他、鼓励他。时间上，每2—3周组织一次，基本上安排在周六，一次讲大概2

小时。

LinkUp 英文读书会徐庆颖：导读时间大概为 40 分钟，然后大家进行提问，这次的导读就结束了。同学们在两本书中选择一本去读，能力强的则可以选择两本，下一次活动时大家会分组进行讨论，交流读后感，展示自己的读书笔记，或者对其中的某个篇章进行表演，朗诵，不仅加深了对文章本身的理解，还锻炼了口语交际能力，也使整个读书会充满笑声。

牛街回族大众读书会谢景懿：我们是两周一次的课，课堂上导读为主，朗诵为辅，课下自己阅读。一般课上老师讲完了，下面给学生一点时间来讨论，一般都是两节课两小时，后面剩个 15—20 分钟大家讨论、提问题。

3. 潜在问题

领读模式的潜在问题是领读人、主讲人之外的其他参与者的阅读效果是否得到了呼应。领读人或主讲人本身的阅读经验和阅读准备是相较丰富的，容易在读书活动中形成意见导向，成为意见领袖。同时，因为有领读人在，所以其他参与者容易产生阅读惰性，本着去“听讲”和被动吸收的态度去参与读书会，这样的阅读效果恐怕要比共读弱一些。

北京理工大学新烛读写社泮冠如：如果有主讲人，出于惰性，其他人也许不会深入理解文本而是一味跟着主讲人个人的思路走。主讲人讲得过深，不一定易于大家接受；讲得过浅，大家则认为是浪费时间。

因此，领读模式的优点在于可以更有秩序地安排和进行读书会活动，但缺点是不能很全面地兼顾参与者的阅读效率，这需要读书会运行团队在时间安排、互动形式上进行充分考虑和细致安排。

北京以明读书会于 2017 年 12 月在公众号上推出该读书会的活动方案，其中对“单次活动流程”进行了框架说明：

读书会单次活动包含书籍分享和自由讨论环节，活动时间约两个半小时。

1. 主持人开场 + 书友自我介绍（10 分钟）

2. 主讲分享 + 推介分享（40 分钟）

3. 嘉宾释疑（10 分钟）

4. 中场休息（5 分钟）

5. 自由讨论（约 90 分钟）

该流程为指导性原则，以明读书会可根据每次活动现场情况，调整各环节顺序，以求实现最佳活动效果。

可以看到，这家读书会活动流程上的一个特点是，并不完全把时间交给主讲人或者领读者，领读的作用是为读书会起一个引子、拎一下重点。活动将更多的时间用来自由讨论，能够让参与者尽可能发挥阅读主动性，而不仅是被动吸收。这种活动框架可以比较好地将共读与领读结合起来，发挥两种形式各自的优势，使读书会活动既有秩序、有重点，也能在读者主动参与中达到阅读传播的有效性。

（三）作者讲座

这种阅读形式指的是读书会邀请图书作者或者对某个主题有心得、有发言权的学者、专家以专题讲座的形式进行阅读传播。对于读书会组织方来说，作者讲座是一种操作流程相对简单的组织形式：以作者、专家讲座为主，主持人穿插并在末尾辅以听众提问。同时，图书或作者的“粉丝”是天然的受众，所以讲座形式还易于招徕读书会参与者。比如北京外研书店读书会选择了阅读范围大、读者认知高的《三体》来开办讲座，从讲座内容到读者定位都能保障活动的平稳开展。

科幻小说《三体》自在杂志上连载至今，已走过了 12 年岁月，在这 12 年里，《三体》三部曲承载了众多科幻迷的超凡想象……本周日下午两点，外研书店东升科技园店将举办“《三体》读书分享会”活动，诚挚邀请各位三体迷们一起相聚书店，畅聊那些年陪伴我们的科幻巨著《三体》!

活动时间：2018 年 11 月 18 日下午 14 时

活动地址：北京外研书店东升科技园店一楼活动区

活动嘉宾：中国日报网副总编、原互动百科总编辑、科普作家吴彦鹏先生

作者或专家讲座形式的缺点是，一般读者或读书会参与者的阅读介入效率偏低。因为这种形式下，传受关系比较明确，作者或专家是传播主体，听众则是客体。听众主动反馈信息的机会少，阅读参与程度很难得到把关和衡量，即便从未读过这本书，也可以在活动中被动听讲。

杭州博畅读书会林凯：如果说只是讲座，很有可能你的人群是五花八门的，甚至有一些只是来凑凑热闹，没有认真听的人会很多。但是如果读书会是需要大家一起分享的，那些没认真准备的或者不打算分享的人就容易被剔除掉。不妨比较一下在图书馆里听讲座的人跟参加读书分享的读者人群，能看到是不太一样的。这属于两种逻辑，后者更强调读者的参与。当然，这两种逻辑形式下的读书会都需要。

（四）听书模式

听书模式是随着线上阅读工具、阅读服务的出现而逐渐形成趋势的一种阅读模式。与其他几种阅读模式不同，听书需要阅读个体通过线上渠道自行阅读，不需要专门集会在一起。

1. 听书是实现伴随性阅读的重要手段

听书充分地利用了用户碎片化的时间，是典型的伴随性阅读，用户可以一边听书一边从事其他事务。正因如此，听书是网络读书会组织线上阅读活动或开展打卡阅读的重要途径。网络读书会中每个会员个体是散布在社会各个角落的，他们不需要在固定时间固定地点以固定方式参加线下集体阅读，而需要一个网络链接、一个阅读 APP 而将彼此连通在同一个虚拟空间中。这种情况下，良好的网络阅读服务是吸引读者和流量的基础。以樊登读书会为例，其会员可以通过读书会自有 APP，或喜马拉雅 FM 的频道入口进行阅读，不仅可以在线阅读文字，也可以用收听音频的方法参与阅读。再如腾讯公司基于超大体量的微信用户群

而推出的“微信读书”，也给订阅用户提供了听书服务，满足用户伴随性阅读的实际需要。

2. 听书是读书会纸本阅读之外的有益补充

对于多数读书会而言，听书是常规纸本阅读的补充或开展线上阅读活动的一种手段。而且，听书的有声资源往往是读书会成员内部录制产生的，分享到读书会公共空间供成员使用。比如大庆书友读书会在微信公众号发布书友原创作品的同时，辅以有声版本。

大庆书友读书会贾英：在年节的时候，我们都会根据民俗来请老师讲，还加入了有声阅读的形式。内容也包罗万象：礼仪、人物、城市文化等，我们都在讲。再如我们经常在微信公众号上发布书友的文章，也会配上有声阅读，书友们可以在微信群或者写留言的方式相互交流。

再如武汉菱角湖读书会负责人每天在微信群中用语音朗读纸质图书的章节，成员们可点击听读，还可以进一步在群里提出问题和讨论。此外，读书会成员还将其个人线上听书的链接分享到群里，感兴趣者点击听读即可。

3. 听书是特殊群体读书会至关重要的阅读形式

从受众细分的角度看，我国各地读书会中也出现了多家致力于服务视障群体的盲人读书会，比如上海浦东读书馆的盲人读书会自 2012 年开

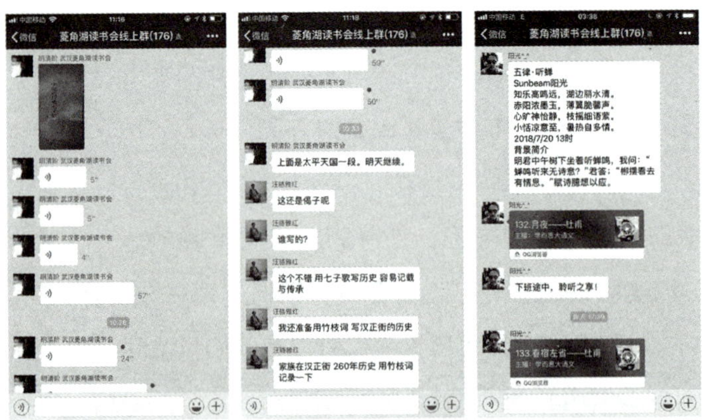

读书会微信群语音听读案例

始运行至今，已成为公共图书馆服务特殊阅读群体的一个品牌。也有一些读书会定期或非定期地专门面向视障群体开办读书活动，比如 2018 年 1 月，四川内江市盲人协会组织举办了盲人读书活动；2018 年 7 月，上海虹口区盲人协会也举办了面向盲人群众的征文和读书会活动，等等。

对于视障群体来说，听读、听书是盲文书籍之外极为重要且利用率很高的阅读形式。2017 年 7 月，包头市图书馆曾与樊登读书会包头分会携手在残障读者服务中心开展与盲人一起读书活动。活动中，盲人朋友听读了《人工智能时代》一书的视频讲解。

如果读书会需要长期面向视障人士开展阅读服务，读本的供给是读书会能够高质量、可持续运行的基础性问题。对此，北京市的 NGO 组织红丹丹视障文化服务中心提出了解决方案，该机构创办的“心目图书馆”长期以来邀请志愿者到录音室录制有声书，并为视障人士提供有声书借阅和开展读书会活动。

红丹丹视障文化服务中心心目图书馆张新莉：它从某种程度上与我们读的书没有两样，它只是声音的，书籍的页数也是由声音来体现的。书籍由志愿者来录制声音，经过校对确认与书别无二致，再经过一种读书软件来制作而成。它有一个非常好的功能是用来做教材，编辑好后盲人朋友可以坐在教室里和同学们一起听老师的课，在老师的指示下盲人朋友通过操作页面页数来翻书。红丹丹通过网络把这些有声翻页书无偿提供给了北京地区的按摩院，以及全国一百多所特教学院和盲校。

三、泛阅读模式：“阅读 +”视角下读书会的活动实践

为了丰富读书会活动的多样性和趣味性，不少读书会在组织活动时还尝试了朗诵、观影、书画、篆刻、游戏、表演等形式。这些活动可以结合读书会参与者的个人兴趣，调动其参与积极性，在一般意义上读书行为之外获得对某部经典、某些文本内容的吸收和理解。当然，这也

引申出一个值得探讨和思辨的问题，即在读书会的概念或范畴下，“读书”或“阅读”究竟指的是什么？狭义上的读书即是以纸质或电子图书文本为介质的知识获取行为，但对以儿童、青少年以及视力欠佳的中老年为对象的读书会来说，狭义阅读是不充分的，不一定能达到好效果，有必要开展更宽泛意义上的阅读形式。广义上的读书或阅读是否能将上述艺术活动形式涵盖其中？放在不同语境下，这个问题会有不同的回答。比如在个体阅读缺少人际互动的情境，读书自然回归其图书介质阅读的本义；然而，以读书会为形式的集体阅读则有条件也有必要开展人际互动，因此，种种有益于信息认知和知识获取的艺术活动便成为广义阅读的实践形式。

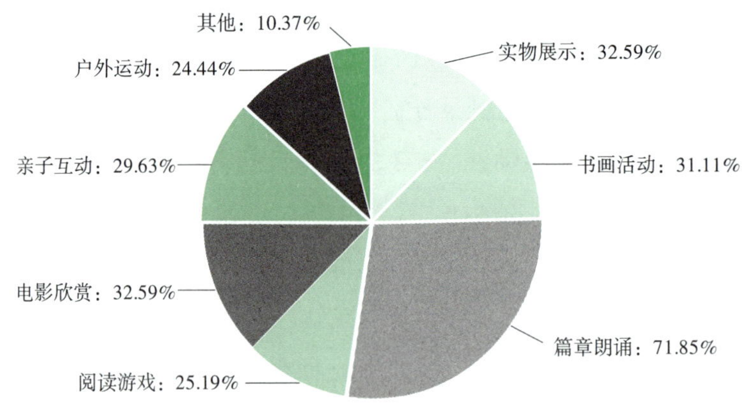

图 4—3　读书会实践过的阅读相关活动形式

在受访读书会中，71.85% 的采用过“篇章朗诵”这种活动形式，朗诵是最受欢迎的纸介阅读之外的活动形式；采用过“实物展示”“电影欣赏”“书画活动”三种形式的读书会也都超过了 1/3，占比分别是 32.59%、32.59% 和 31.11%；采用过“亲子互动”形式的读书会占 29.63%；此外，实践过“阅读游戏”和“户外运动”形式的读书会各占 25.19% 和 24.44%。

调研发现，很多读书会本着活跃阅读气氛，凝聚活动人气的出发点，创意发展出若干种“阅读 +”的活动形式，我们不妨在此列举几类。

案例

形式 1：图书漂流

青莲读书会吴恺：我们号召大家捐书，每人捐 5 本书，通过捐出这 5 本书，可以换来 500 本图书的阅读概率。书和书的内容应该自然流动起来，我们这个线下图书馆和传统图书馆还有差别，我们多了一个“图书漂流”的设想。你不知道自己的这本书会流到谁的手里边，也不知道这个人对这本书的阅读感受，而我们的技术团队正在依托微信建立小程序，加强对图书交换、漂流过程的记录。这可能会比较复杂，但是我认为，做就比不做强，多做就比少做强。

形式 2：户外运动

袋鼠读书会温婧：有时我们觉得在室内沟通有些单调，我们就走出去将读书和旅行结合在一起。我本身就是学旅游专业的，知道旅游的作用有哪些，对于怎样将旅游带给人的愉悦感和读书相结合也有一定经验。于是我们就开展了“带一本书去旅行”这个活动。比如去爨底下那期活动报名十分火爆，我们邀请一位来自《中国地理杂志》的嘉宾，大家一边走一边听嘉宾讲解古村落的建筑特点，晚上又围坐在一起分享读书。

形式 3：篇章朗诵

外交之声读书会瞿正清：我们曾以音乐朗诵会的形式呈现波兰作家亨利克·显克维奇史诗巨著《火与剑》。我们请来波兰著名的音乐演奏家演奏与文章主题契合的背景音乐，朗诵者伴着或激昂、或悲切的音乐朗诵文中的经典片段或对话。

由于本次活动是外交之声读书会与波兰大使馆合作举办，所以对朗读者的挑选上相对慎重。首先提前在外交之声微信公众平台上发布本次活动的信息，感兴趣的读者在后台回复出对波兰的印象、观看或参与这次观众互动演出的理由，送出朗诵会的门票三十张。想报名此次朗诵会的读者则需要发送有质量的朗诵语音，再从中挑选，最后从 6000 多名报名的读者中抽取五人作为这次活动的朗诵者。

第二节　读书会的管理模式

一、管理规章的制定情况和具体措施

有 68.15% 的受访读书会目前已制定了成形的管理规章或制度，31.85% 的读书会尚未制定形成相应的管理规章或制度。

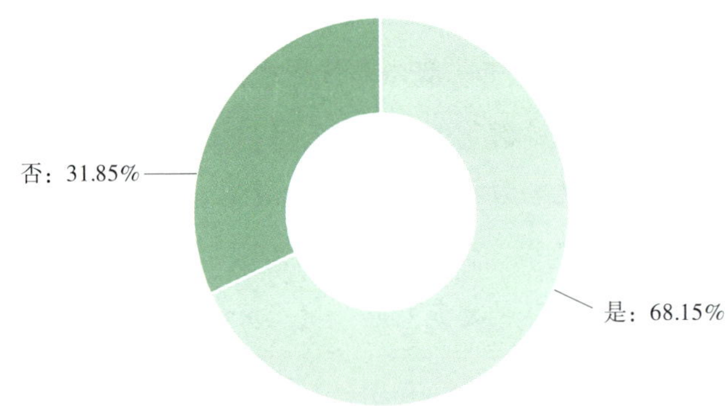

图 4—4　读书会是否制定了成形的管理规章或制度

（一）会员管理的方式

1. 无门槛型会员管理

该读书会不对会员身份信息进行特别过滤，只要是群内相熟的人推荐即可加入进来，参与线上线下的活动。

2. 进阶型会员管理

该读书会将会员划分成初级、中级、高级等若干层级，每个层级都有阅读考核，比如连续参加 N 次活动、连续打卡超过 N 天、参与讨论

超过 N 次等，达到考核标准后方可进入更高层次，并最终进阶为核心会员。这种做法可以过滤掉一些阅读积极性不高、持观望态度或抱有其他目的的参与者，保障了读书会内部人员环境的纯洁性。

论语读书会吴理顺：在一些具体的细节上我们也是竭尽所能地优化会员们的体验。我们设立了理事会、监事会和不同级别的微信群，这些都是为了给会员们提供更好的服务。我们的微信群有预备会员群、普通会员群，还有各种兴趣群。只有参加了五次以上的读书会活动才能进会员群。

3. 约束型会员管理

主要指通过收取会费来约束和管理读书会会员。因为自己付出了财务成本，所以会员会更加珍视每一场阅读活动，积极参与并充分讨论，希望付出能够得以知识上的回报和精神收益。比如羊城读书会在划分普通会员和 VIP 会员两类会员的基础上，提出了针对 VIP 会员资格的管理协定。可以看到，羊城读书会以缴纳年费为判断依据，建立了成员的进入和退出机制，以此约束会员参与活动的积极性和言行的受约束性。

案例　《羊城读书会 VIP 会员资格确认协定》[①]

1. 本会名称：羊城读书会；系由广州锦时文化传播有限公司发起成立，系读书会日常事务的决策和管理、信息发布、活动组织的唯一机构。

2. 本会宗旨：促进文化的交流与繁荣，为广大书友搭建学术与事业交流平台、项目孵化平台。

3. 资格确认：通过广州锦时文化传播有限公司的审核，缴纳 VIP 会员年费。

4. 会员权利：以自愿原则参加本会组织的任何交流活动，其中有免费活动与收费活动，兼提出相应的批评与建议。

① 本材料由羊城读书会负责人伍锦时提供。

5. 会员义务：学术的自由讨论，应保持君子之风，和而不同，免于人身攻击及低俗言论。不得有利用本会的平台进行违反国家宪法、法律规定的行为，及进行商业信息的推广与发布活动。会员期限到期如不续费的，应自动退出羊城读书会 VIP 群。

6. 违反上述规定，广州锦时文化传播有限公司有权对相关会员予以警告、通告、除名，并不予退还会员年费。

7. 广州锦时文化传播有限公司对以上条款，具有最终解释权。

（二）团队管理的方式

广大的书友、读者、会员是读书会的参与者，而维系一个读书会的日常运营则要着重依靠读书会的管理团队。团队的管理方式和水平直接关系到读书会发展的层次及活动开展的水平。

1. 职责导向下的分组制度

也即基于读书会运行前期、中期、后期的各项工作需要，将管理团队成员分配到若干个职责小组。活动开展时，各小组分头行动，齐力完成读书会活动。比如人民出版社读书会、沧江读书会在内部管理上即是采取这种职能分组管理制度。

人民出版社读书会王晨：我们整个部门 25 个人，包括 1 名主任，还有三个运行团组：运营部、内容部、行政办公室。我所负责的运营部共有 9 个人，我们除了做线下读书会活动，还要做培训、大型活动等。内容部有 7 个人，主要负责微信公众号、人民社读书会社交平台以及宣传材料的写作和更新等。比如内容部每周一、三、五要发公号，每天两篇，而且要实行三审三校制度。同时还策划一些话题，并且同步更新在社交平台网站上。此外，还有行政办公室的 8 人。

沧江读书会宋彪：读书会有会长、副会长各 1 人，下设办公室、宣传组、活动组、后勤组，每个组（室）3 人。办公室负责会员管理、活动协调、对外联络等事务，宣传组负责活动推广、会员招募、会务宣传等事务，活动组负责活动策划实施，后勤组负责活动场地、车辆、饮食、经费等事务。人员全部为兼职。

2. 值日生制度

有一些读书会的运行团队规模很小，甚至只有两三个人兼职管理读书会的日常运行。所以，他们尝试从读者中发掘具有管理才干、认真负责的人加入管理团队，并建立值日生制度，负责活动发布、线上发言监管、活动召集等具体工作。

二、志愿者服务

53.33% 的受访读书会表示会定期招募阅读服务志愿者，加入读书会日常活动的运行、推广和宣传工作。46.67% 的受访读书会则表示未采取招募志愿者的形式，而主要依靠机构内部人员或个人的力量来维持读书会的运转。

首先需要明确的是，志愿者服务与公益的概念是挂钩的。需要志愿者加入进来开展活动的读书会通常都是非盈利性质的公益读书会，即所谓公益活动、志愿岗位。志愿者之所以愿意加入，目的是结识书友，感受读书会的团队文化和阅读制度，自我赋能，贡献社会。

图 4—5　读书会是否定期招募阅读服务志愿者

“红丹丹视障文化服务中心心目图书馆”张新莉：我们在“志愿北京”官网和“红丹丹”官网发布了招募志愿者消息，招募了一定数量的志愿者。然后凭借口口相传、相互介绍，也来了很多志愿者。另外一部分就是学生群体，现在的学生们都有社会服务时间，我们这边接受了大量的大学生和高中生来做志愿者。

其次，志愿者在读书会活动中的工作涉及活动流程的方方面面，包括负责活动前的组织引导、活动过程中的服务协助、活动后期的宣传推广；与主持人、主讲人、场地方以及读书会各个部门的沟通协作；在读书会成员内部做交流沟通；为读书会的发展建言献策；等等。

“大庆书友读书会”贾英：一场300人参与，时长两个半小时的读书会，志愿者们需要提前半个月从各个地方赶来《大庆日报》商量。我们的志愿者中社会各层面的人都有。活动时，他们通常穿着白绿相间的马甲，背后印着“读书会志愿者”的大字，胸前贴着书友会会标。引导书友入场，帮助书友签到，全程站在场地周围，做好现场服务，结束后清理现场并引导书友离开。我们参与志愿活动都源于一份热爱、一份参与。

三、阅读活动的时间规律性与空间稳定性

（一）时间规律性

从组织线下阅读活动的周期来看，29.63%的受访读书会以“每月一次”的频率开展活动，占比最高；20.74%的读书会“每周一次”线下活动；15.56%的读书会“每月多次”线下活动；8.15%的读书会“每2—3月一次”线下活动。总体上，将近3/4的受访读书会能够以相对稳定的周期开展线下阅读活动。除此之外，有1/4多一点（25.93%）的读书会表示其线下活动的“周期不稳定”。

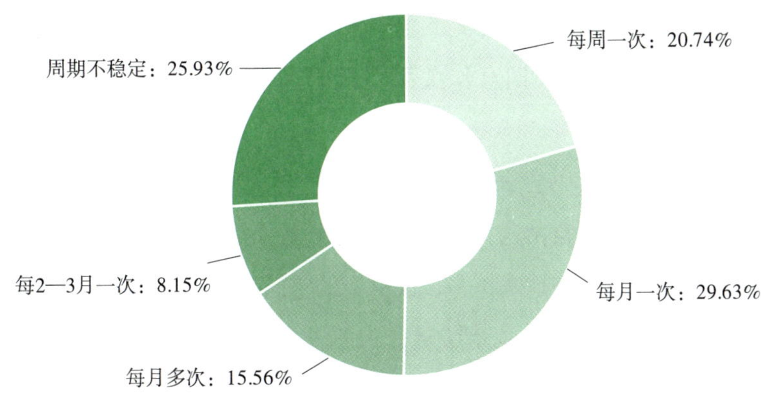

图 4—6　读书会组织线下阅读活动的周期

（二）空间稳定性

63.7% 的受访读书会表示他们开展活动的地点是相对固定的，36.3% 的读书会的活动场地并不固定。

有几类读书会的活动空间是带有稳定性的，比如高校主导的读书会、公共图书馆主导的读书会、书店或出版社主导的读书会等，因为这些读书会的母体本身有固定自足的空间，所以读书会相关室内活动也都选择在此举行。即便是一些民间组织或个人主导的读书会也在一段时间的摸索后，找到了相对稳定的阅读空间。比如，成立于 2010 年的

图 4—7　读书会的活动地点是否固定

羊城读书会，经过8年的积累，在广州找到了若干家高校、文创空间、书店、艺术区等建立长期合作关系，根据读书会的活动主题选择活动场所。

对于不少民间读书会来说，在互动空间方面都经历过从无到有、从少到多、从寻寻觅觅到自由选择的过程。随着读书会的成长壮大，愿意与其互利双赢的场地合作方越来越多，读书会的空间选择也因此更为从容。

书香国青读书会孙杰：开始时，人不是很多，每次十几个人，都是借人家的场地，在很小的咖啡厅。中间阶段，比较大的餐厅、茶餐厅主动找我们，免费为我们提供场地，都是至少坐100人的比较大的环境。他们还和我们建立了长期合作，固定的几个日子就免费提供给我们。我们结束后会有自愿式会餐，他们也为我们的成员打8.8折。

因为阅读空间的独特性，北京的蔓来小院读书会甚至将自身的特色定位于“庭院文化”。

蔓来小院读书会赵江峰：钢筋水泥的楼房住久了，会格外喜欢庭院，尤其是很多曾经家有小院的朋友，更是分外怀念在自家院子里出出进进、随时可以触摸阳光、雨露、清风的那种感觉。于是，三五知己相约，发起成立一个能够一起读书、写作、喝茶、聊天的文化组织，就决定选一个庭院作为活动场所，将这个小院建成一个读书人、文化人的世外桃源。

第三节　读书会的阅读定位

一、阅读定位

当读书会创立或形成之后，组织者需要回答的一个重要问题是：阅读定位是什么？有一部分读书会的成员倾向于阅读历史、教育、文学等某一学科门类的书，我们将其归类为“学科型读书会”；有些读书会是缘于成员间在某一方面的共同属性，或对某一议题的共同兴趣而创立的，我们将之归类为“兴趣型读书会”；有的读书会在阅读对象的范畴上没有明确指向，他们将阅读与各种社交活动结合在一起，使阅读成为读书会成员集体活动的一种形式，我们将此归类为“阅读＋型读书会”。

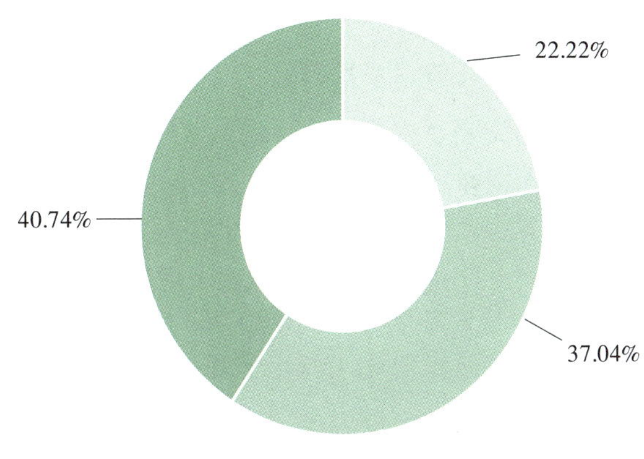

图 4—8　读书会的阅读定位

（一）阅读＋型读书会

统计来看，40.74% 的受访读书会将自身定义为“阅读＋型读书会”，也即有四成以上的读书会在阅读对象上不设范围界限，秉承“开卷有益”的思路，以读书会为载体和形式来满足成员们对知识的渴望、对阅读的兴趣和对社交活动的需求等。这种阅读定位下的读书会因其内容上的宽泛和包容，而容易招募到活动参与者，但参与者能从中获取的知识养分或其沉浸阅读的深入程度则深浅不定。

案例 浅知读书会功能定位[①]

（一）每周一次读书沙龙，实现知识迭代积累

每周都有线下交流沙龙，每次沙龙分享一本书。会员们把读过优秀书中的精华部分以演讲的形式分享，再通过交流深入探讨，就能轻松吸收这本书。

（二）获得锻炼推广自己的机会，你就是影响力

会员自己读过的书，如果感觉有价值，就可以在沙龙上和大家做演讲分享，锻炼自己，提高你的演讲能力。

每次线下沙龙有商业路演环节，创业的同学可以来分享你的项目，方便对接投资、寻找合作伙伴。

（三）进入一个经过优化的精英人脉圈

我们不仅在线上群里分享交流，还不定期举行各种线下活动，让会员们近距离交流，读书会让我们彼此产生信任。最重要的是，认识一群志同道合价值观相同的人，让你进入了一个正能量圈子。

（四）有藏书上万本的书店提供免费借阅

读书会线下交流场所在浅知书店，把会员交的会费用于购买图书，店内上万本藏书，供会员免费借阅。

书店还有醇香的咖啡、精致的美食，是您读书交流的最佳场所，会员餐饮消费9折优惠。

可以看到，浅知读书会设置的这4大功能定位分别从不同侧面满足着读书会参与者的现实需求。一是用每周一次的读书沙龙满足阅读需求；二是用演讲和路演满足参与者个体提升或个人推广的需求；三是用线下活动满足人脉需求；四是用免费图书和打折餐饮满足文化空间的消费需求。

① 材料来源：浅知读书会微信公众号。

（二）兴趣型读书会

37.04% 的读书会将自身定义为“兴趣型读书会”，即有超过 37% 的读书会是“主题先行”式的以兴趣为集结的读书会。这类读书会的特点是活动内在驱动力强，阅读范围收窄，参与者的稳定性和黏性比较高。

案例　　大道行思读书会

（一）基本情况

“大道行思读书会”是大道行思（北京）文化传媒有限公司的文化产品。而大道行思（北京）文化传媒有限公司又依托于深圳出版发行集团和海天出版社，是一家按照现代企业制度合作组建的国有控股有限责任公司。“大道行思读书会”在阅读定位、读物选择、读者群体等方面体现着与母公司高度的契合关系。

（二）阅读定位

“大道行思读书会”的阅读定位主要是母公司以及海天出版社出版的经典文学读物，读书会的参与者也大都来源于传统出版社的忠实读者。

大道行思读书会许路遥：因为读书会依托于我们的出版公司，所以我们更专注于经典阅读。经典阅读与其他读物有些不一样的地方，经典文学的受众比较稳定，有一些忠实的读者。我们读书会的组成很大一部分就是来源于忠实的老读者。这也是我们读书会的一大特点。经典文学不像流行文学，很受时间性的影响，所以，我们不用过多担心读者会流失。

兴趣型读书会基于参与者的实际需要和兴趣倾向来选择阅读书目，比如沧江读书会对会员进行了分类管理，依照“类型化阅读”的理念开展活动。

沧江读书会宋彪：会员分类和管理主要是按照阅读兴趣的不同，实行类型化阅读，依托读书会形成趣味各异的读书子群，这项工作可以通过培育行业读书会来逐步完善。

（三）学科型读书会

22.22% 的读书会将自身定位于“学科型读书会”。即两成多一点的读书会将阅读范围定位于不同学科门类上，专注于某一学科书籍的阅读和深耕上。比如奥林浦斯学院[①]将其阅读和学习活动划分为六个学科类型：哲学、艺术、历史、科技、文学、心理学，以一本核心书目和基本辅助书目为阅读聚焦，在一段时间内进行沉浸阅读和课程讲授，帮助读书会成员深入了解某一学科领域的理论体系、主要观点、核心要义等。不妨以2018 年上半年开展的《中国哲学史：先秦哲学》的活动为例予以观察。

案例　奥林浦斯学院《中国哲学史：先秦哲学》活动

1. 人数：限制 60 人

2. 时间：2018 年 3 月 17 日—2018 年 7 月 21 日，每周六上午 10：00—12:00。3 月 17 日为见面会，第 1 次正式课为 3 月 24 日，第 16 次(最后一次) 为 7 月 21 日。

3. 简介：

以劳思光先生的著作《中国哲学史》第一卷，为探索哲学的图册。在为期 16 周，长达四个月的时间里，详尽审慎地学习孔孟老庄、荀墨韩非等先秦诸子的著作和思想。共同阅读《论语译注》《孟子译注》《老子注译及评介》《庄子注疏》《墨子校注》《荀子集解》《韩非子新校注》

① 奥林浦斯学院（Olympus Academy，简称 OA）是一家以都市职业人士为对象，以线下学术讲习班为主要形式的读书会，倡导协作式学习（collaborative learning）方式，并创造高质量的人际圈。参见奥林浦斯学院官网：http://www.yuanzhuo.mobi。

等先秦古籍经典，在较好地理解各家思想的同时，将其与西方同时期的哲学思想进行共时性比较。

4. 形式：

学习分两部分：

(1) 每周4个小时的自我学习。内容包括阅读核心书目的相关章节，观看线上视频，以及阅读感兴趣的延伸材料。

(2) 每周六2个小时的线下研习会。内容包括：

a. 对每章核心概念进行辨析，对核心观点进行考察、分析与批判；

b. 对困惑不解之处进行互助友善的讨论；

c. 建立在新获得知识体系上的联系实际的延伸性讨论；

d. 对特定题目的小组内或小组间辩论。

5. 书目：

(1) 核心书目：劳思光著《中国哲学史》第一卷

(2) 辅助书目：孟子等著《中国古典名著译注丛书》、胡适著《中国哲学史大纲》、冯友兰著《中国哲学史（上册）》

观察发现，奥林浦斯学院读书会的开展有几方面特点：

a. 活动周期：根据阅读和学习内容的不同，对活动周期进行设定，通常为几周甚至十几周，围绕一个主题进行深度阅读、学习和分享。比如《生死学十四讲》的活动周期为8周，《诗的八堂课》周期为4周，等等。

b. 阅读内容：较之其他类型的读书会，学科型读书会的一个重要特征是其阅读内容的专业性、理论性更强，阅读书目大都不是流行读物或大众读物。所以，学科型读书会的活动就不能采取相对松散的形式，比如篇章朗诵、户外阅读等，而需要有专家或讲师的引领。阅读内容的专业性决定着读书会的阅读任务不可能在短时间甚至几个小时内轻松完成，如果读者想真正从学科中吸收养分，必须要在较长周期内进行系统性阅读。

c. 阅读形式：基于阅读的内容特性，学科型读书会更为强调线下活动之前读者个体的主动阅读和自我学习，以确保能融入每周的线下听讲和小组讨论，并强化持续跟进阅读内容的动力和兴趣。

二、读物来源

（一）机构自有图书

52.59% 的受访读书会在组织活动时使用的图书是“本机构自有图书”，公共图书馆主导下的读书会、出版社和书店主导的读书会在开办活动时大都依据自有图书而展开。对于一些用户服务意识好、经费比较充足的机构，他们会根据读书会读者的实际需要和阅读反馈进行读物的调整和购置。比如西城区青少年儿童图书馆读书会通常在收到读者反馈后，第一时间到市场上采购流行读物，并规定 15 天之内必须落实到馆藏，可以让读者立即借阅。因为青少年、儿童的读物通常具有很强的流行性，“爆款”读物在一段时期内拥有高关注度和需求度，而这需要图书馆和读书会对读者需求有敏感性，用严格的读本更新速度来满足需要。

西城区青少年儿童图书馆高华丽：相较于其他图书馆来说，我们在购书方面更偏重于购置绘本，几乎坊间流传的大部分绘本我们都有，尤

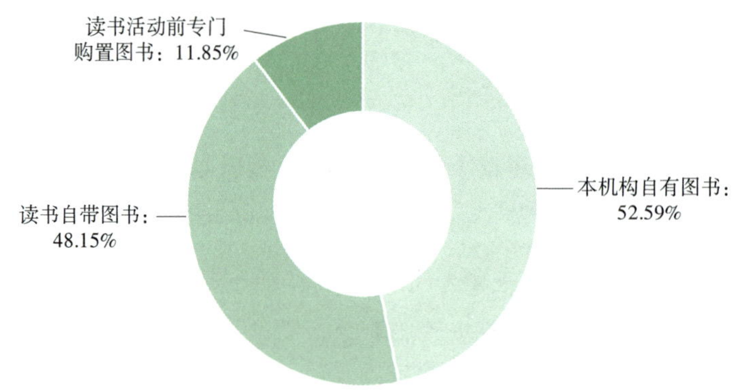

图 4—9　读书会的图书来源

其是无字绘本占的比例非常大。而且现在很多家长都非常重视英文教育，所以我们除了购买一些中文绘本外，还会特别购买一些英文原版的绘本。馆里的负责人也外请了英语老师，每个月有一次给小朋友们做英语绘本讲读。

（二）读者自带图书

48.15% 的读书会图书来源于“读者自带图书”。有些读书会本身没有公共资源，但经常组织阅读分享会或主题交流会，请参与活动的读者推荐好书、朗诵篇目等。

（三）读书活动前专门购置图书

11.85% 的读书会没有固定的图书来源，而需要读书会组织者或参与者在读书活动前专门购置图书。有些读书会在公众号发布下期活动通知时，会附上该期活动的推荐书目，但并不强行要求购买。尤其是一些有主讲人、领读人加入的读书会活动，参与者可自行选择购买推荐书提前阅读或仅是到场聆听。

青岛农业大学思享读书会：每次组织活动时，读书会都会在线上进行问卷调查，以此来决定活动所需书籍的种类。至于这些图书，读书会会部分提供，会员也可以自行购买，但是读书会不作为卖书的中间媒介。

三、阅读介质

新兴传播技术和媒介环境给读书会的阅读介质带来了更多选择。除了传统的纸质图书外，还可以通过移动终端进行电子阅读、借助主流媒体和智能应用来听书等。而且，多种阅读介质可能是复合应用在读书会的阅读环节中的。

调查发现，96.3% 的读书会沿用“纸质书”作为阅读介质；40% 的读书会曾经或正在使用“电子书”作为阅读介质；22.22% 的读书会曾经或正在使用“听书”的方式开展阅读活动。

阅读介质的选择在很大程度上是由阅读习惯决定的，纸质图书仍然

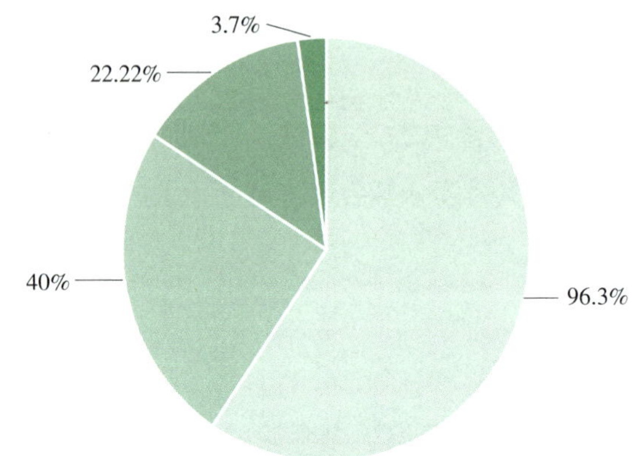

图 4—10　读书会的阅读介质

是很多人的首选介质。比如，有人因习惯于纸质图书在批注、翻页、折角等方面的基础体验，而倾向于使用纸质读物。

LinkUp 英文读书会徐庆颖：推荐图书时，在电子书和纸质书之间，我们选择了纸质书。因为纸质书更能营造一种阅读情境。人们可以随时写下自己的想法，记录阅读的状态，在翻页声中、在书香中多次多遍地去阅读和理解。

但是电子书也有携带便捷、成本低廉等优势，成为纸质图书外的重要辅助介质，甚至是有些阅读者的首选介质。

听书本身是一个带有个人自主性和排他性的阅读活动，在性质上与读书会集体阅读的特点是相反的，所以，听书往往不是读书会的首选介质（盲人读书会除外），但却可以成为读书会成员在集体活动之前或之后选择的辅助性阅读手段。

青莲读书会吴恺：当下碎片化阅读的现状我们无法改变，但是我们可以把碎片化的阅读方式配合我们的阅读内容，睡前（听）读一条，篇幅不长，一边思考一边进入睡眠，也是一种读书、学习、自我教育的思维。在现代化的社会背景下，我们应该把祖国优秀的传统文化，用最时尚的方式、最方便的途径，让更多的人加以领会和学习。

再如品读读书会将线下阅读和讨论的成果录制成音频文件，借助新兴媒介手段进行传播、转发，参与者也能借此对线下内容再度回温。

品读读书会刘杨：我们会把成员们请到录音间，将大家参与读书会后的读书心得或者是想要分享的内容用音频的方式记录下来并将其包装、制作成一个完整的音频节目。此类音频节目在各大高校的广播站播出，以及喜马拉雅、荔枝 FM 等 APP 平台上播出，我们主要是用这种方式回馈广大读书会的成员。

第四节　读书会的收支模式

本节试图探讨读书会在活动经费上既已实践的筹措方式，以及由此延伸出的读书会日常运行的收支模式。问卷调查数据显示，37.19% 的受访读书会组织活动的经费来自“组织者个人支出”，这些读书会主要是民间个人力量组织和发起的读书会。除此之外的读书会都通过不同渠道借助外力开展活动，有 34.71% 的读书会依靠“上级或主管机构拨款”，17.36% 的读书会依靠“活动当天读者众筹”，9.09% 的读书会依靠“主业营收补贴”活动开支，1.65% 的读书会依靠“读者 / 会员会费”维持运转。

经费来源与读书会的属性和归属有密切关系，更多地需要读书会的

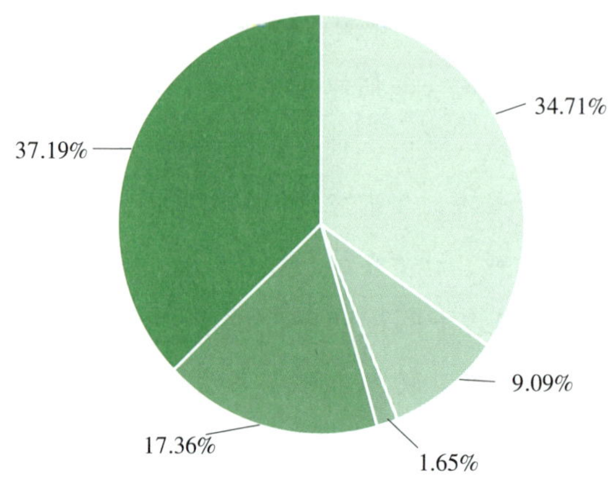

图 4—11 读书会组织活动的经费来源

负责人或管理者去解决和处理，比如与上级主管机构协调拨款、个人承担或收取会费等。这是读书会发展顶层设计的一个重要环节和内容。

经费问题解决后，就涉及如何开支、如何通过开支体现读者与读书会之间的消费和供应关系。读书会与读者之间一方面是基于共同需要而形成的兴趣集体与个体的关系，另一方面也是基于信息供应和知识服务而形成的供给与消费的关系。因此，我们进一步结合实际案例，从供需关系上总结了以下几种读书会的收支模式。

一、纯免费模式

免费模式即读书会不向读者定期收取一定数额的会员费或年费，读书会人、财、物的消耗和支出无需从读者处筹集。本次受访的读书会中，89.63% 的都是免费模式，不向读者或会员收取年费。

采取免费模式的读书会如何在人、财、物上获取资源，维持读书会日常运转呢？我们认为，采取免费模式无非是基于两个层面，一是读书会自身有充足的经费，不需要读者缴纳会费来补充开支，也不以从中盈利为目的；二是读书会自身虽没有经费，但可以想到“无米之炊”的方法。

（一）有经费支持的读书会

一般来说，机构下属的读书会如图书馆、高校、机关和企事业单位主导下的读书会都要来自主管部门的经费支持或专项经费，用于读书会的活动开支，包括场地费用、嘉宾费用、图书供应等。所以，只要在合理预算的情况下，读书会可以按照预期想法进行活动安排和人员邀请，读者也可以在免费的情况下享受阅读资源。

白湖读书会丁祖胜：读书会主要活动经费来自白湖监狱管理分局监狱协会和安徽省监狱协会文化专委会划拨，采用实用现批的原则。

同样关键的是，有经费支持的读书会在人力上是相较充沛的，即便一些图书馆、高校、企事业单位的读书会都不是全职性部门，但如有人力需要，主管机构的工作人员都可以临时调配过来开展活动。

（二）无经费支持的读书会

没有经费支持的读书会大多是一些社会机构或个人主导的民间读书会。这些读书会一方面不向读者征收会费，另一方面又要维系生存和运营，所以就必须在人、财、物上多做筹谋和打算。

1. 人力：内部成员的自愿无偿付出

在人员成本无法得到满足的情况下，采取免费模式的读书会需要充分调动读书会内部成员的积极性、主动性，从读者或社会上招募志愿者，自愿且无偿地承担读书会前期、中期、后期的各项工作事务。比如有的读书会在列出活动助理的招募条件和工作要求之后，对“待遇”的描述通常是：“志愿色彩，酬劳微薄”“深入接触高知团队和博学书友，实际感受系统的活动流程和详尽的能力培训，接受难得的锻炼和有趣的挑战”，等等。

2. 财力：个人贴补或社会筹款

很多社会个人出于对阅读的热爱而组织开办读书会，但读书会运行过程中的方方面面实则都需要考虑到成本和开销的问题，尤其是在读书会运行早期尚未有知名度的情况下，如何以最低廉的成本获得场地、书籍，甚至是饮用水和食物等，都需要主创人员统筹安排。在毫无经费来源的情况下，不少读书会只能依靠主办者个人去贴补开支。

蔆来小院读书会赵江峰：组织一场活动的主要成本就是茶、饮用水，以及少量电费，外加场地费（小院房租，年付），一场活动折合下来大概需要120元左右，资金主要由蔆来小院发起人承担以及通过众筹形式得来。蔆来小院是公益小院，不征收会员会费。

也有一些读书会在没有固定资金来源的情况下，通过各种渠道和形式从社会上获取一定的资金支持。比如一些高校里具有学生社团性质的读书会常通过“拉赞助”的办法募集活动成本，或获取其他资源。

青岛农业大学思享读书会：组织一场活动的成本主要是物料的消耗品，每场活动所需资金由几十块到上千块不等，这些资金多数来源于读书会所拉的赞助。读书会没有固定的资金来源，但是和广西师范大学出版社一直有较为密切的合作，他们为读书会提供了很多帮助。

还有一些读书会通过与社会资源对接，获得场地或资金捐助，比如论语读书会就用这种方法筹得了充裕的活动经费。

论语读书会吴理顺：我们资金来源的主要渠道是企业捐赠。读书会经常做一些社会公益项目，通过这种方式实现与社会的对接，有些房地产企业、厨房设备企业等愿意给我们定向捐赠，因此读书会的经费一直比较充裕。我认为这些企业愿意资助我们的一个原因是他们的领导都是喜爱传统文化的，跟我们读书会弘扬传统文化的主张和实践是契合的。

3. 物力：自有空间或探索社会资源

主要指的是读书会对阅读空间的选择。不收取读者会费的读书会有一部分拥有自己的阅读空间，比如公共图书馆、书店、出版社等，以及创办人可以自行提供的固定空间等。除此之外，对于一些没有自有空间的读书会，通常会选择以合作的方式探索社会上的阅读空间，比如读书会与图书馆、书店、文创空间等合作，前者负责招徕读者，活跃阅读空间的人气；后者相应地减免场地费，同时给需要餐饮消费或图书消费的读者一定的优惠。比如山西省朔州市"一品书香"读书会通过与当地商家建立合作关系，解决了资金不充分的问题，也开阔了场地资源。读书会根据主题阅读的需要筛选性质对口的合作商家，如举行茶文化主题读书会时，就寻找合适的茶行合作；组织咖啡文化主题活动时，与环境装修优美的咖啡馆合作；举行摄影作品分享会时则与专业的摄影机构合作；等等。在这些活动中，商家提供基本的饮品，有时还会赞助小礼品。对"一品书香"读书会而言，与商家的合作，既能让读书会省时、省力、省钱，也能提高读书会的社会知晓度与影响力，有利于进一步探索社会资源。

总体而言，对于没有经费支持的读书会来说，需要运行团队想方设法解决人、财、物的资源，同时又需要在与社会资源对接时平衡读书会的公益性与商业介入之间的关系。既然运行资金来源如此不稳定、不确定，这些读书会为什么坚持免费模式？为什么不通过收费来实现主动性，而非被动探索资源呢？袋鼠读书会负责人的解释代表了很多民间读书会的想法，即他们源于对阅读和书籍的热爱而开办读书会，希望在"众乐乐"的环境中共享阅读带来的乐趣，结识志趣相投的朋友。他们不把读书会当成一份需要有经济回报的事业，也不希望因会费而带来约束和压力。

袋鼠读书会温婧：其实很多人跟我提议说我应该收费，设立年费制度，只有收费才能珍惜。我是拒绝的，原因只有一个：我是因为爱读书才会创办读书会，读书会是业余生活中用来点缀的东西，但不是我生活的全部。如果我开始收费，我就要承担一份责任，我就必须把它做到最好，不然对不住人家的缴费。但是如果我免费，便可以更加随意轻松。我用我自己的资源来邀请一些嘉宾，你能有收获固然好，但如果你没有收获我也没有太大的责任。我不希望把爱好变成自己的束缚。

二、成本众筹模式

这种模式指的是将读书会每次活动运行所消耗的成本摊平到读者身上。很多个人主导的民间读书会都采取了这种小范围众筹模式，一方面降低了组织者个人的经济压力，另一方面也给参与读书会的读者一定的心理暗示和阅读动力。成本众筹模式基本上可以达到收支平衡的效果。

至于众筹的具体形式和标准，每家读书会会根据场地费、茶位费、讲座人员费等成本项目的不同，以及会员层级的不同而视情况处理。

（一）AA 制众筹模式

即将读书会活动成本均摊到每位活动成员身上，大家共同分担。这是比较主流的一种成本众筹模式。比如沧江读书会组织一场活动的成本主要包括：场租费、茶水饮料费、部分餐饮费、宣传品制作费。一场活动经费约 1000—1500 元左右，读书会采取 AA 制将这些成本打散，由会员平均负担。如果需要与政府机构联合举办大型庆典活动，则由政府提供经费支持。

（二）按书友类型划分众筹标准

比如 2018 年 11 月 25 日，以明读书会在北京某新式茶馆举办了“《极简主义》‘简’的智慧”读书会活动，该次活动费用说明如下：会员 50 元 / 人；旁听书友 70 元 / 人；因场地有限，正席座位需提前预订，暂不接受空降。如有空降者，需支付费用 90 元 / 人。以上费用为茶资和茶座费用，非盈利。

（三）按阅读程度划分众筹标准

比如杭州博畅读书会按照是否读过活动涉及的书目进行象征性收费，用来摊平场地费用，如有盈余将向优秀书友颁发证书以资鼓励。

杭州博畅读书会林凯：我们读书会最初的时候是贴钱的，100 多场不收一分钱，自己垫钱。后来就开始收钱了，读过的人交 15 块钱，没读过的交 30 块钱，这样来鼓励大家提前阅读。这个钱收来干什么呢，第一，是有些地方会涉及场地费；第二，如果我们有盈余，就会给年度优秀书友颁发证书。算下来，从去年（2017 年）开始运行到现在，我们是不亏不赚。

（四）整阶段收取课程成本

这种众筹模式多见于那些提供系列课程或讲座的读书会，他们并不整年收取会费，而是根据课程周期一次性收取整阶段的基础费用，用来覆盖运行成本。比如奥林浦斯学院的阅读形式相较特殊，主要通过开办课程讲座的方式，在一段周期内结合某一主题阅读一本或多本学科属性很强的书籍。为了平衡基础成本，奥林浦斯学院采取按次收费、每次 10 元、整期收取的方式，从报名者中众筹。

奥林浦斯学院卿涛：为了能持续长久地服务目标人群，OA 会收取最低费用覆盖运营成本。标准为每次课 10 元，比如为期 8 周的课程总收费为 80 元。课程前两周为体验期，不收取任何费用。当课程进入第三周时，对愿意完整参加课程的朋友，OA 会一次性收取整期课程的费用。

三、免费与收费结合模式

（一）免费活动与收费服务结合模式

也就是说读书会免费向会员提供线下阅读活动，邀请领读人或专家学者等就一本书、一个话题进行阅读讲座或开展阅读讨论。同时，以收费方式提供其他阅读服务，用来众筹成本、维系运营甚至是实现盈利。比如大地读书会①既开办免费参加的读书活动，又开设了包括珠宝玉石鉴赏、服装首饰搭配、瑜伽健身、咖啡茶饮品鉴、茶艺、插花、绘画、烘焙等在内的兴趣课程。这些兴趣课程是收费的，会员可购买不同额度的储值卡，享受最高 8 折的购书优惠，也享有所有兴趣课程不限时、不限量优惠。

案例　上海慈怀读书会

（一）免费线下活动

每周开展多次线下阅读活动，邀请主讲人进行阅读分享，大多数时候在读书会的固定地点进行，有时也会选在其他室内地点。活动流程：共两个小时，嘉宾分享一个小时，书友们交流讨论一个小时。书友或读者可通过慈怀读书会微信公众号进行线上报名，通过审核后届时线下参加。

（二）免费线上共读

采取领读人领读＋语音微课的方式向用户提供打卡式线上阅读，慈怀读书会将这种形式定义为“慈怀共读”。

领读人是慈怀读书会邀请的作家、老师，他们的任务是带领书友深入理解一本书。领读人会给书友制定阅读计划，每天有一篇领读文章发布在“慈怀读书”微信公众号，同时每周在慈怀微信群给书友们讲一堂免费的语音微课。

慈怀共读每 10 天进行一期共读，每月共读 3 本书，各有一名领读

① 2016 年 6 月，地质出版社、中国大地出版社合资注册子公司北京大地书苑文化有限公司，同年 9 月，大地读书会创立，隶属于北京大地书苑文化有限公司。

人领读。书友可以根据领读人给出的阅读计划，完成每天的阅读。例如慈怀共读 2018 年 5—6 月的书目和阅读日程安排是：

5 月上（5.1—5.10）

芭芭拉·安吉丽思《如何在爱中修行》[领读人：方秀清]

5 月中（5.11—5.20）

余华《许三观卖血记》[领读人：陶子]

5 月下（5.21—5.30）

威廉·萨默赛特·毛姆《刀锋》[领读人：江厘]

6 月上（6.1—6.10）

赵周《这样读书就够了》[领读人：月己]

6 月中（6.11—6.20）

姜戎《狼图腾》[领读人：黑白格的时间]

6 月下（6.21—6.30）

萧红《呼兰河传》[领读人：倾心蓝田]

（三）收费线上服务：每天一本书

慈怀读书会推出“每天一本书”微信小程序，为读者提供付费听书服务。听书内容由专业主播真人录制，取书目中的精华部分，每段语音内容 20 分钟。读者识别小程序码进入页面后，可按心理、情感、文学、传记等分类选择听书对象，也可以进入主题书单做选择。用户可免费试听一部书，如果想听更多的书，有两条途径：一是分享到群，邀请三位好友点击助力，就可以免费获得此书。二是购买会员，全站好书畅听。会员价格分别是：单本 1 元，月卡 6.9 元，年卡 19.9 元。年卡会员一次性购买，月卡、年卡用户添加读书助手微信凭购买截图，即可加入专属读书社群。

（四）收费知识服务：慈怀学苑

慈怀读书会在“每天一本书”小程序的栏目中设有“精品课堂”，点击进入后，有多种类型、针对不同需求的 8 种收费知识服务。比如

“遇见好书”项目将纸质书籍、在线课程、听书、定制笔四样内容进行打包销售，用户可以按主题分类进行购买，比如国学文化礼包679元，其中包括40册国学经典书籍、89节国学线上课程、每天一本书听书年卡一张。用户也可以通过分类筛选找到自己需要的在线课程，举例来说，一个包括10堂课（20节音频课程）的专题售价为39.9元。用户添加人工客服微信，告知课程编号后即可购买。

分析看来，慈怀读书会免费与收费结合的收支模式分为几个层面：

1. 通过免费线下阅读活动对书友进行导读，形成线下阅读气氛，为读书会提供线下活动场所，且活动参加者多是长期生活在上海地区的书友或会员。

2. 通过打卡式线上共读活动，让读者按照领读人设计的阅读计划，以每月3本书的整体节奏形成规律性阅读，在一定程度上降低用户的阅读惰性，提高其阅读效率。领读人每周做一次免费讲座，解决书友在阅读中的问题。

3. 通过微信小程序和音频主流媒体工具，为会员提供付费听书服务“每天一本书”，用户可以利用碎片化时间在20分钟内听到图书的大致脉络和内容重点，如果抱有兴趣，可进一步购买纸质书深入阅读。此外，从付费价格看相对低廉，几近全民可接受范围。

4. 通过“慈怀学苑”搭建一个付费知识商城，将知识内容大致分为国学文化、婚姻亲子、个人成长、生活美学等几个类项，用户根据需要选择在线音频课程，还可以按主题打包购买纸质书和音频课。对于那些在国学文化、个人成长等方面存在强烈知识不饱和感的用户来说，这个付费商城为他们提供了很大的便利。

（二）免费会员与付费会员相结合模式

指的是读书会对会员和活动实行分类管理，有些活动可免费对所有会员开放，有些活动只针对付费会员开放。如果说慈怀读书会是以一种以阅读服务项目为线索的“进阶式”管理的话，免费会员与付费会员的结合则是一种以会员个体为线索的“类型式”管理。

案例 羊城读书会

1. 基本情况：2010 年羊城读书会成立，为了方便在必要时与香港、澳门等地的企业和资源进行对接，2015 年成立传媒文化公司，便于以“公对公”的状态联系资源。羊城读书会与传媒文化公司是前端与后端的关系，前者负责常规读书会活动的开展，后者主要经营机构培训、画册制作等业务，并负责运营一家街道图书馆。读书会跟公司是良性互动的关系，读书会本身并不具商业性，但公司的经营性业务可能是读书会带来的，同时，文化公司还可以在财务上、资源上支撑读书会的发展。

2. 阅读活动转型：羊城读书会在运行早期采取过共读一本书的阅读形式，但几年后，读书会负责人发现共读存在一个不容忽视的问题，即因为参与者的阅读介入程度和知识水平差异比较大，所以很难实现阅读接受的整体性和阅读氛围的融洽。

羊城读书会伍锦时：我们希望在文化和商业之间找到结合。羊城读书会的定位与特点跟广州这个城市浓厚的商业气息密切相关。我们在 2010 年开始之后的几年也在做传统读书会，采用现在仍然在流行的传统阅读形式，比如共读一本书。这个事情长久坚持是很困难的，而且效果不好，因为来读书的人背景不一样，知识结构不一样，他们在阅读时很难做到同步，很难读同一个文本。所以，这种围绕一本书进行阅读的方法我们现在很少用了。

除了共读一本书，羊城读书会从始至今仍在沿用的阅读形式一是主题阅读，即围绕一个主题，书友们把相关主题的书带过来分享内容和观点，大家就主题进行讨论。二是讲座，但要求讲座人一定要对相关专业领域有深入的思考、心得，不仅仅是一本书的分享，更不是来推销自己的一本书。

羊城读书会从2014年开始实践在“场景中阅读”的理念，包含主题阅读和讲座两种传统阅读形式在内，共推出了四个活动专题：

（1）登门问道：带着会员到企业去实地考察，比如去一位艺术家的工作室看他的创作，听他讲其中的理念、故事和学问，在具体的场景中获取新知。

（2）广州旧貌考察：去实地考察广州的历史和建筑文化，在户外边走边学。

（3）羊城读书会读书沙龙：主要是以讲座的形式，请某一领域有独到见解和深入研究的专家、学者等启发会员的思考和眼界。

（4）雅集：以主题讨论的形式进行阅读。

3. 普通会员与付费会员相结合：羊城读书会将会员分成两类：一类是普通会员，不用交年费，只要参加过一次读书会活动就可以成为普通会员，可以免费参加读书会在书店、商场等地方开展的活动，但不能参加“登门问道”“旧貌考察”等资源型读书会内容。另一类是VIP会员，可参加所有类型的读书会活动。羊城读书会自2014年开始采取年费制度，最开始是365元/年，一天一块钱，现在每年的会费是688元。经过4年的积累，羊城读书会目前有400多名VIP会员。

羊城读书会伍锦时：我们每年的流失会员大概在20%左右，但是同时又有新增长的会员，一定是超过流失量的，这样能保证会员的逐年增长。即便是那些主动流失的会员，我们也不完全断了跟他们的联系，有些活动人员不满的时候，我们会优先邀请曾经的VIP会员来参加。

4. 收支情况：羊城读书会的营收来源主要有两个，一是会员年费，二是收取活动合作方的赞助费。羊城读书会有若干合作场地，包括言几又书店等都可为之提供免费活动场地。但也有一些未建立固定合作的场地邀请羊城读书会办活动，希望通过读书会的活动聚拢人气、扩大知名度或宣传企业文化等，则羊城读书会将向其收取赞助费。这些营收工作都由读书会背后的文化传播公司来运作，用以支撑读书会专家讲座、人员经费等。

羊城读书会伍锦时：因为场地太多了，完全不愁没场地，所以比如一些小型书吧、咖啡馆等主动联系我们去活跃气氛、吸引关注，那我会收费。当然这也建立在羊城读书会有一定知名度的基础上。再比如我们受邀去一些地产楼盘搞活动，这些公司不差钱，他们主要是希望通过读书会彰显自己的文化气质，那我们也要收费，1 万起，4—5 万也有，甚至是十几万。

四、标准年费模式

即读书会按照一定的标准或数额向会员或书友收取年费，以享有读书会所提供的服务和开展的活动。年费是进入该读书会的一个明确门槛。

本课题调查数据显示，在收取年费的读书会中，50% 的读书会其年费标准是“1—300 元 / 年”，35.71% 的读书会其年费标准是“301—500 元 / 年”，14.29% 的读书会其年费标准是“501—1000 元 / 年”。受访读书会中，没有年费在 1001 元及以上的。

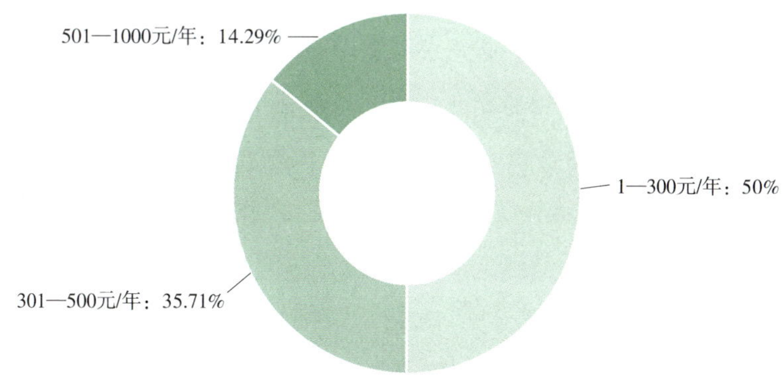

图 4—12　读书会的收费标准

案例一 樊登读书会

（一）基本情况

成立于2015年，借助移动互联网和社交电商的东风，从最开始的种子用户发起，通过“病毒式”营销来拓展线上渠道，通过线下代理和众筹模式来拓展线下渠道。樊登读书会在网络间通过横纵结合的方式建立起了庞大的阅读网络，用移动终端、APP和公众号等将散落四方的阅读个体联结起来，以点成线、成面。所谓横向，指的是樊登读书会在全国各地和海外建立分会，以及若干行业企业建立行企分会；纵向指的是以省、地市、区县为纵深，建立垂直网络。樊登读书会2018年4月18日的微博显示，樊登读书会的注册会员突破600万。

（二）属性类别

此前我们列举的若干读书会从属性看，都是以线下活动为主，线上信息通联和线上阅读为辅的读书会，而樊登读书会则是以线上平台运营为主，线下活动为辅的读书会。所以，如果我们简单将读书会分为线下读书会和网络读书会的话，樊登读书会是目前国内网络读书会的一个代表。

（三）营销模式

1.“病毒式”营销：线上推荐好友可以兑换积分或者免费试听七天。

2.线下代理：地方代理销售会员卡。樊登读书会与各地有独立法人资质的公司签订代理合同，代理公司以分会的方式进行樊登读书会的会员卡销售，樊登读书会则将销售收入的一半分给代理商。

3.众筹模式：以3万元的风险投资换取某个地区1%的股份和100张会员卡，完成销售后再奖励1%的股份。这样，一个地区有30个人参与，就能回本90万元。

（四）会员年费

用户可以从多个渠道领取60天免费VIP会员进行试用，到期后，需要交纳365元/年的会费才能继续通过微信公众号或APP使用樊登读书会提供的服务。

樊登读书会深谙维系用户黏性的方法，通过签到积分等方式，增加APP流量的同时，稳定用户的使用黏性。比如会员可以通过以下方式获取积分：

每日签到 +5 分

推荐入会成功 +600 分

被推荐成功 +60 分

全年不定期推出送积分活动

同时，用户可以用3650积分购买一年会员。也就是说，如果用户通过签到、推荐会员等方式积累了足够的积分，则他可以将之抵消来年的年费，相当于免费使用来年的阅读服务。

可以看到，樊登读书会充分利用了书籍本身的商品属性，将图书的市场流通价值与互联网营销在价值链条上进行了融合。樊登读书会在满足了一部分人的知识饥渴感的同时，也激活或催生了一部分线上线下的营销参与者。对于读者个体来说，其从网络读书会的索取是相较简单的，不管樊登读书会的网际体量如何之扩大，对阅读个体而言并无重大关系。所以，当从省到县数以百万的营销参与者合力将樊登读书会打造成读书会的时代"网红"时，理智之下，我们似乎并不能仅停留在对樊登体量之大、用户之多、盈利之高、融资之丰的赞叹上，同时也应当回归阅读行为本身，对网络读书会的读者需求和阅读效果予以观察和思考。

案例二　爱读邦平台

（一）基本情况

"爱读邦"的前身是创办于2013年的幸福读书会（上海），此后受到中国联通"沃创客"项目投资，成为首批孵化成果。爱读邦平台于2016年9月30日上线，其在互动吧上的简介提到，"是一家集读书、学习、求职于一体的互动平台，通过爱读手机卡接入平台，通过导师问答、在线共读、精品微课、干货合集等服务，帮助在校大学生和进入职场5年内的爱学习愿成长的知识需求群体”。爱读邦的活动内容主要有两项：一是通过在线直播平台进行导师授课，每周二线上生涯课程、每周四20：00—21：00线上共读书，邀请导师携带其作品或针对其他好书进行线上授课直播。二是每月在图书馆组织一次线下读书沙龙，邀请嘉宾讲书，读者提前报名参加。目前，爱读邦的读书导师资源超过600人，书友粉丝超过10万人。

（二）营销模式

1. 会员年费：用户关注“爱读邦”微信公众号，点击“入会共读书”栏目，填写姓名、手机号、验证码，即可注册并付费，以365元/年的价格成为爱读邦会员。会员可以在导师讲座、阅读服务、书籍购买等方面享受优惠，可以免费学习职业生涯课程。

2. 线上共读会付费回听：周四线上共读课直播，由导师或嘉宾解读好书。用户添加爱读邦客服微信，受邀进入书友群，正式直播分享前，免费报名（报名后长期回听），直播结束后，需要付费报名回放录音，可以9.9元的价格打包回听一个月四期的授课语音。

3. 生涯课付费回听：除了导师制作的好书共读课，爱读邦还为会员和粉丝开设职业生涯指导课程，帮助职场新人获得职场能力和素养的提高。可以以100元的价格打包回听学习一个月的课程，也可以9.9元/期的价格购买单期课程多次回听。

4. 与图书馆合作：爱读邦每月一次的线下读书沙龙都固定在上海黄浦区明复图书馆举办。爱读邦借此解决了空间场地的问题，同时摊平活动成本，图书馆则因读书会活动的定期举办而聚拢人气、形成活动品牌。

爱读邦负责人蒋美丽：图书馆帮我们提供场地，提供做活动的相关费用，提供一些抽奖互动证书。我来做的主要是策划活动、组织观众和读者。我觉得这种合作非常好，图书馆方面也很满意，因为他们缺人、缺活动，我们刚好作以补充。

5. 导师合作互利：目前，爱读邦平台与600多位来自各行各业的导师建立了合作关系，平台将这些导师按行业或特长，划分到创新创业、职业规划、营销策划、技能养成、读书会、财务金融、新媒体、法学、出版机构等20多个类项中，用户可以按需搜索并关注，可以1元打赏收听该导师的知识问答。爱读邦与导师之间更密切更有持续性的合作是在每周的线上共读或生涯课上，爱读邦给他提供的直播平台实则在一定程度上帮助了导师作品的销售。

爱读邦负责人蒋美丽：爱读邦共读活动要求书友们一定要人手一本书，所以，有的导师如果线上讲得很好，大家很喜欢，那实际上我们就帮他做了知识营销了，有书的帮他们卖书，有课的帮他们卖课，有专长的帮他卖咨询活动。甚至导师如果需要对接资源，我们也可以帮他。同时，因为我帮到了导师，所以他们也愿意跟我们合作，他们来了就能帮我们进一步做热度推广，爱读邦活动的可持续性得到保障。

爱读邦实际上是在信息不对称的框架下搭建了一个知识付费平台。传统意义上的读书会活动虽然得到了形式上的保留，但一月一次的周期要远低于线上付费听课的共读直播模式，且内容上基本也是线上模式的延续。爱读邦的前身是线下读书会，当负责人发现线下模式存在症结的情况下，开始探索出爱读邦这个基于互联网“众对众”学习模式的新型知识分享平台。这个平台的一个核心诉求是蒋美丽女士提及的“可持续性”问题。通过上述5种营销模式或手段的介绍，可以看到，知识付费的概念渗透在爱读邦平台的各个环节，以知识消费驱动知识进取，缓解职场新人或都市白领的知识焦虑，爱读邦找到了一条更具实用主义色彩的读书会市场化道路。但是，市场取径下的读书会如何平衡阅读服务的公益性与公司逐利的商业性？如何完善资源结构以破解网络分众传播信息茧房的风险？若干关系可持续发展的问题亦值得站在长远角度给予关注。

第五章

全国读书会发展中的突出问题

第一节 读书会发展缺少引领机构和行业标准

一、国家政策或立法中缺乏读书会合法性的说明

党的十八大以来，全民阅读得到党和国家的广泛重视，并已上升到国家战略的高度。同时，随着物质生活的相应改善和提高，社会公众的精神文化需求和知识渴望也亟待满足。在全民阅读政策和内在文化需求这两方面的导向下，读书会近些年来呈现生气盎然的发展态势，成为推动全民阅读发展中重要的一支力量。站在国家立法的高度，2017 年 6 月起开始实施《全民阅读促进条例（草案）》（以下简称《草案》），关于全民阅读的首部正式立法呼之欲出。

不过，在《草案》的表述中，我们并未发现有关推动读书会发展的具体条款和相应要求。比如，第十七条提出："国家鼓励和支持文化团体、教育机构和其他社会组织发展专业阅读推广机构并提供公益阅读服务。"那么，"专业阅读推广机构"的内涵和外延应当如何理解？如果读书会可以算作阅读推广的机构，那么何种性质的读书会组织是"专业阅读推广"框架下的？林林总总的未经相关注册的民间读书小组、读书活动等能否算列其中？也即，读书会作为集合志趣相投的读者共同参与的阅读组织，其在传播效果上与阅读推广具有一致性，是归属于阅读推广的重要组成部分。但同时，阅读推广又是一个外延十分广泛的范畴，各类有助于阅读进步的活动、行为、设施、机构、人员等都可以归类其中。那么，读书会作为这项宏大工程中的一个子项目和小细胞，其合法性究竟是什么？从目前阅读立法层面看，这一点未得到说明和突出。

从欧美国家或我国港台地区的经验来看，政府层面或主管机构层

面在出台阅读相关方案或立法时，突出读书会、阅读小组的功能和地位，并围绕读书会这项事务或行为本身出台法规或布置发展程序。比如1998年台湾地区通过《迈向学习社会白皮书》，将阅读活动和读书会形式视为推进终身学习和终身教育的重要手段。白皮书推出的各项具体方案中包括“结合图书馆推动读书会活动方案”，明确了推进读书会发展目标、方法和行动步骤。

二、缺少专门机构负责引领读书会事务

（一）阅读推广全民主体结构易走虚而难落实

2014年，全民阅读首次写入政府工作报告；2015年的政府工作报告中继续提出“倡导全民阅读，建设书香社会”；2016年“全民阅读”第三次写入政府工作报告。在全民阅读成为一项政府倡议并上升至国家战略高度的背景下，各省市新闻出版广电部门成为阅读推广和书香社会建设工作的行政端第一落点。《条例》第十五条提出：“国务院新闻出版广电等有关行政部门、全国性社会团体应当结合自身情况定期举办全国性的全民阅读活动。省级人民政府和其他有条件的地方人民政府应当充分利用各种书展、书市、文博会等相关文化活动，组织开展全民阅读活动，培育和巩固各类书香品牌。地方各级人民政府应当每年至少举办一次全民阅读活动。居民委员会和村民委员会应当定期组织开展各种形式的全民阅读活动。”新闻出版广电部门不仅需要负责制定适应当地特色的全民阅读促进条例或办法，还要为全民阅读和书香社会建设制定方案、推出品牌等。作为工作内容的重要一项，各地新闻出版广电部门将阅读推广划归到专门职能部门予以管理、负责和推进。比如北京市新闻出版广电局公共服务处承担此项职能，10余年来已打造出“北京阅读季”这个阅读推广品牌，并在全国范围内形成辐射和影响。

各地新闻出版行政主管部门从宏观上出台阅读推广规划后，全民阅读需要找到具体落地的执行机构或执行主体。《条例》从第十一条到第十七条列出了五大类国家鼓励推进全民阅读的主体，包括公共图书馆、农家书屋、职工书屋、社区书屋、基层综合文化中心等为代表的“全民阅读设施管理单位”；国家机关、企业事业单位以及车站、机场、码头、游客中心、宾馆、银行、医院、青少年阅读活动场所等“公共服务机构和场所”；广播电台、电视台、报刊出版单位、互联网信息服务提供者和通信运营商等媒介组织；以教师、公务员、大学生、新闻出版工作者等志愿者为主体的“阅读推广人队伍”；文化团体、教育机构和其他社会组织等。应该说，这五类主体涵盖了社会上阅读相关的各类机构、主体与个人，为阅读推广搭建了一个广泛意义上的全民主体结构。但是，究竟哪个主体应该在全民阅读推广中发挥主导作用，形成一套能够具有示范效果和推展效应的机制或程序，从而带动各个层面阅读推广的实施呢?

反观我国港台地区，不仅将读书会从阅读推广中另立成一个功能主体，而且设立了专门机构负责引领读书会事务。比如在台湾地区，推进读书会活动具体机构包括：1. 由文教部门协助辅导其他政府部门推进读书会组织建设；2. 通过政府政策指导与奖励措施全面推动；3. 由图书馆提供人力技术与场地资源。可见，台湾地区政府文教部门负责统领读书会发展，读书会的具体工作实为文教相关部门工作的重要组成部分。同时，图书馆在读书会建设中的必要性和重要性也在政府法规中得到了明确。再如在香港地区，香港规模最大的一站式专业教育网站“香港教育城”及其旗下的“香港阅读城”是协调推进读书会发展的主要机构。“香港教育城”是一家香港特别行政区政府的全资附属机构，采用公司制运营，并由官方及非官方成员组成的董事会监管。“香港教育城”在 2003 年分立出“香港阅读城”，负责阅读计划的推广，包括指导读书会的成立和资源供给等。

（二）公共图书馆对读书会的引领意义较弱

鉴于欧美国家或我国港台地区都通过公共图书馆系统搭建了读书会发展的推广系统，那么，我们的公共图书馆系统能否肩负起框架并引领各地读书会发展的任务呢？2017 年 11 月，《中华人民共和国公共图书馆法》（以下简称《公共图书馆法》）正式颁布，并于 2018 年 1 月 1 日起施行。这是党的十九大之后出台的第一部文化方面的法律，也是公共文化领域继公共文化服务保障法之后的又一部重要法律，为构筑公共图书馆制度体系、促进图书馆事业发展提供了法律支撑。《公共图书馆法》第三十三条规定，公共图书馆应当免费向社会公众提供包括“公益性讲座、阅读推广、培训、展览”在内的服务；第三十六条规定：“公共图书馆应当通过开展阅读指导、读书交流、演讲诵读、图书互换共享等活动，推广全民阅读。”这两项条款意味着对公共图书馆而言，阅读推广不是可有可无的服务，而是其日常工作的构成部分。推动全民阅读是一项经法律约束的公共图书馆的使命任务。

但是，公共图书馆在全民阅读中的角色和定位应当是什么？公共图书馆读书会与其他机构或个人创办的读书会之间应该具有什么关系？法律文件中对此未有回应。目前看来，我国公共图书馆读书会与其他各类读书会是一种平行关系，并不具有任何领导作用，而且各个公共图书馆读书会在业务标准、组织范围等方面也各行其道，相对孤立。

在另一个侧面，作为推动全国图书馆事业发展的重要社会组织——中国图书馆学会（Library Society of China，LSC，前身是中华图书馆协会）的阅读推广委员会常年致力于阅读推广人的培育、推进青少年阅读、联席各阅读推广组织议事、开展阅读推广研究等工作，同时，其官网上也刊登来自各地图书馆机构举办读书会活动的新闻供稿。[①] 可以看

① 《中国图书馆学会“图书馆风采”专题》，见 http://www.lsc.org.cn/search.html。

到，与国外图书馆学会或协会侧重业务指导和标准制定的定位不同，我国图书馆学会在倡导全民阅读过程中，强调的是通过组织联盟或机制建构来联结图书馆机构并促进知识传播。阅读推广委员会的职能当中并不涵盖为全国图书馆设计的阅读活动行程指南等事项。

也即，不论在法律层面还是行业组织层面，公共图书馆系统对全国读书会的发展都谈不上具有引领功能或作出了引领读书会发展的构想。

（三）民间读书会联盟的垂直约束力弱

目前，北京、杭州、武汉等地区都有面向本地区乃至全国民间读书会的联盟集体或活动。比如北京的“读联会”已牵头发起了四届全国民间读书会发展大会，并多次撰写读书会年度发展报告；杭州博畅读书会于 2018 年组织发起了读书会微论坛活动；2018 年 7 月，武汉地区的 40 多家民间读书会集结召开“武汉地区民间读书会首次交流分享会”，共同探讨全民阅读的“武汉方案”。民间读书会联盟集体或活动分享经验教训，探问发展前路，这无疑有益于各地区读书会的团结互助与共同进步，但是，民间联盟仅是一个相对松散的集合，没有权属定位或管理协调的功能与义务，对各个读书会无法构成约束力。同时，林林总总的民间读书会在能力、人员、定位等方面存在千差万别的生存现实，民间联盟在召集或组织活动时，并不对加入进来的读书会设置过多门槛。就目前而言，民间联盟的身份和功能未受到官方认可，责权利亦不明确，因此，各地民间联盟的活动集结也多停留在交流与讨论的环节上，尚不能成为一个与联盟下各个民间读书会形成垂直关系的具有主导、协调或管理作用的主体机构。

三、读书会的发展缺少行业标准和推进体系

尽管近年来在全民阅读的大背景下读书会呈现不断发展的态势，且

全民阅读立法工作取得很大进展，但对读书会行业发展而言，一些具有共通性的规范文本仍然是缺失的。一是缺少由权力机构批准的、供各读书会共同依照的行业标准，如“读书会工作规程”“读书会章程”“读书会管理制度”等类似的规范性文件。大量读书会都处在“野蛮生长”“摸着石头过河”的阶段。

二是宏观设计层面缺少针对全国各层次、各类型读书会的发展推进体系。比如由公共图书馆主导的读书会应该如何在四级之间推进，推进过程中是否有标准或模式可供应用等，能够回应近似问题的读书会推进机制尚未建立。《公共图书馆法》作为一部系统性法律，并未细致到如何开展相应的全民阅读活动的层面提出指导意见或设计路线图。数据显示，目前国家、省、市、县四级公共图书馆系统已经基本建成，县级以上政府设立的公共图书馆达到3153个，馆藏总量达9亿多册件，年流通人数从2012年的4亿多增长到2016年近7亿。[①] 从开展阅读指导、读书交流等阅读活动的角度看，公共图书馆存在各自为政的状况，不能在服务功能和程序上实现标准化或共频化，各地公共图书馆在开展阅读推广，包括读书会建设方面呈现出能力、程度和效果上的千差万别。

三是缺乏对读书会活动成果的评价机制或效能反馈。开展读书会活动的根本价值在于帮助参与者提升自身的阅读能力、综合素养、认知水平等，那么，各个读书会究竟在多大能力和程度上做到了这一点，发挥了读书会存在的价值呢？从目前看，不论是读书会个体层面、第三方测评层面，还是在负责阅读推广的行政机构层面，都未见相应的评价机制对现有读书会的活动成果和发展能力进行评价与反馈。读书会的运行也因此难以获得有针对性的指导和帮助。

---

① 郑海鸥：《推动公共图书馆事业新发展——文化部相关负责人就〈中华人民共和国公共图书馆法〉出台答记者问》，《人民日报》2017年11月6日。

第二节　人财物的客观困难

一、调查显示客观难题大于主观困难

深度访谈中发现，读书会发展过程中存在各种各样的难题。问卷中对可能存在的问题进行了设计和列举，受访者可进行多选项回答。数据显示，“运行经费不足”是受访读书会反馈最多的问题，53.55% 的读书会存在此困难。

存在“团队人力不足”“宣传力度不够”困难的读书会都在占四成以上，分别占比 47.41% 和 43.7%。这两项困难核心都是人力的问题，团队人力不足意味着读书会活动的策划、组织和经营缺人，宣传力度不够意味着读书会知晓度弱，加入到读书会活动中的参与者少。

认为存在“政策支持不够”和“活动场地限制”困难的读书会分别占比为 35.56% 和 33.33%，这两个困难是明显的客观难题。

此外，存在“活动新意创意不足”“发展定位不明确”“规章制度不

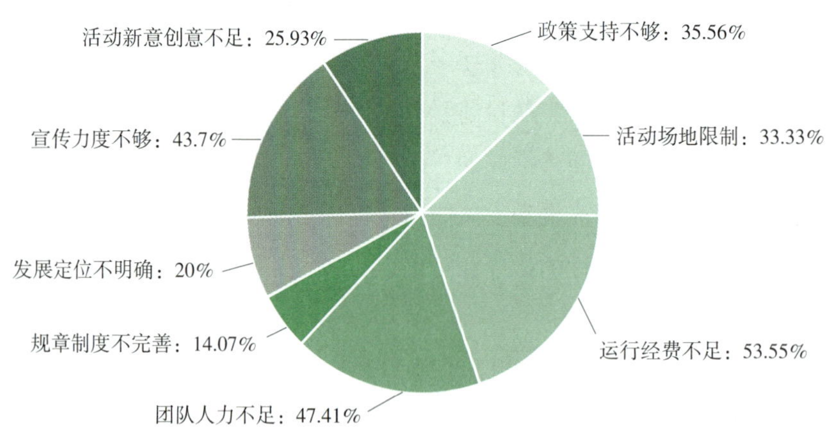

图 5—1　读书会发展过程中存在的困难或问题

完善”的读书会各占25.93%、20%、14.07%，这三个问题都源自读书会内部，是主观难题。

总体看，读书会发展中主客观难题都存在，但最大的几个问题集中在人、财、力上，即人不够、钱不够、力度不够。解决这三个最大的困难，其他困难都有迎刃而解的可能性。

二、人力层面：缺少人员参与的动力机制

（一）志愿服务意识弱，人力短缺流动性大

尽管读书会是推进全民阅读的基层单元，也是重要的组织细胞，但是因为大批读书会在我国都是松散的民间组织，没有行政归属、人员编制和财力支持，因此读书会的发展和运行在很大程度上靠的是发起人或核心成员的个人热情和能力。与此同时，我国的志愿服务起步晚，公众的奉献意识和公益责任意识尚未得到有力开掘，所以，组织和发动社会个体在没有任何物质报酬的情况下，主动承担读书会的志愿服务工作，是存在较大难度的。

基于这两个层面的原因，不少读书会发展存在严重人员短缺，活动的运行质量和周期规律很难得到保障，读书会的发展也因此存在“虎头蛇尾”的情形，一旦发起人热情减退或者无法投入精力搞活动，读书会就难以维持。或者发起人虽然热情不减，但由于缺少物质激励，读书会招募不到奉献其中的志愿者或工作人员。很多公益性质的读书会在招募志愿者时能开具的“条件”也多是强调读书会能带给志愿者的精神提升和能力锻炼。实际上，对于那些真正有志愿者精神的人来说，他们并不需要所谓的待遇或条件，而对于那些需要待遇的人来说，这样的精神鼓励也谈不上是有价值的。所以，有些读书会在招募志愿者时明确提出面向广大在校生进行招募，因为一方面高校学生的阅读素养有一定保障，另一方面在校生需要用志愿工作来丰富他们

的实习简历。

总体而言，志愿服务是扩充读书会运行团队的重要渠道，但是目前看来，这条渠道的畅通需要伴随志愿者服务事业的同步发展，是一件在时间的涵化中着眼长远的事情。

（二）兼职人员居多，劳动缺少有效激励

在所调查的135家各类读书会中，从团队成员的职业状态或从事读书会活动的身份来看，有74.07%的读书会其团队成员都是“兼职多于全职”的状态。在一些有机构从属关系的读书会中，其工作人员需要在常规工作之外，额外定期处理读书会的事务。比如高校图书馆馆员、企事业单位办公室或公共关系部门工作人员等，大多属于这种情况。而在一些机构或个人主导的民间读书会中，其工作人员或秘书岗位上的人大都有自己的本职工作，他们要根据读书会的运行需要，跟进读书会的活动策划、宣传推广、公众号运行、活动协调等具体工作。作为民间读书会的负责人或组织者，还要在兼职情况下负责读书会的整体运转、资源开拓、对外推广以及人财物的统筹等。

在这种情况下，读书会工作人员或者是本着公益服务的态度力所能及地奉献，或者是在领导或负责人的安排下完成任务，总体上缺少一种制度性的激励机制，能促使工作人员更有创造性和主动性地来推动读书会的进步。

三、财力层面：筹款模式多，但总体存在掣肘

通过上一章读书会收支模式的归类和概括，可以看到，目前各类型读书会的运行经费来源大致包括四类：上级划拨类、收取年费类、个人补贴类、社会筹款类。除了收取年费类读书会，其他三种经费模式的读书会大都向读者免费开放和提供活动，而收取年费的读书会也通常采取

免费与收费相结合，收费为主，免费为辅，为用户提供传统读书会形式之外的阅读和学习服务。

对于一家读书会而言，经费模式的选择看似简单，实则需要综合考虑。读书会的实际情况不同，面临的决策处境也不同：

情况 1：有的读书会负责人自掏腰包维系读书会发展，这不仅给付出者带来经济压力，同时自掏腰包的热情能持续多久，将直接决定读书会的生命力。

情况 2：有些读书会也曾考虑过用收取年费的方式来弥补资金短缺，但这会让一些有意读书的人望而却步，也需要读书会组织者付出更多的时间、精力和责任心来经营读书会。组织者如果是兼职身份，往往会在此时流露犹豫、难下决心。

情况 3：有的读书会既不自掏腰包，也不收取年费，而是与社会上的企业和机构合作，采取“化缘式”筹款的方式维系运营。但是这种方式有明显的两点不足，一是读书会活动存在“因地设题”的可能，即根据合作方的需要或有什么合作场地就办什么主题的活动，在选题策划上不能自由自主、形成规律和层次。二是需要在读书会的公益性和活动的商业性之间做调和。

读书会经费筹集的方式各异，做出的选择亦不相同，从微观层面看，原因是读书会各自的生存境地和组织者的个人想法；从中观层面看，读书会的散落性很强，缺少组织层面的统领，负责阅读推广的政府行政部门虽有资金和拨款，但款项并未直接用于读书会的体系建设和运行发展；从宏观层面看，全社会对阅读推广的认知度和执行力仍未达到高水平，读书会在地区之间、地域之间，基于经济发展程度的不同而存在发展的不平衡。上述几个层面的原因都决定着我国读书会在经费、财力问题上存在掣肘、尴尬和不充分。

四、物力层面：场所和书籍资源依靠个人能力解决

（一）场所：稳定性弱，个人承担压力大

本课题调查发现，63.7% 的受访读书会表示他们开展活动的地点是相对固定的，36.3% 的读书会的活动场地并不固定。除了一部分学校、企事业单位、出版社或书店为组织主体的读书会使用自有空间外，其他类型的读书会，尤其是个人主导的民间读书会需要花费一定的精力和财力去协调活动空间的问题。

情况 1：与图书馆、社区、街道等合作，免费或减免费用使用场地。这些公共机构或单位通常有一套场地租用规定，或者需要收费，或者需要提交申请并经过流程审核，这给一些民间读书会造成了客观压力。

情况 2：与社会上的书店、咖啡馆、文创空间等合作，互相利用资源。与社会机构的合作通常流程简单，且对于很多以中青年为阅读主体的读书会而言，这些阅读空间环境优雅、气氛温馨，能够带来更愉悦的阅读体验。但是，这些社会机构是以盈利为导向的，所以读书会是否能长期免费使用这些商家空间是一个问题。有的读书会向读者征收一定的场地费或茶位费来弥补商家，长此以往，可能会给读者带来一定压力。如果采用“打一枪换一个地方”的做法，则会给书友或读者带来不便，不利于读者群体的稳定和活动的接续性。

情况 3：读书会发起人或组织者个人集资租用或营建阅读空间。比如蔆来小院读书会的活动场地是位于北京房山的一个乡间小院，2015 年，由几位喜欢读书的朋友共同出资租用下来，并逐渐发展成面向社会的公益读书会。再如位于广东中山小榄镇的囤粮计划读书会由最初的几位发起人每人出资 500 元，搭建了一个阅读空间，购置了部分书籍，并逐渐建成了一个有小镇特色的书香环境。这种情况下，需要读书会组织者或主要工作人员长期的精力和财力付出，如果读书会发展受到当地政府和民众关注，得到一定资助则好，如果读书会运行不好或民众参与度

低，那读书会容易陷入“自娱自乐”的境地。

情况 4：利用读书会组织者个人或书友个人的资源。比如有些组织者或书友是企事业单位的员工，他们可以利用个人资源，申请在周末开放单位的公共空间供读书会使用。但是，从本质上说，企事业单位本身并不承担在工作日之外服务社会、提供资源的责任和义务，所以这种做法仅属于个人“搭便车式”地使用公共资源，很难长期按此执行。

（二）书籍：书目选择主观性大，书籍来源无定向

首先，各类读书会在书籍品类和具体书目的选择上都存在很强的主观性。比如大多数读书会究竟在“读什么”，很大程度上是读书会负责人自行决定的，或小范围讨论决定的。但是，个人的知识广度和阅读接触面总是有限的，这种主观指定阅读书目的做法容易使读书会陷入“知识茧房”，也就是读书会读者都按照某个人或某几个人的阅读经验和阅读喜好去搭建知识版图，可能对某一个方面的问题、某个作家的书籍关注多，缺乏阅读的开阔性和多元性。也即，大多数读书会都是本着开卷有益的态度去组织阅读，而实际上对于读者究竟需要读什么是缺少调查和反馈的。并且书刊资源具有时效性、动态性，需要不断丰富和增长，所以它牵动并制约着读书会活动的整体效率，成为当前及未来读书会发展的障碍因素。

其次，在书籍的利用上，读书会实践应用较多的主要是以下几种方法：

情况 1：读书会提供书籍免费使用。除了公共图书馆主导下的读书会，其他类型的读书会都比较难做到长期免费提供书籍。

情况 2：读书会读者自行购买书籍。这是多数读书会在书籍的安排和使用上采取的做法，即由读书会提前告知阅读书目，读者预先购买和阅读，以便在活动上人手一册。

情况 3：讲座活动现场签售，即先讲书再售书。邀请知名作家、新

书作者等围绕某个主题或某本作品进行阅读讲座，是各种类型读书会都有实践的阅读活动形式。这种情况也需要读者根据兴趣和需要自行购买书籍。

情况 4：使用图书漂流、换书等趣味活动进行图书交叉阅读。所谓“书非借不能读”，读书会组织这些趣味活动可以一方面使书籍资源流动起来，得到更大使用效率，另一方面也调动读书会参与者的阅读兴趣和好奇心。

总体来看，读书会的物力资源主要体现在阅读空间和阅读书籍上。从前述列举的若干情况看来，不管是空间环境还是书籍资源，各个读书会都从自身实际出发想方设法地进行解决，也因此呈现出多样化的局面。但我们同样从中看到读书会在物力资源上的一些困窘或不足，比如有的读书会碍于没有活动空间，就减少线下活动或开展户外活动；我们还时常可以在读书会活动现场看到有些读者不带纸笔和书籍，就靠耳朵听。这些情况的发生与读书会的组织能力有关，但也从中折射出一个问题：读书会尚未在公共注意力和公共资源供给上得到足够的重视和满足。

第三节 运行环节的症结和难题

一、发展定位不明确

很多读书会的负责人在访谈中谈到，他们组建读书会的初衷是集结一些喜爱阅读的志同道合的朋友一起阅读，从中得到愉悦，并逐渐影响更多的人。这种初衷实际上也与“读书会”这个概念的核心内涵是一致的。但是，既然读书会是一个群体性组织，需要沿着一定的路径向前发展，那么这条路径的规划应该如何，路径的指向在哪里，路径的宽度、长度和广度又是如何，等等一系列问题实则关乎读书会的发展定位和走向。调查发现，在这一问题上，各类型的读书会都普遍缺乏思考。

（一）读什么——内容定位的问题

内容定位是读书会发展定位的核心，这直接关系到接下来的人员定位和形式定位。读书会的内容指向与读书会的创办者或发起人关系密切，如果创办者对某一领域、某一主题的读物是有阅读偏好的，则在读书会创办阶段和发展过程中会考虑到内容定位和定向的问题。但实际上，多数读书会在创办时都未考虑过读物定位的问题，通常是从发起人、组织者的个人角度对阅读内容进行筛选和敲定，告知广大书友去准备或购买书籍，在后续活动中组织阅读。基于这种个人取向式的读物选择方式，很多读书会都存在内容铺排面广且零散的问题，导致阅读缺少一定的连贯性和纵深感，给书友或读者带来浅尝辄止的感受，不利于读书会人员的黏性和发展的长期性。

（二）谁在读——人员定位的问题

调研发现，多数读书会在进行活动人员召集的时候通常采取“广发英雄帖”的做法，将活动发布到微信群、公众号或其他线上渠道，号召广大书友、读者或会员积极参与。“广发英雄帖”能够最大程度上通知并号召参与者，但是有一个前提是很多读书会都忽视的：群里的书友或读者的阅读喜好、阅读能力是否具有一致性，所提议的阅读主题或读物是否在他们的兴趣范围和接受能力之内。有的读书会在发布活动通知之后，由于无人参加或人数不足而无法开展，其中一个重要原因就在于活动内容与人员属性的不对位。因此，读书会对群体内部阅读成员的属性构成是需要进一步了解和熟悉的，以便从中厘清读书会的服务对象。

（三）怎么读——形式定位的问题

分析看来，各类型读书会中常见的阅读方式包括领读、共读、精读、听读等，阅读组织形式则包括讲座、分享会、单一书目阅读、分主题阅读等。有的读书会侧重于采取某一种阅读方式和组织形式，有的则将各种形式杂糅在一起。读书会的阅读组织形式和阅读方式的选择归根到底取决于两个因素，一是由阅读内容决定的，比如一些以哲学阅读为定位的读书会往往采取精读的做法，逐字逐句去讨论和理解，一些以普及性读物为阅读对象的读书会则常采取共读的方式进行。二是由读书会类型和读者特征决定的，比如公共图书馆主导下的读书会往往采取开办讲座的方式进行组织，应招而来的读者也一般带有随机性和阶层广泛性，不以读为主，而以听为主。一些个人主导的民间读书会则较少采用讲座和领读形式，因为他们的公共资源、人脉资源、财力保证都难以支撑讲座、领读的相关需求。调查发现，不少读书会在选择阅读方式和组织形式时也存在盲目性和随意性，未能结合自身阅读内容、资源条件和读者特征进行合理定位。

二、人员门槛缺少准入机制

读书会以兴趣为基础，将原本毫无关系的社会个体和组织聚集在一起。严格意义上，读书会需要围绕阅读本身对进入这一组织的个体进行把关、筛选和细分，建立具有约束性的准入机制，以确保组织内部的纯洁性和目标一致性。但调查看来，各类读书会都缺乏这样一套行之有效的准入机制。

（一）完全不设门槛

只要组织外的人士表达出希望加入的意愿，读书会微信群的群主或负责人就将其加入群组，成为读书会的一员。这导致很多读书会的线上线下群体十分臃肿、庞大，甚至超过几千人。有些读书会对读者人数之众引以为傲，而实际上读书会对加入其中的读者或书友的信息和情况掌握多少？书友之多会不会在管理上制造障碍和冲突？这些现实问题实则并未考虑清楚。

（二）设置人际关系门槛

即如果外界有人想加入某读书会，需要经过已入群入会的书友或会员的引荐，读书会负责人或群主审核后即可加入成为读书会一员。有的读书会在条款中明确规定：加入本读书会，需要1—2名会员的介绍或推荐。这种熟人担保的把关办法可在一定程度上过滤掉一部分动机不纯或不明身份的外来人士，但熟人并不见得对其所介绍的书友是足够了解的，并不一定清楚其阅读能力和兴趣，或许仅是碍于情面将之介绍进来。因此，这种进人把关方式带有极强的主观性和偶然性，那些真正有阅读意愿和能力，但却没有熟人依托的个体反倒会被拒之门外。

（三）设置会费或捐资门槛

前文提及的爱读邦、羊城读书会、慈怀读书会、樊登读书会等都设立了会员年费制度，以此约束读书会书友养成阅读惯性、定期参加活动，同时为读书会的后续发展提供财力保障。另外，还有些读书会虽不收取年费，但设置了捐赠或捐资门槛。比如广东中山的囤粮计划读书会提出，加入该读书会成为“粮友”的方式有两种：一是实物无偿捐赠10本图书，以青年文学、青年励志、自然科普、领袖自传、旅行走心、心灵解读、创意绘画类图书为主。二是爱心捐款100元，所捐款项全数用于购买主题公益阅读书目及山区学校组建图书馆。不论是会费门槛还是捐资门槛，都可定义为一种物质门槛。这种把关方式能够对加入读书会的读者起到约束作用，也能在一定程度上考量其加入读书会的目的纯洁性，但是物质门槛却是一道客观的限制性门槛，一些愿意读书却不愿意付费的人被拦在门外。

三、活动形式创意不足

调查问卷显示，有 25.93% 的读书会认为自身存在“活动新意创意不足”的问题。对自身活动创意的不满来自于活动效果的反馈，比如参加读书会活动的人越来越少、读者的活动参与感不强、读书会活动的周期间隔越来越长等，这些反馈与读书会活动组织的形式和效果密切相关。观察看来，读书会在活动形式上存在两方面的问题。

（一）忽视讲座活动中的受众参与

读书会有一个很本质的特征，即群体中个体的广泛参与和分享交流，以确保阅读个体从群体共鸣中受益。在此意义上，很多读书会都在实践的活动形式——专家讲座并不能与读书会完全画上等号。尤其是在一些读书会活动中，听众多达数百人，读书会成了台上专家的一言堂，几乎完全主导读书会的话语权。这种情形下的所谓读书会，传者与受者之间存在明显的交流界限和传播主客体关系。听众不用做任何准备、不用提前阅读书籍就可以参加，阅读介入性很低，同时，听众作为参与者不能平等地进行思想交流，对问题、主题、书籍内容等缺少自己的认识和反思。因此，如何在讲座活动中调动听者的参与性、互动性和平等性，是广大读书会都需要思考的，否则读书会活动容易陷入场面好看，但个体收益甚微的局面。

（二）读书概念在活动中被泛化

读书会活动的观照对象在本质上应该是书籍。随着新技术条件下传播手段的发展，书籍的框架也不仅限于传统的纸质书，亦发展出电子书、音频书、VR 阅读等介质。但是，在实际运行中，不少读书会在组织活动时超越书籍或阅读的范畴，读书的概念在林林总总的室内、室外的活动形式中被泛化。比如有的读书会发现参加者大多是女性，于是就放弃了传统的读书活动，而改为给参与者讲如何化妆、着装、插花、皮肤护理等课程。即使这样的活动会吸引更多的人来参加，我们也不能将之称为读书会活动。再如有的读书会变成了亲子聚会活动，召集一些父母带着孩子集合在一起玩游戏、绘画、制作陶艺等，那么这样的读书会与社会上的亲子机构有何不同？还有的读书会成为创业孵化、项目路演等与阅读无关活动的载体，甚至提供恋爱红娘服务。总而言之，一些读书会出于丰富群体的活动形式、增加参与人数、增强参与者黏性、维系读书会运行等目的，脱离阅读和书籍本身去办读书会，读书会有名无实，失去了其本真意义和价值。

四、读书会阅读效果缺乏衡量

推进全民阅读的核心意义在于通过阅读活动的普及，提升公众的文化素养，形成风清气正的社会文化氛围。中国新闻出版研究院组织实施的全民阅读调查每年一次，从纸质图书和电子图书的阅读量、阅读人数、阅读方式、阅读内容等不同角度的若干指标去测量全国民众的阅读水平和变化。作为推进全民阅读的重要实施单元，各类读书会的阅读效果则缺少定性描述和定量测量。

本课题对读书会读者情况进行问卷调查时，对比了加入读书会前后，读者在阅读时长上的变化。笔者在第三章介绍到，加入读书会或参加读书会活动之后，受访者的日均阅读时长整体上都出现了增加，每天读书不足 1 小时的人明显减少，仅占比为 5.93%；日均阅读时长为 1—2 小时的占比为 55.52%；日均阅读时长为 3—4 小时的占比为 33.13%，比未加入读书会时的占比增加了约 26 个百分点；日均阅读时长为 5—6 小时的占比为 3.99%，比未加入读书会时的占比增加 3 个百分点；日均阅读时长在 6 小时以上的人数占比也有所增加。但是，阅读时长仅是阅读效果的测量指标之一，与阅读效果有关的其他测量指标本课题未涉及，也未见其他研究对读书会读者的阅读效果进行过专门讨论。

在微观层面上，读书会组织本身多采用口头问询、私下交谈的方式来掌握读书会的实际效果。比如大地读书会的负责人李杭蔚在访谈中提到，每次活动她都在外围进行现场观察，看读者在活动中的表情和反应，看工作人员的表现和应对等。读书会的工作人员也会私下与读者进行交谈，了解他们的感受和反馈。这样的做法的确有助于读书会活动的改良和进步，但口头问询、私下交谈的弊端是不一定能得到读者或书友完全真实的想法，更不能在大范围内顾及多数人的意见和态度。

五、公益与商业之间缺少平衡尺度

（一）复合属性决定着读书会难以“真空”运行

从读书会创办者和工作人员的角度是如何看待读书会的作用和意义的？89.63%的受访者认同读书会“是促进全民阅读、提高公众文化修养的一种有效手段”，51.85%的受访者认同读书会“是结交书友、拓展人脉的一种沟通渠道”，28.89%的受访者认同读书会“是企事业单位、社会团体或个人塑造公共形象的一种公关方式”，20%的受访者认同读书会“是出版社图书营销的一种新型手段”。可以看到，读书会本身是多重属性的复合体。

首先，天然属性。读书会是推动全民阅读的有效形式，这是读书会最本真和朴素的价值，是读书会的天然属性，这一点绝大多数读书会都是认同的。

其次，文化属性。有一半以上的受访者将读书会的意义和价值扩展到社会交往层面，这也是由读书会本身的社会属性决定的。近三成的受访者认同读书会具有公关价值。价值起点是读书会的文化属性，它可以作为一种文化凭借，辅助企事业单位兑现其社会责任，或带给企事业单位以及个人某种文化内涵。

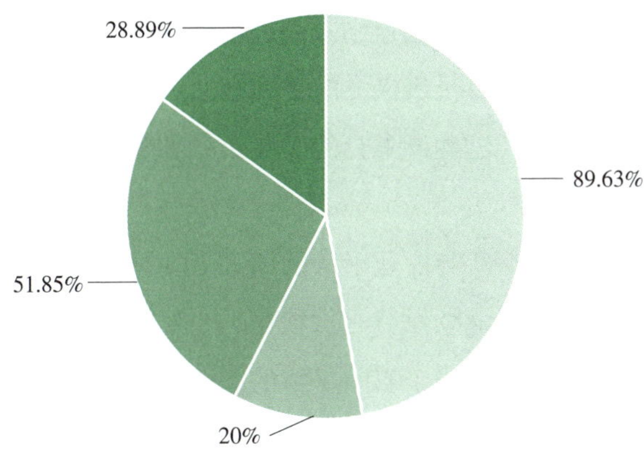

图 5—2 读书会的作用和意义是什么

第三，商业属性。读书会还能被开垦出一重商业属性，可以成为出版社和书店图书营销的一种外力。同时，读书会为了解决财力和运转经费的问题，需要与社会机构开展商业合作，或需要收取会员年费，这也是一种基于商业的考量。此外，不可否认的是，目前社会上也有一些组织或个人在读书会的幌子下从事盈利活动，甚至是非法活动，他们也恰恰是利用了读书会这项事物潜存的商业可行性。

这三重属性杂糅在读书会的人际交往和阅读活动中，决定着读书会并非如学校课堂般纯粹，决定着读书会很难机械地在只读圣贤书的“真空”环境中运行。即使有的读书会秉承只读圣贤书的原则，但也无法避免读者个体之间的人际互动和资源互通。

（二）商业交换的尺度缺少掌控

有一些规模比较小的读书会，在不收取会费、不邀请外来讲座嘉宾或领读人、不与社会机构开展合作的“三拒绝”状态下与商业属性完全绝缘。但是，这种情形下的读书会的活动能力和参与人数都会受到制约，并且需要读书会组织者付出极大的精力和个人投入去策划读书会活动的每一个环节。所以，这些读书会的发展后劲和长远运行是被打上问号的。

更进一步讲，如果这些与商业绝缘的读书会在精心经营之下发展到了更大的规模，他们还能继续保持一份纯粹吗？比如，当读书会书友庞大到百人以上时，如何获得一个空间足够的阅读环境？当书友不满足于单一的阅读方式，希望加入更多元的活动时，如何借助外力找到领读资源？恐怕当那些小规模的读书会发展到更大体量时，当这些现实问题需要解决时，商业因素就成了一个不得不纳入考量的解决方案。青莲读书会自 2013 年运转至今已过五年，发起人吴恺对青莲读书会的定位是公益组织，但他认为，纯公益的资源线索和资金模式是不能支持读书会长久运行的，读书会的后续发展不能完全脱离商业。

青莲读书会吴恺：我们对自己的定位是公益性社会组织，大部分的资金还是靠我们组织者和身边热心的朋友们捐助，举办大规模的活动会公摊，核算成本难免会有资金不够的地方，所以到头来还是自己弥补。但是说实话，无论是保证每次活动的效果，还是从读书会发展的长远性来看，这种方式都并不是最可取的。加上诸多现实条件限制，不可能完全脱离商业。但是商业气息太重，也会影响读书会的发展。

青莲读书会曾构想将公益和商业分开运营，而且成立公司，让专业的人来做专业的事，由公司来负责文创、设计、会展，与出版社、发行商进行对接，所得盈利则用于支持读书会的发展，实现读书会的财务自由。这样的做法早在 2015 年就在羊城读书会得到了实践。前文曾介绍，羊城读书会与传媒文化公司是前端与后端的关系，前者负责常规读书会活动的开展，后者具体承接商业文化项目并负责盈利。读书会与公司是良性互动的关系，读书会可能给公司发展出经营性业务，公司则可以在财务、资源上支撑读书会的发展。羊城读书会采取这样的模式维持发展并且逐步壮大，但是商业与公益之间的尺度仍需要组织者人为地进行平衡和掌控。

调研访谈中发现，有些读书会组织者对“公益”的理解存在片面，将公益与不收取费用画上等号。应该说，一家读书会是否是公益性的并不完全取决于是否收取会费，如果会费的收取能够为读书会带来财务自由，并提供更好的阅读环境和服务，使付费者得到物有所值的阅读体验，那么，我们也不能简单定义这样的读书会为商业化的。总而言之，与商业绝缘的“真空”发展模式是带有脆弱性和理想化的，商业元素的适度介入是读书会长远发展的一种推助力。但毋庸置疑的是，读书会的商业属性应当服务于其天然属性和促进阅读的核心职能，而不能借由阅读的外衣让读书会成为发家致富的某种手段。

第六章

他山之石：国外及港台地区读书会发展经验

在西方，民间读书会是启蒙运动和社会文化教育事业发展的产物，起初大多并不具备阅读交流功能。如今欧美国家个体创办读书会已是一种时尚与潮流，不仅规模大、效益深远，而且学术研究水平高。比如美国有超过四分之一的图书馆读者参与了他们各自所属的读书会；[①] 瑞典"读书圈"已成为瑞典人的一种生活方式，每年有32万场读书会活动，参与人数达290万之多；[②] 芬兰、丹麦由于政府财政补助，读书会发展也很迅速；新加坡的"新加坡读书会"分布在全国各社区、学校和监狱中；日本读书会早已深入社区，且注重专业学术研究。本章将对欧美及我国港台地区读书会的发展经验和问题进行梳理，以他者为镜，更清晰和理性地对当前全国读书会发展的现状、问题和不足进行反思。

第一节　欧美国家读书会的发展概况和经验分析

一、欧美各国读书会的发展概况

（一）瑞典

瑞典的读书会称为"学习圈"(study circle)，已有百年历史。1905年，瑞典国会通过法案资助成人学习圈所需书籍，"学习圈图书馆"的建立奠定了瑞典公共图书馆制度的基础。而今在瑞典，几乎没有一个乡村没有读书会，读书会为社区居民构造了一个对话的空间，对瑞典成人教育的进步贡献良多，已成为瑞典人的一种生活方式。瑞典每年有32万个

① 段梅：《读书会的发展与阅读推广组织方式》，《图书情报工作》2015年第20期。

② 邱冠华、金德政：《图书馆阅读推广基础工作》，朝华出版社2015年版，第126页。

学习圈在开展活动，290 万名成人在参与，形成学习圈的传统。[①]

（二）英国

英国图书信托基金会（Book Trust）发布的《组织读书会的指南》中说："英国有多达 50 万的读书会成员。读书会已普及到各行各业、不同年龄层和种族。"[②] 阅读社（Reading Agency）的研究发现，目前英格兰和威尔士有 1 万个图书馆组织的读书会，拥有 10 万会员。另有数据显示，英国 75% 的图书馆有员工管理和引导读书会，68% 提供小组借书，38% 提供免费的预定。图书馆馆长协会（SCL）的研究表明，图书馆试图通过读书会服务来融入社区。[③]

（三）美国

美国全国各地均有读书会的组织。其中，图书馆主办的读书会一直起着引领的作用。比如西雅图公共图书馆在 21 世纪初就拥有了 400 多个读书会。得克萨斯公共图书馆读书会在过去的五六十年间吸引了全美超过 130 万的儿童加入，形成了美国规模最大的儿童读书会群。[④]2007 年，在"妇女全国读书联合会"（WNBA）的赞助下，美国几家大型图书馆呼吁将每年 10 月设立为"国家读书会月"（National Reading Group Month）。[⑤]

---

① 邱天助：《国内外读书会的传统与理念》，见 http://cc.shu.edu.tw/mcp/word/07-01.doc。

② 《组织读书会的指南》，见 http://www.booktrust. org. uk/usr/library/documents/bookbite-languages-how- to /12541_bookbite_03-readinggroup_mandarin_qc_pr. pdf。

③ 秦鸿：《欧美图书馆读书会经验及其借鉴》，《图书情报工作》2013 年第 6 期。

④ 黄晓燕：《美国公共图书馆读书会对少儿阅读的影响》，《图书馆学研究》2010 年第 15 期。

⑤ National Reading Group Month, http:// www. nationalreadinggroupmonth. com / about_history. html.

美国图书馆协会（ALA）每年都会定期发布一份《美国图书馆现状报告》（State of America's Libraries Report），[①] 在其2013年的报告中提到一个数据：有23%的图书馆用户声称他们使用图书馆的方式之一是参加自己所属的读书小组的聚会活动。尽管在ALA最新的报告中未有对此数据的更新，但近1/4的图书馆用户将其阅读行为与图书馆的读书小组活动结合起来。图书馆通过读书会的方式将阅读服务推送给读者，以达到吸引读者的目的。这一定程度上可以说明美国图书馆主导下阅读组织的活跃性和与读者关系的密切性。

（四）加拿大

学者陈雨杏曾以个案分析的方法对加拿大几家公共图书馆读书会进行了调查分析，[②] 我们结合其相关研究，从时间分布、时长安排、志愿服务等方面对加拿大公共图书馆读书会的基本特点和具体操作作以介绍。

1. 时间安排尽可能常态化

陈雨杏在加拿大多伦多公共图书馆读书会调查了96个阅读项目，发现每周1次（即固定在每个星期同一时间举行）、每两周1次（即固定在隔周的同一时间举行）、每月1次同时固定在每个月的第几个星期的同一时间举行的75个项目的时间地点安排都实现了常态化，占总比例的78.13%。时间地点安排常态化，有兴趣参与的读者无需特别记忆就能记住即将到来的项目举办的时间地点，大大降低因遗忘准确的时间地点而错过的情况出现。碰上假日需取消的情况，只需在网站上标示出及提前在读书会提醒积极参与的读者即可。

每月1次，月中任何一个星期的同一时间举行的18个项目的时间

---

① State of America's Libraries Report 2018（Executive Summary），http://www.ala.org/news/state-americas-libraries-report-2018/executive-summary.

② 陈雨杏：《加拿大多伦多公共图书馆读书会的调查与分析》，《图书馆学研究》2015年第6期。

安排虽然无法固定在每个月的第几个星期，但其他方面都是一致的，要记忆起来困难度也不大。每次都要另外重新确认阅读活动举行时间的项目只有 1 个活动，比例是极其低的。由于周末通常是家庭活动以及到教堂进行相应的宗教活动，所以绝大多数的读书会项目都安排在星期一到星期五进行，安排在星期六和星期天的项目只有 5.21%。

2. 每次持续时长控制在 2 个小时以内

在多伦多公共图书馆读书会所调查的 96 个项目中，只有 1 个项目因为是在较长的时间内只举行一次，所以持续时长达到 3 小时，其余的 95 个项目每次持续时长都控制在 2 小时以内，而其中更有超过 70% 的项目每次持续时长为 1 小时即 60 分钟。从阅读体验看，每次持续时长控制在 1 小时至 2 小时之间是合理的选择，此举既能让成员较充分地对某本图书进行讨论，同时也能保证项目的高效进行，使读者保持对参加下一次活动的热情。

3. 时间点的安排符合当地的作息习惯

在所调查的 96 个项目中，只有 4 个项目是安排在早上进行的，而这 4 项全部在 9 点半后举行。在多伦多，当地人没有午睡的习惯，所以安排在下午 1 点到 3 点的读书会项目也不少。安排在下午和晚上的读书会项目分别是 45 个、47 个，比例相当，很好地兼顾了非正常上班状态的读者群（如家庭主妇等）、正常上班状态的读者群的需求。由于多伦多的小学星期一到星期五下午放学的时间是 3 点 15 分，所以所调查的面向孩子的读书会项目如果是在星期一到星期五进行的，一律安排在 3 点半到 5 点半之间。

4. 重视志愿者在读书会中的参与、引导和服务

加拿大公共图书馆主导下的读书会十分重视志愿者在其中发挥的作用。以埃德蒙顿公共图书馆（Edmonton Public Library，EPL）读书会为例，他们设立了一个名为“阅读知己”的服务项目，即由 13—17 岁的初高中学生和 2—4 年级的学龄儿童组成的进行一对一阅读及游戏的项

目，身为志愿者的初高中学生将对自己服务的学龄儿童的阅读提供热情的指导。并不是所有的初高中生都能成为“阅读知己”项目的志愿者。申请成为“阅读知己”的志愿者首先必须由推荐人填写递交一份推荐表。推荐人不能是自己的家人或朋友，必须是成年人，可以是老师、教练、青年组织的领导或者其他专业人士。推荐表包括以下内容：自己认识申请人多久以及认识的程度；你认为申请人将为此项目带来怎样的才能及态度；你感觉申请人的特长都有哪些（这些可以是学业技能或社交技能）；申请人都有哪些局限或者缺点；出勤率、准时、可靠方面的一些问题；你对申请人作为学龄儿童的模范的建议都有哪些，等等。这些资料将有助于负责项目的馆员在青少年和“小知己”之间创建更积极乐观的配对。“阅读知己”项目通过志愿者的参与实现一对一的服务，提高学龄儿童的读写能力及阅读兴趣。[①] 从中也可以看到埃德蒙顿公共图书馆以及加拿大公共阅读事业对学龄儿童的阅读推广的重视。

二、欧美各国读书会发展经验分析

欧美是读书会发展较为成熟的地区，研究欧美国家读书会发展的战略规划和组织运营模式，对我国读书会的发展和阅读推广都大有裨益。

（一）政府重视读书会发展，制定国家战略与计划

欧美国家的阅读推广活动非常普及，已形成持续性品牌化的文化活动。一般制定有读书会发展的国家计划，融入整体的阅读推广活动和国家文化战略，以国家项目的方式，保证持续的经费支持。

① 陈雨杏：《加拿大埃德蒙顿公共图书馆读书会的调查与分析》，《图书与情报》2015 年第 4 期。

以英国为例，由英国文化媒体体育部（DCMS）发布的英国公共图书馆发展战略性文件《未来的框架》明确指出："阅读是所有文化和社会活动的首要任务"，将提升民众阅读水平上升为一种国家行动，将较为分散的倡导阅读的力量和声音变成一个国家工程。作为对这一国家战略的响应，图书馆馆长协会（SCL）组织了一个由公共图书馆、专业委员会、网络公司和相关利益机构组成的战略领导团队，委托中立机构阅读社制订了《英国国家公共图书馆的读书会发展计划》，将读书会的发展提升为国家政策。该计划的目标是：1. 建立一个国家框架以帮助图书馆开展本地读书会的服务。2. 支持国家读书会计划的开展，确保各地的读者都能获得读书会服务和更广泛、更满意的阅读体验。3. 确认读书会对于公共图书馆的价值，建立伙伴关系，开展用户咨询以及实现国家和当地政府的优先考虑事项，比如学习和社会包容。4. 探索读书会的价值及其在弥合知识鸿沟方面的证据基础。5. 确定目前图书馆读书会模式的范围、合作伙伴结构、支持资源和急需弥合的差距。①

（二）以细分项目为抓手进行阅读推广

欧美国家读书会或阅读推广组织所倡导的"项目"近似于一个长期执行的主题活动，围绕某个具有细分特征的主题、面向有指涉性的人群进行阅读推广或组织具体的阅读活动。一般是由图书馆行业的协会或有影响的机构居中协调。

如美国图书馆协会（ALA）一直致力于推动各种形式的读书项目，由 ALA 公共项目办公室策划并推动了一系列图书和多媒体阅读讨论项目。我们不妨介绍几个比较有代表性的阅读项目。

---

① The Reading Agency（2004），*A National Public Library Development Programme for Reading Groups*, 2004.4，http://www.readingagency.org.uk/new-thinking/newthinking-uploads/Programme_for_reading_groups.pdf.

1. 项目名称：Let's Talk About It[①]

"Let's Talk About It" 是 ALA 于 1982 年发起的一个全国性的阅读和讨论计划，目的是共同阅读一系列由知名学者挑选的图书，并在一个广泛的包罗万象的主题背景下进行讨论。30 多年来，这个项目被全美数百家图书馆采纳，400 多万美国民众曾加入该项目并从中获益。

Let's Talk About It 阅读项目 LOGO

该项目的执行模式是：十周为一个系列，围绕同一既定主题进行阅读和讨论。阅读小组每两周聚会在一起讨论主题相关的书目和阅读体验，人文方面的学者专家等会加入他们共同来讨论。该项目中人文学者或专家的角色十分重要，他们会从自己的背景和擅长出发，负责策划项目、提供书目、激发读者的好奇心，同时，他们还要提供讨论话题，引导和组织讨论。读者们以小组为单位进行阅读、讨论和分享，形成观点、提出问题，最后这些小组再集合为一个大组，进行更进一步的终极讨论，并形成总结性认识。

2.Great Stories Club[②]

Great Stories Club 是 ALA 创办于 2006 年的一个阅读项目，该项目致力于为边缘青年群体（underserved youth）提供阅读机会和议题反馈通道。十几年来，这个项目已深入到 700 多家图书馆，吸引了超过 3 万名青年人参与。

这个项目如 "Let's Talk About It" 一样采取围绕主题的阅读和讨论活动，其主题与青年人的成长和发展息息相关，比如 "面对挑战" "改变的艺术：创造、成长与转变" "青少年暴力与自杀" 等。2018—2019 年，ALA 为该项目策划了三个新主题："什么成就了英雄：自我、社会还是

---

① Let's Talk About It，http://www.ala.org/tools/programming/ltai.

② Great Stories Club，http://www.ala.org/tools/programming/GSC.

偶然”“成长在边缘：勇气与时代的来临”“移情：换位思考的成本”。

该项目的执行模式是：由 ALA 统一为参与这个项目的图书馆提供阅读用书、人文内容在线培训以及项目相关的材料等，以 8—10 名青年人构成一个讨论小组进行阅读和讨论。

在美国，参与 Great Stories Club 项目的图书馆已深入到社区、乡村和资源相对匮乏的地区。这个项目在丰富青年人个体开发、同伴教育、积极阅读和认知态度、加强边缘青年人与社会的联结等十分具体的阅读目标上实现了进步。

3.Engage！ Picturing America through Civic Engagement（公众参与共绘美国）

“Engage”阅读项目 LOGO

“Engage！”项目创立于 2010 年夏天，这是 ALA 针对广大青年人推出的一项旗舰阅读项目，目的是以视觉艺术为中介引导青年人的讨论和社会参与，加深青年阅读受众对美国历史、社会生活的认知和理解。这个项目主要围绕 5 个主题展开：美国梦、社区、成长、参与、标志与符号。

该项目的执行模式是：

（1）一期活动时长 90 分钟到 2 小时不等；

（2）活动指导负责组织、主持和引导等事宜，并在活动之前介绍活动目的、目标、公共图书馆的角色等；

（3）每个人可任选一幅或多幅影像作品进行深入介绍。

在英国，阅读社（The Reading Agency）是从事阅读推广的中心机构。2001 年，阅读社运作推出了“碎碎书”（Chatter books）计划，组建起面向青少年的国家级读书会网络，现在已是全英最大的儿童阅读组织。“碎碎书”计划广泛吸纳 4—12 岁的儿童参与，英国各地的图书馆、学校教师、志愿者等阅读爱好者均可参与其中。基于这样的包容理念，“碎碎书”逐渐升级为面向各类读者的“人人读书会”（Reading Groups for Everyone)。[①]

随着全民阅读的开展，目前我们国家也出现了“北京阅读季”“人民出版社读书会”这种宽泛意义上的阅读推广组织或项目，或是“妈妈导读师”这类主旨更明确、更有细分性质的阅读推广项目。但与欧美发达国家的成熟运作相较，我们仍有不足之处。

1. 阅读活动的规律性和标准化不突出。欧美国家的阅读项目中，明确的活动规律和标准的有力执行是这些项目长久生命力的重要保证。对我国读书会的启发是，相对完善和具有可适应性的规章制度是十分有必要的。

2. 公共资源在阅读项目中的参与性和融入性不强。英美国家贯彻已久且具有大范围影响力的阅读项目有一个共同特点，即阅读行为、阅读活动从理念到内容到活动空间都与公共图书馆、学校等文化机构密切相连，阅读主管机构或行业协会等在制定阅读规划时即考虑到公共资源在阅读推广中的责任力问题，从而使图书馆、学校等在阅读项目运行过程中发挥出能动性和可持续性。

3. 以书育人、以文化人的阅读要义在阅读推广中未得到突出。欧美国家项目制运行的另一重要特征是通过主题设置，启发参与者在读中学，在阅读中反思社会、生活和自我，这恰恰是我们目前读书会活动中欠缺的一个情境范畴。

（三）读书会以图书馆为核心，广泛发展合作伙伴

在欧美国家，组织读书会的主体有图书馆、出版公司、学校和个人团体等。其中，图书馆是推动读书会发展的中坚力量。图书馆与图书和阅读有着天然的联系，现代意义上的读书会就是20世纪初随着现代公共图书馆的诞生而出现的。读书会的运作建立在图书馆开放、中立和自

---

① Chatter books，https://readingagency.org.uk/children/quick-guides/chatterbooks/.

助的文化之上，它依赖于图书馆的传统核心能力，在促进阅读、非正式学习和自主学习方面建树卓著。

欧美国家的读书会活动通常以公共图书馆为核心，广泛发展合作伙伴，整合社会力量。比如美国国会图书馆（Library of Congress）图书中心和其管理下的州图书中心（大部分设立于州图书馆或其他大型公共图书馆）是阅读推广活动的主要推手。① 国会图书馆阅读中心于 1987 年发起"国家阅读推广伙伴计划"，与国内外 80 多个相关组织建立了推动阅读伙伴关系网络。伙伴包括图书馆、教育、出版销售、作家、阅读、档案、基金会等相关的专业团体，广泛整合各方力量和社会资源进行阅读推广。②

（四）行业协会或联盟提供读书会操作指南

国外在读书会的研究和实践过程中，逐步形成了各种各样的读书会组织指南，可以对我国读书会的推广起到很好的启发作用。比如美国图书馆协会（ALA）在其网站上发布相关阅读项目的同时，还提供了组织机构、期刊文章、专家介绍、延伸链接等，读者可以在线上对阅读项目进行深入了解。此外，ALA 早在 2003 年就制订了一份"ALA 标准手册"（ALA Standards Manual），实际上是给读书会活动提供了一个章程模板，该协会旗下的所有图书馆或阅读服务机构都可以采用这个模板制定自己的阅读和服务章程。③ 再如英国"阅读社"组织在其官网上给每一个阅读项目提供了推荐书目，供所有读书会分支参考和使用。而且，

---

① 美国国会图书馆建于 1800 年，它建在华盛顿国会山上，是美国历史最悠久的文化机构之一，担负着美国国家图书馆的职能。该馆总面积 34 万平方米，书籍收藏量有 3000 万种，涵盖了 470 种语言，超过 5800 万份手稿，是世界上最大的图书馆。

② 郎杰斌、吴蜀红：《美国国会图书馆开展阅读推广活动的考察分析》，《图书与情报》2011 年第 5 期。

③ ALA Standards Manual，http://www.ala.org/tools/guidelines/standardsmanual/manual.

"阅读社"为其下辖的各类阅读机构、读书会等提供了统一资源，包括活动 LOGO、个案推荐、阅读提示、设备指南等。可见，英美国家的阅读推广机构十分重视阅读内容和形式上的"标准化"，行业协会或推广机构既有很强的宏观统辖能力，又能细化到书目、标准、规范、个案等微观环节。行业组织和下辖机构的职责相对明确，从属关系上体现出垂直性，各个读书会的运转也因此得以流畅和高效。

（五）构建网络读书会，线上整合阅读资源

网络读书会可以很好地解决一些读书会成员不能在指定的时间和地点定期聚会的问题，在不丧失社区感的同时提供了巨大的灵活性。在线阅读和讨论可以在每时、每天、每月以更频繁的速率进行和发展，并在线下阅读活动时得到延续。

在美国，以阅读分类、阅读细分为特点的读者社交网络 Library Thing 十分著名，甚至其发展运行模式已影响到其他国家。这个网站创立于 2005 年 8 月，截止到 2018 年 10 月，该网站的注册用户超过 230 万，将近 1.3 亿本书目。[①]Library Thing 将作者、阅读个体、图书馆、出版商四者的需求和功能集合在一起，并通过图书服务、读书小组服务、社交讨论等服务形态实现网上阅读社区的运转。读者或用户可以在 Library Thing 创立自己的读书小组（Groups），目前该网站由个人创办了 11531 个读书小组，这些小组的阅读针对性比较强，比如会针对某位作家的某本书进行在线阅读和讨论。每个阅读小组有独立的网页链接和介绍（Group profile），其上介绍了这个阅读小组在每个月、每季度的活动安排和阅读书目，以及该小组最新的讨论话题和用户回复，并列出活跃读者。[②]Library Thing 网站具有强大的数据整合能力，在"Zeitgeist"

---

① Library Thing，https://en.wikipedia.org/wiki/Library Thing.

② 《以"2018 Category Challenge"阅读小组为例》，见 https://www.librarything.com/groups/2018categorychalleng。

栏目下列出了该网站最受瞩目的书籍、贡献最多的图书馆、最受欢迎的作者、评分最高和最低的作品及作者、翻译最多的语种、搜索或点击最多的标签（tag）等。[①] 读者或用户可以根据自己的需要，十分精准地从网站上搜索到自己想读的书目、想加入的讨论小组等。

Chili Fresh 网站或手机 APP 致力于帮助各个图书馆通过社交网络集成自己的阅读目录，被称为“使你的目录成为一次又一次粘住你的读者的地方”。图书馆的工作人员可以通过电邮、社交工具、网络社区讨论等方式与读者交流，并在此过程中逐步完善网络阅读目录，使之愈加符合用户需要、更有互动性。图书馆通过 Chili Fresh 搭建个性“书架”的方法启动读书小组的阅读、交流活动。[②]

有“美国豆瓣”之称的 Goodreads[③] 也是国外爱书人经常访问的社区。这个图书社交平台创立于 2006 年，2013 年被亚马逊收购。这个平台既有网页版，也有 APP 版本。像广大中国用户熟悉的“豆瓣”读书软件一样，Goodreads 有阅读记录功能，把用户读过的书、想读的书、正在读的书，都可以放在自己的账号里，并且有相应的标记标明阅读状态。同时，Goodreads 的社交系统可以关注好友的更新状态，如新近添加的书目和评论等以通知方式推送给用户。

从平台内容和功能的角度看，我国各级各类阅读推广机构、读书会等所搭建的网上阅读服务平台与前文提到的 Library Thing、Chili Fresh、Goodreads 等网络平台是相近的。比如人民出版社读书会社交平台的核心理念是将读者、作者、编者凝聚到一个社交平台上，共享出版和阅读信息，形成合力推进线上阅读。这个理念和操作模式与美国 Library Thing 网站十分相像。再如飞芒读书会创办的网络平台及手机应用“飞芒书房”是民间读书会中应用大数据智能传播进行用户精准推送和阅读

---

① https://www.librarything.com/zeitgeist.

② https://home.chilifresh.com/en.

③ http://www.goodreads.com/book/show/18692431-everything-everything.

服务的代表和先行者，网站操作模式与 Goodreads 相仿，用户可以查找图书、管理书架、分享书房，享受线上阅读的便捷。

但是，这些线上阅读平台并未如国外网站一样达到阅读流量、阅读活跃程度的高水平，分析看来原因众多。一是未能很好地集约公共阅读资源，与公共图书馆形成联动或合力，可供网络流转和推广的书目有限。二是尚未在社交平台上为网络读书会的“自治”创造条件和空间，比如 Library Thing 上集合了读者自发而成的 1 万多个阅读小组，阅读目标性很强，从而刺激了他们在网络平台上的活跃交流；而且每个阅读小组都可以通过平台设计的网络模块对小组的结构、人员、内容等进行介绍。国内的网络阅读平台缺少这种具体且落地明确的阅读服务。

第二节　香港地区读书会的发展概况和经验分析

一、香港地区读书会发展概况

香港的公共图书馆从 20 世纪 90 年代开始举办青少年和儿童的读书会，香港的高校读书会大多从 2000 年之后开始举办。虽然香港地区读书会的历史不长，但发展卓有成效。我们着重从公共图书馆读书会、学校读书会、民间读书会这三个层面去介绍和分析香港地区读书会的发展经验。

（一）公共图书馆主导下的读书会

香港公共图书馆作为香港地区重要的公共文化机构，在阅读推广尤其是儿童与青少年阅读方面扮演着重要角色。其发展读书会过程中一些具体做法值得介绍。

1. 对读者进行分组，成立不同读书会

读书会以阅读和分享为主要活动方式，不同年龄、不同知识结构以及不同文化背景的读者阅读的兴趣和关注的主题存在着一定的差异。为了避免参加读书会的读者年龄跨度过大，香港公共图书馆按照用户的年龄段对用户进行分组，成立了专门针对青少年和儿童的"青少年读书会"以及专门针对幼儿及其家长的"家庭读书会"（参见表6—1）。其中，"青少年读书会"根据阅读文献的语种不同又分为"青少年英文读书会"和"青少年中文读书会"。考虑到参加"家庭读书会"的家长有老年人用户，在中文的使用上可能存在一定的障碍，所以"家庭读书会"以粤语为主，整个活动主要使用粤语进行交流。

香港公共图书馆的儿童与青少年读书会的年龄覆盖广，为4—8岁小读者组织了家庭读书会，儿童与家长一同参与；为9—17岁读者组织了青少年读书会。活动形式也比较多样，有定期聚会、讲座、作家见面会等，还提供网上讨论供家长和小读者们交流。香港公共图书馆系统共有67个固定图书馆，举办青少年读书会活动的图书馆比例近50%。

表6—1　香港公共图书馆读书会设置情况

读书会类型	活动宗旨	服务对象	活动形式	人数
青少年读书会	通过阅读、导读、思考、讨论等鼓励青少年养成阅读习惯，提高学习成绩，增强社区归属感	就读小学四年级至高中三年级的图书馆青少年用户	阅读讨论会、在线讨论区、作家见面会	20—30人
家庭读书会	培养幼儿阅读习惯和兴趣，利用阅读促进亲子关系	就读幼儿园至小学三年级的图书馆儿童用户及其家长	阅读讨论会、在线讨论区、亲子阅读讲座及工作坊	10—15个家庭，一名家长与一名儿童为一个家庭单位

2. 控制活动人数，制定严格的会员准入制度

为了保证读书会的质量，为参加读书会的用户营造一个舒适、宽

松、自由的氛围，香港公共图书馆制订了严格的会员准入制度，控制每场读书会的人数。香港公共图书馆规定，参加“青少年读书会”的用户80% 通过学校或者老师提名而来，20% 在图书馆内公开招募。报名的用户向图书馆提交报名表，工作人员审核通过后会通知用户办理入会手续。如果申请入会的用户过多，图书馆将以公开抽签的方式决定 20% 的用户人选。

参加“家庭读书会”的用户全部通过公开招募获得，如果申请的人数超过限额，图书馆也将以抽签的方式确定。用户入会之后必须参加4—6次的读书会活动，如果参加活动的次数太少，会员资格将会被取消。

3. 项目推动，招募专业阅读推广人员

香港特别行政区政府非常重视阅读推广工作，制订了一系列的阅读推广项目，其中有专门针对儿童及青少年的“儿童及青少年阅读计划”“一生一卡计划”“阅读大使计划”；有专门针对妇女用户的“自在人生自学计划”；还有与社区共建的“共建学习型社区阅读计划”和“社区图书馆伙伴计划”等。香港公共图书馆依托这些阅读推广项目开展了丰富多彩的阅读推广活动，并在活动中招募了一批专业的阅读推广人员，为读书会的举办提供了专业的指导。比如利用“社区图书馆伙伴计划”将图书馆读书会活动推送到社区，让社区居民更加方便地得到图书馆服务。

4. 提供网上交流平台，促进阅读伙伴关系成长

香港公共图书馆为“青少年读书会”和“家庭读书会”设置了专门的网上讨论区，鼓励读书会成员及导师通过网上讨论区分享观点，促进阅读伙伴关系的成长。① 讨论区仅限会员使用，根据会员的身份设置了教师、中学生、小学生、家长以及企业等五个版块，每个版块根据身份的不同设置不同的内容模块。例如教师版块包括了“学与教资源”“专

---

① 黄燕妮：《香港公共图书馆儿童、青少年阅读推广经验总结与启示》，《现代情报》2013 年第 8 期。

业发展”“互动社群”“特殊教育需要”以及“户口管理及工具”等五个模块的内容。在“学与教资源”下拉菜单中又包括“e悦读学校计划”等阅读相关选项，教师可以在此计划中选择教学书目、中英文经典阅读书目等，供其教学和互动使用。[①]

5.以图书馆为核心，建立广泛的合作网络

虽然香港公共图书馆系统是推动读书会的中坚力量，但是连续、长久地运营读书会活动完全依靠图书馆的力量是远远不够的，还需要以图书馆为核心，建立广泛的合作网络。香港公共图书馆注重与学校、网上讨论区支持机构以及香港教育城合作，利用多方的力量组织和举办读书会活动。香港教育城是香港官方在线教育平台，由“优质教育基金”赞助，前教育署及香港中文大学共同建立。本着建立“无界限学习环境”的服务宗旨，香港教育城为教师、学生和家长提供了多元化的阅读材料及阅读服务，推动了读书会的发展。香港公共图书馆与学校的合作不仅体现在通过学校推荐获得读书会成员，而且还体现在定期到学校举办读书会活动，招募并且培养阅读推广大使，开设赠书奖励，吸引更多的用户加入到读书会中。

（二）中小学主导的读书会

香港官方教育平台——香港教育城是香港中小学读书会的最大推动者。从2004年开始，香港教育城与香港语文教育及研究常务委员会携手在学校推进“阅读大使计划”，通过招募和培训阅读大使，使他们具备组织、带领校园读书会的才能。为了营造良好的校园阅读环境，香港教育城建立了专门的阅读推广品牌“阅读城”，“阅读城”为推动校园读书会开设了若干项服务。

1.常年开设赠书奖励。参与读书会的学校可以从香港阅读城的“计

---

① 《e悦读学校计划》，见https://www.hkedcity.net/ereadscheme/zh-hant/。

划书单"中自选 1 套或者 10 册图书，用来开展本校的读书会活动，在学年结束前，将读书会活动的设计方案和花絮照片以电邮的形式提交阅读城，该学校就可以拥有该套图书。

2. 阅读城为广大中小学开辟网上交流平台。开办读书会的学校可以到本校专属的网上讨论区进行资讯发布、资源分享、交流讨论、成果展示等。

3. 阅读大使网络培训。香港教育城把培训内容录制成视频放到网上，学校通过视频对各类型的阅读大使进行培训。这种培训形式节省了人力物力，又达到了培训效果。教育城还鼓励学校将开办读书会的经验做成视频资料上传到阅读城平台，继续训练新一代的阅读大使，使读书会文化得到延续。

（三）高校主导的读书会

香港高校主导下的读书会的主体是多元的，包括学院、系部、高校图书馆或学生社团等主管或主体。主要特点表现为：

1. 英语是香港高校读书会的通用语言

各高校读书会经常邀请用英语主讲的专家来做阅读讲座，更有读书会就是为了提高英文阅读能力而设立，比如香港理工大学读书会。该读书会由英文中心举办，参加读书会的学生被分成若干小组，除了常规的每学期 5 次读书会活动外，还有形式多样的其他内容，如讨论电影与文学作品的关系、分享有效的阅读策略、讨论阅读与人生的关系等。读书会的活动过程需要用英语交流和表达。年底，读书会会把所有成员读过的书单梳理出来分享给每位成员。

2. 公开读书会信息和资源

香港高校读书会会利用社交网络、网上论坛等工具公开发布读书会的主题和相关信息，有的读书会还将活动视频录制下来放到网上，供更多人知晓和浏览。比如香港大学图书馆主办的读书会"西城书话"，依靠香港大学出版社的优势，在讨论某一本书的时候通常邀请到作者本人，每次读书会活动都有专人负责摄像录制，版权归图书馆所有。公众可以在香港大学图书馆网站上检索到往期读书会视频。这种方式使读书会的参与者摆脱了时空限制，视频资源也因此成为图书馆特色馆藏的组成部分。

（四）香港地区民间读书会

香港地区的民间读书会从主办方来看，大致可以分为三种类型：企业主办的读书会、书店主办的读书会和个人发起的小型读书会。

1. 企业主办的读书会体现为社会责任的一部分

新鸿基地产主办的“新阅会”是香港地区比较有代表性的企业主办的读书会。该读书会并非以企业员工自我提升为主旨的读书会，而是带有慈善性质的服务社会的组织。“新阅会”成立于2013年，企业所办的阅读相关活动都集中在这个平台上。该读书会的受众年龄分布广泛，除了常设读书会活动、名人讲座活动外，还资助青少年进行阅读和出版，此外，还有独立的调查报告和出版物，其活动的多样性大大丰富了读书会的内容（参见表6—2）。

表6—2　“新阅会”的阅读活动一览

服务对象	服务内容	服务类别
儿童	资助基层学生参与香港书展及多个阅读推广活动	资助
	与福利机构合作开展读书会计划，每月通过阅读、游戏、角色扮演及故事工作坊，培养儿童的阅读兴趣	读书会
青少年	青少年写作比赛	比赛
	开展年轻作家创作比赛，资助有潜质的年轻作家出版作品	资助出版
面向所有人	邀请文化名人讲座	讲座
面向所有人	分析港人的阅读习惯和阅读认知，探讨社会阅读风气	调查报告
面向所有人	悦读：介绍世界各地的好书，对象为全港市民尤其是学生及年轻人 悦刊：推介经典著作、全球最受欢迎的好书，对象为专业人士或年轻行政人员	出版物

“新阅会”在中小学群体中推出“阅读·分享”校园计划，在2017—2018学年共举办了125场到校及参观活动，全港124所中小学的4万多名师生参与了该项计划，学校可灵活选择及运用“新阅会”提供的活动及支援，更好地配合老师在推广阅读上的不同需要。①2018年5月，“新阅会”与香港当地图书馆、书店等合作，通过主题下午茶、海外旅游赞助、社区探索、短片分享与亲子互动等轻松有趣的形式，吸引香港青年群体加入阅读行列。该活动持续了一个多月的时间，每天12：00至17：00限量供应座位、茶点等，定价为180港元。其中，部分收入用作慈善用途，为有需要的寄养家庭儿童购置图书或阅读相关物品。②

2. 书店主办的读书会为实体书店营销带来活力

书店举办读书会等活动是书店功能的拓展和延伸，是具有高附加值的书店服务。比如，香港商务印书馆的Blooming Club（盛放俱乐部）成立于2005年，是针对儿童的英文读书会，定期邀请专门人士到书店进行读书会活动，并给读书会的会员更优惠的购书折扣。考虑到儿童群体更有外向性和参与性的阅读特点，盛放俱乐部还经常与相关机构合作推出户外阅读体验活动，吸引小读者、家长及青年人等目标对象的阅读兴趣。以Blooming Club在2017年推出的“新雅绘本插画展”活动为例，可以看到其举办读书会活动的几个特点：一是利用出版实体和发行实体在图书、作者两方面的优势，开展主题鲜明的阅读活动，且持续时间长，而非单日活动，吸引了目标群体的广泛参与，同时在一段时期内积累了活动的宣传和推广效果。也即，不是为了活动而活动，为了一时的宣传而活动，而是在持续时间内实现传播效果和参与效果的最大化。二是围绕核心主题发掘多样化的阅读参与形式。以“插画”为切入口，既

---

① https://www.shkp.com/zh-CN/Pages/press-release-detail/2574.

② 《读书无分时间地点　新闻形式推广阅读风气》，《文汇报》2018年5月9日，见http://paper.wenweipo.com/2018/05/09/FC1805090001.htm。

有受传为导向的讲座、创作分享会，又有主动体验为导向的DIY工作坊、互动游戏等，读者可以全方面对“插画”进行了解和体验。三是同步实现图书销售和发行的目的。

活动名称：商务印书馆Blooming Club×新雅文化（新雅绘本插画展）①

时间地点：2017年8月19日—9月3日（每日）上午11时—下午9时

商务印书馆铜锣湾儿童天地（香港铜锣湾怡和街68号地库）

活动内容：

（1）“新雅绘本插画展”——展出二十多幅五位绘画风格各具特色的插画家的作品，期望能推动插画艺术和绘本教育，并培养更多绘本读者。

（2）设互动小游戏——每位插画家的作品均有相应的小游戏，参观者可以在展品中玩“找找看”的游戏、为展品构思有趣对白，还能通过手机应用，在手机上呈现出3D动画。

（3）“插画家小秘密”——窥看插画家们的绘画方法

从展品当中，参观者会看到插画家们以不同的方式绘画插画，比如利用牛油纸辅助画图，或是把图分拆绘画等。展品旁特设“插画家小秘密”知识栏，让参观者能了解插画家使用不同方法背后的原因。

（4）故事分享活动、跟插画家学画画及DIY工作坊

菜姨姨和黄志民说画菜园新鲜事——故事及绘画分享

讲者：菜姨姨、黄志民

日期：2017年8月19日（星期六）

时间：下午2时至3时

对象：3岁以上小朋友

跟着绘本看世界——新书分享及威尼斯面具DIY工作坊

① 《商务印书馆Blooming Club × 新雅文化》，见http://timable.com/zh-cn/event/1493218。

讲者：邓子健、新雅姐姐

日期：2017年8月27日（星期日）

时间：下午2时至3时

对象：3岁以上小朋友

新雅姐姐故事分享：《怪兽发电厂》及绘画工作坊

讲者：Spacey Ho、新雅姐姐

日期：2017年9月2日（星期六）

时间：下午2时至3时

对象：3岁以上小朋友

（5）独家购书优惠

展览期间，于商务印书馆铜锣湾儿童天地可享以下优惠：

购买参展图书单本88折。

凡购买任何新雅出版图书每2本，即可获得限量《新雅绘本插画填色册》乙本。

3. 香港地区民间读书会社交性质明显

香港地区个人或集体发起的小型读书会带有社会交往的性质。香港是一个东西方文化交流碰撞的地区，很多外国人旅居在香港，因此不少民间读书会是由外国人发起的，他们以此来充实工作之外的生活。比如，The Hong Kong Girly Book Club（香港女性读书会）只招募女性成员，一月一次活动，会员以外国人居多，截止到2018年10月，有1966名会员加入了该读书会；[①]Hong kong Book Club（香港读书会）也是由生活在香港的外国人发起和经营，以讨论欧美文学方面的主题居多。这些读书会在国外知名的以召集活动为特色的社交网站 meetup.com 上建立

① The Hong Kong Girly Book Club, https://www.meetup.com/The-Hong-Kong-Girly-Book-Club/.

主页，定期发布信息和招募会员，原本不相识的网民借由这个平台找到适合自己的阅读小组或其他活动。

这些民间读书会面临的棘手问题主要是活动场地有限，有的交纳年费的读书会，如野人读书会，可以选择在酒店租用会议厅；无需交纳会费的读书会常常会把活动地点选在咖啡馆、餐厅等，届时交纳一定的茶水费或费用 AA 制，展开相关阅读活动。

二、香港地区读书会经验分析

香港地区各类读书会在会员准入、服务分类、激励机制、服务合作等方面既有的经验值得内地读书会借鉴，以进一步提高读书会的质量和水平。

（一）制定严格的读书会运营制度

读书会能否长久、有效并且稳定地运营，与其是否具有一个合理可行的运营制度息息相关。比如香港公共图书馆注重读书会运营制度的建设，对读书会会员的选择、人数的控制、活动的主题以及活动的时间和频次等都做了严格的规定。纵观内地读书会服务，虽然有定期举办读书会，但是却缺少对读书会的质量控制和制度建设，有些基层馆甚至混淆了“读书会”和“茶话会”，将读书会简单地理解为用户聊天聚会的场所。因此，读书会的服务目的和服务宗旨要明确，读书会运营制度的建设要加强，对读书会涉及的各个环节和机制要进行合理地设计，这些问题直接关系到读书会的运营和发展，需要读书会重视。

（二）制定激励措施，激发读者参与读书会的积极性

以香港地区公共图书馆为例，其为了鼓励读书会的发展，对学校和读者采取了一些激励措施和优惠政策：对学校来说，年度借阅总量最高

的学校，可以获得“最积极推动阅读学校”奖；年度内成功推荐最多新会员的学校，可以获得“最积极推动参与学校”奖。对读者来说，会员阅读 6 本书以上，可颁发证书并标明年度阅书量。年度阅读不同题材书籍数量最多的少年可获得“杰出表现奖”，能获此奖的小读者的年阅读量一般能达到几千本之多。小读者撰写“我的阅读分享”，由图书馆馆长推荐可参与评选“每月之星”，其中最出色的三位可获得“阅读超新星”奖状和奖牌。每年香港都有 100 多位青少年儿童获得香港公共图书馆颁发的奖项。

作为借鉴，内地读书会可以为每一位成员建立个人档案，详细记录读书会会员参加活动的次数和阅读图书的数量，并对积极参加活动的用户给予奖励。对于图书馆主导的读书会来说，还可以给予参加读书会的用户一定的特殊借阅权，如适当延长他们的借阅期限和增加他们借阅图书的数量，优先满足读书会成员的文献需求等，以此吸引更多人参与到读书会中。

（三）注重读书会服务人员队伍建设

香港公共图书馆注重阅读推广服务队伍的建设，不仅为读书会配备了专门的服务馆员，而且还与香港阅读城合作，培养了一批专业的读书会志愿者，邀请作家参与到读书会中，为读书会提供更加专业的指导。香港阅读城有一套完整、成熟的“阅读大使”培养体系，分层次、系统化地培养读书会带领人。当这些阅读大使得到良好的培训后，他们回到各自的学校、社区等，可以以阅读领头人或读书会组织者的身份召集阅读活动、从事阅读服务。

1. 规范化管理阅读大使培养项目

香港阅读城给阅读大使培养项目提供了规范化的文件样本，比如全年规划表、活动方案设计、阅读大使家族表、读书会成员出席记录、读书会成员问卷、读书会活动领读人评价量表等，相关文件都可以在阅读城网站上下载，为读书会组织者提供参考，并节省了其精力和时间。

2. 邀请专业人士培训阅读大使

香港教育城每年都邀请专业导师来培训阅读大使，分享组织读书会活动的方法。邀请的多是专业从事阅读教育的人士，并与教育城合作多年，他们的授课还可以录制成视频，放在阅读城网站上供各位阅读大使观看。

（四）读书会的内容与形式精耕细作

读书会如何选题、如何策划、文案如何包装等，是经营读书会需要关心的问题。香港地区不少读书会对此有开阔的想法和多元化的形式。比如前文提到的香港商务印书馆 Blooming Club 主办的“新雅绘本插画展”活动。再如香港城市大学研究生读书会（CUPA Reading Club）的活动形式包括写作、视频、演讲、沙龙、讨论等；主题方面既有学术问题、科技前沿等，也有所见所闻、兴趣爱好等，主题丰富、不拘一格。可见该读书会有很好的策划团队，能够从社会发展和学校生活中找到贴近生活和实际，引发学生阅读、参与和讨论兴趣的话题。

第三节　台湾地区读书会的发展概况和经验分析

我国台湾地区的读书会发端于 20 世纪 80 年代中期。台湾地区读书会力图在最短的时间里赶上欧美发展的步伐，选择了一条与欧美不同的道路。20 世纪 80 年代起源后，民间读书会迅猛的发展势头引起社会各界的广泛关注。90 年代中后期，台湾地区相关主管部门加入到全力推动读书会的行列，使其发展达到高峰。然而，台湾地区读书会由于发展时间短，民众阅读意识薄弱，社会大众对读书会缺乏认识，其读书会推动过程中显现出诸多问题。进入21世纪以来，随着台湾地区当局政策推动力度的减弱，读书会因缺乏持续动力，发展趋于缓和。①

一、台湾地区读书会的发展概况

（一）20世纪80年代：发端于民间并快速发展

1985年，台北“妈妈充电会”（1987年更名为袋鼠妈妈读书会）及高雄“扬帆主妇社”，开创了台湾地区读书会发展的里程碑。1987年，高雄市图书馆知性书香会等读书会相继成立。1988年，洪建全基金会成立“台湾PHP素直友会”，其后读书会在台湾各处陆续萌芽。

1987年，袋鼠妈妈读书会在台北永和地区正式成立，带动了台北县妇女学习的风潮，台北其他地区也纷纷成立读书会。1990年，台中地区成立七七读书会，1992年成立台中图书馆读书会。90年代初，鉴于民间读书会热潮对全民阅读推广和社会教育的显著作用，台湾地区相关主管部门开始将推动读书会列入其工作计划。

（二）20世纪90年代中后期：全面推动，掀起高潮

1996—2001年间，台湾地区相关主管部门以全台湾范围的政策、政令和活动等形式在全岛推广读书会。何青蓉认为，1996年是读书会发展的转折点，政策推动读书会后，读书会才真正迈向全面性之发展，而非民间偶然点状的连结。② 其推动读书会的策略与举措主要有：

1. 推行全民阅读与学习运动。台湾地区文教主管部门通过“书香满宝岛文化植根工作计划”（1996）、“台湾地区儿童阅读运动实施计划”（2000）以及发表“迈向学习社会：推展终身教育、建立学习社会”的

---

① 向剑勤：《台湾地区读书会发展演变及其趋势》，《图书馆杂志》2015年第4期。

② 转引自向剑琴：《台湾地区读书会发展演变及其趋势》，《图书馆杂志》2015年第4期。

文件（1998）和推行台湾地区“终生学习年”（1998）等行动，以全民运动的形式面向整个台湾地区推动社区、图书馆、学校与班级等读书会的发展，具有自上而下、鼓舞人心、指导性强的特点。其实施内容包括办书展、推介好书，办理读书心得比赛，制作阅读电视节目，办理读书会领导人才培训及辅导成立小区读书会，等等，并强调结合图书馆推动读书会。

2. 为读书会提供各种支持。台湾地区相关主管部门为推动读书会所提供的支持包括颁布辅助办理读书会的办法、举办大型读书会活动、组织读书会领导人培训等。例如，“读书会设置奖励办法”（1997）鼓励各类读书会办理相关书香活动；而各类读书会在1997—2001年间台湾地区五届读书会博览会和“高级中等学校读书会博览会”等多次博览会的推动下，其交流也得到了极大促进，使得读书会能够传递成功经验，帮助各读书会解决当前发展中遇到的问题，突破发展瓶颈；同时，该时期举办的多场读书会领导人培训活动，对充实台湾地区读书会相关人才，促进更多读书会的成立，进而在全社会范围内推动阅读运动起到重要的作用。

3. 推动成立读书会组织。民间团体“台湾地区读书会发展协会”在台湾地区相关主管部门的推动下于1997年应运而生，主要办理读书会领导人培训，提供读书会信息及其他服务等，该协会一时成为台湾地区读书会力量汇聚及发展的中心。该会办理的读书会通讯月刊《书之旅》报道各种读书会信息及专业文章，成为当时全台湾地区读书会沟通观摩及增进专业知识的刊物。同时，该会还建立了“台湾地区读书会网络联盟”网站，不间断地为全台湾地区读书会提供新书评介、讨论、读书会问答及信息交流。然而，2001年以后随着当局推动政策的减弱，该协会停止了活动，未能得以持续。

总体而言，1996—2001年台湾地区全面推动读书会发展期间，确立起了读书会发展的政策框架，其总体思路是以图书馆为中心，整合台湾地区相关主管部门、学校和民间组织等力量共同举办和推进读书会，并制订具体行动方案。虽然许多方案在当局推动热情减退后未被有效执行，但也为后来读书会的发展提供了现实的行动指南。其中，影响最大的政策性文件当属1998年颁布的《迈向学习社会白皮书》，[①] 其方案五“结合图书馆推动读书会活动方案”订立“辅导图书馆成为终身学习资源中心”“每一个村至少成立一个读书会”以及“各领域分别成立读书会组成全台湾地区的读书会体系”等目标。

该方案提出了台湾地区相关主管部门示范推动本部门读书会、奖励民间读书、制订读书会考核和奖励办法等具体的实施措施。

该方案初步确立了以图书馆为主体，台湾地区有关主管部门、学校和民间团体辅助推动读书会的思路。其具体行动步骤如下：首先由公共图书馆体系带头，各级公共图书馆在其服务辖区推动读书会；其次由学校图书馆配合，各级学校图书馆在其学区辅导成立读书会；再次推展读书会活动至台湾地区相关主管部门；最后奖励民间团体全面投入读书会运动。该读书会推动思路基本上延续至今，形成了当前台湾地区读书会的发展格局。

（三）进入21世纪后：回归民间主导，发展趋于制度化

在政策推动带来的发展高峰之后，台湾地区读书会类型得到了丰富发展，除民间数量较多的女性读书会外，台湾地区相关主管部门推动下的学校、图书馆、社区、公务人员和网络等各类读书会均得到了极大发展。而学校与社区读书会发展尤为迅速，这正是读书会深入基层民众的重要表现，读书会由小众化的群体阅读转向大众化的全民阅读，其发展具体表现在以下三个方面。

---

① 《迈向学习社会白皮书》，见 http://depart.moe.edu.tw/ED2100/News.aspx?n=1353704343B62511&sms=2ADD120E8E2615E3。

1. 学校读书会自成体系

学校读书会主要包括中小学班级读书会、高校学生读书会、教师读书会、家长读书会等，其参与者主要有学生、教师、学校行政人员、家长等。

中小学以班级读书会为主，将读书会作为正式教育的辅助手段，用以提高学生的语文与交流能力以及创造力和想象力，该类读书会有较系统的组织与运作机制，具有自上而下较为清晰的组织系统，指导性强。高校读书会既有以师生为主体自治形式的读书会，也有以学校行政人员为主体的公务人员读书会。高校专门管理师生读书会的机构一般是“教育发展中心”，该机构负责制订辅助师生读书会的办法，为其提供运作所需的经费与场地等各类支持，并规范其成立与运作。此外，部分高校院系和图书馆也举办有师生读书会，各自支持和管理所办理的读书会。从总体看，目前台湾地区已建立起较为成熟、完整的学校读书会系统。

以台湾地区高校读书会为例，其发展已形成常态化、正规化和一定规模，并具有如下特点：第一，高校提供发展资金。符合要求的读书会，均给予一定的资金支持，每年支持资金新台币 2000—10000 元不等，较多高校以 3000 元为上限。第二，运作规范化。各个高校皆出台读书会实施办法，对读书会开展的具体范围、活动时间、成果记录等均作出明确规定，以保证读书会有序运作、取得成果。第三，保持适当规模。为达到良好阅读讨论效果，台湾高校通常都将读书会规模限制在 20 人以下，组成也相对固定，利于组织活动和深入讨论。第四，鼓励分享读书成果。大多数高校均要求读书会成员每月撰写读书心得者、提交成果报告等。在每学期末还组织一场全校范围的读书交流会，并将交流过程及最终成果上传至网络，供所有学生下载分享。

2. 民间读书会不断整合

民间读书会虽然产生时间较早，类型众多，但其分布零散，小众团体的阅读难以获得社会大众的广泛认可，发展过程中亦缺乏交流，难以获得有效的指导与帮助。

台湾地区推动民间读书会整合的主要机构有台湾地区文教主管部门及其下属的图书馆和社教馆等机构。公益性文教机构推动读书会的思路经历了由直接举办读书到整合民间读书会的转变：一方面为正在运作的读书会提供经费、阅读材料、场地、领导人培训、读书会宣传与交流等方面的支持；另一方面很少再直接举办读书会，转而为举办读书会提供所需的各种资源，指导新成立的读书会，促进更多读书会的有序运作。

3. 机构部门内部读书会兴起

台湾地区相关主管部门和企业将读书会作为终身教育的方式之一，鼓励本单位人员以部门为单位举办读书会，通过奖励举办和参与读书会的人员，推动本单位读书会。其中，公务人员读书会举办有较详细的制度依据，台湾地区有关主管部门先后颁布了公务人员训练进修、专书阅读推广活动计划和终身学习实施的相关规定，鼓励在本部门内部成立读书会。参与读书会的人员可获得相应的终身学习时数，发表读书会心得者可获得一定数额的金钱奖励。同时，相关部门会定期开展读书会评比，若所组织的读书会在评比中获得名次，读书会带领人可获得记功嘉奖。

二、台湾地区读书会的经验分析

纵观台湾地区读书会发展的整个历程，其重点解决了以下三个关键问题。

（一）突破民间读书会发展的瓶颈

台湾地区民间读书会发展初期，普遍存在缺乏运作读书会的经验、读书会的宣传与交流不足和急需各种资源与支持等问题。其解决办法是台湾地区相关主管部门加入推动读书会发展行列，整合社会各界力量，进行统一部署，并制订自上而下的行动方案，总体上改变了民间读书会“各自发展、阅读小众化、分布零散等特点，发展相对闭塞，社会大众对其缺乏普遍认可”的不利状况。

（二）正确定位台湾地区相关主管部门推动读书会的角色

欧美地区推动读书会主要通过协助读书会相关的协会与机构来实现，政府并不直接参与其中。例如，瑞典政府每年编列经费，通过全国十个协会的统筹和运作，补助读书会活动，使其呈现丰富且多样的风貌，选择性增加，吸引大众踊跃参与。而我国台湾地区推动读书会的思路起初与欧美地区有所不同，自上而下以全民运动的形式，投入大量资源鼓励社会各界办理读书会，这对读书会发展有极大的引导作用，使读书会达到其发展的高峰。但随着相关主管部门热情的消减，读书会发展急剧放缓，其主导推动读书会的思路并不利于读书会的持续发展。因此，台湾地区相关主管部门推动读书会的思路逐渐向欧美地区靠拢，扶持相关协会与机构以推动读书会的发展，为读书会推动机构提供办理和推动读书会所需的经费、培训、场地、政策等资源的支持，而对读书会具体事务不作干预。

（三）聚合读书会的社会推动力量

台湾地区读书会的主要推动力量有学校、文教机构、民间团体、相关主管部门和企业等力量，许多社教、教育机构或法人以经费、场地和人员等各种资源支持读书会，发展较好的读书会主要有中小学推动的班级读书会、高校推动的师生读书会、图书馆等机构推动的社区读书会以及历史悠久的民间读书会，这些读书会都有一个共同的特点，各类读书会均有专门的机构和部门在长期推动和探索，他们已经形成了较丰富的读书会推动经验，同时能为读书会提供各类资源的支持、开展领导人培训和提供宣传交流平台。

第七章

全国读书会发展对策与政策建议

第一节　读书会运行发展对策

一、借助技术手段厘清发展定位

不少读书会存在发展定位不明晰的问题，在阅读内容、阅读形式和阅读人群上都缺少判断和定位，导致阅读活动难以深入和长期推进，参与者得到的能力提升也参差不齐。目前有些读书会正尝试采用技术手段对读书会阅读内容、形式和群体上进行甄别和细分，以提升读书会本身的发展定位。

目前我国每年图书出版量达到 40 多万种，平均每天有 1000 多种新书面世，但大部分不为人知。有的纸质图书积压在库房或放置在货架上无人问津，需要它的人却不知道去哪里找，所以“有人在找，有人卖不出去”成为传统图书市场的一个尴尬困局。飞茫读书会于 2016 年 12 月正式上线了一款智能淘书 APP“飞茫书房”，经过两年的运行，截至 2018 年 7 月，“飞茫书房”的数据库已录入 600 万条图书信息，建立了大数据库。同时，人工智能若干算法模型可以快速且精准地进行书单筛选，向用户推送符合其需求和喜好的书单选项。

此外，“飞茫书房”还在 2018 年推出了衍生产品“月读计划”来提供个性化选书服务。用户可先在“月读计划”微信公众号上进行阅读力测评，为后续的精准推送提供数据支持。该产品采取付费会员制，收费标准为 600 元 / 年或 1200 元 /30 个月。会员每月可收到“月读计划”寄送到家的 4 本纸质图书，最关键的是，这些图书带有读者各自的偏好，人工智能在看不见的虚拟网络中激活了各个角落的书籍，使之与需求各异的读者联结起来。

不可否认，“飞茫书房”和“月读计划”在本质上是传统出版市场营销的模式创新，“月读计划”更是以图书销售为内在线索的。但是，用户和读者也确实能够从中得到更符合个人需求的图书产品和服务。可想而知，飞茫读书会在组织线下活动时就可以以读物属性或读者的阅读力测评结果为落点，提高读书会“读以群分”“读以类分”的活动精准性。

飞茫读书会的做法带来的启示是，各个读书会可以广泛利用大数据、人工智能算法推送的精准和便捷，对读书会内部读者的偏好和读物需求进行细分处理。在此过程中，读书会的阅读内容、阅读人群、阅读形式的定位也会逐渐得到思路调整和清晰呈现。

二、建立有效的人员准入和退出机制

读书会以读者之间共同的阅读兴趣而自由聚集为群组，带有很强的成员非固定性和社群的松散性。很多读书会的读者来去自由，对读书会没有社群归属感，读书会对读者和书友也没有约束措施。这种自由和松散带来的不仅是活动人群的不稳定和随机性，也会严重影响读书会发展的可持续和长期性。因此，不管是哪种类型的读书会，都应当从制度上明确建立有效的人员准入和退出机制，以保证社群内部的纯洁性和目标一致性，从而为读书会的人员稳定和规模养成打下基础。

（一）增加人员准入条件

目前，各个读书会的准入门槛都比较低，有的毫无门槛，加入微信群就成了读书会会员；有的只需要线上填写姓名、电话就可以申请加入读书会；有的则以会费为唯一门槛，不问来者身份、需求和能力。尤其是一些以讲座为主要活动形式的读书会，往往来者不拒，而且认为人员越多越热闹，越彰显读书会的影响力。而实际上，低门槛带来的是读者层次的不齐整和阅读效果的参差不齐，甚至影响读书会的人际关系和整体氛围。

因此，在读书会养成一定受众基础的情况下，应当从主客观两个层面提高入会门槛。客观层面，可采用线上问卷或增设填答项的办法，将一部分阅读意愿不甚强烈，对加入读书会持有无所谓态度的用户排除在外。主观层面，读书会负责人或运行人员可以根据会员注册信息进行主观筛选，同时，周详的注册信息对读书会进一步确定阅读范围、阅读内容以及细分活动也是有帮助的。

案例　　加入羊城读书会 VIP 会员流程

1. 认同羊城读书会理念：彼此探讨学术、彼此扶持事业，营造诗意而圣洁的精神生活。

2. 填写申请表。申请表项目包括姓名、年龄、学历、职业、公司、微信、QQ、电话、个人生活相片、一句话形容自己、一句话描述对读书会的感观、爱好。这些信息均为必填项。此外，申请表还设有婚恋状态、喜欢的书单、正在读的书籍、我有什么资源、我需要什么资源、推荐人等 6 个非必填项。

3. 读书会审核通过后，交纳会费。

4. 获得通知，正式成为羊城读书会 VIP 会员，期限从申请通过即日起至第二年该日。

可以看到，羊城读书会设置了主客观两个入会门槛，客观上需要填写较为详细的个人信息和阅读需求，提交申请后并不能马上成为会员，需要读书会的人工审核，符合条件方能有资格交纳会费、成为正式会员。同时，读书会也可根据申请人的阅读偏好和社会资源，在后续活动中为会员提供更有匹配度的服务和对接。

羊城读书会在人员准入机制上虽提供了一个可参考的范本，但不见得每家读书会都可以据此照搬。因为读书会各自的定位和资源不同，在设置客观门槛时要有目的性，要利用入会问卷、申请表的填答项目，得到进一步细分读者、读物和活动方式的依据。

（二）建立监督与退出机制

读书会是一个集体组织，需要所有成员遵守规则、维护秩序并共同营造良好阅读气氛。在优越的技术条件下，线上读书会成为线下有形读书会的补充，也是密切和畅通群体成员之间联系的重要渠道。但是，由于前期缺少严谨周密的进入门槛，难免会有一些动机不纯的人“渗透”到线上和线下读书会，比如有人希望借读书会来卖保险、做直销、推产品等。也有一种情况是，有的读书会读者不愿合群、不遵守规则、不尊重他人等。两种情形下的两类人容易给读书会的集体氛围造成不悦，以至影响其他读者的参与积极性。因此，建立有效的监督和退出机制对于保障纯粹、平等、和谐的阅读环境是十分必要的。

其一，线上群组设置管理员或值日生，负责监督和管理线上发言。如果有人在线上推送与阅读无关的信息，则采取一次提醒、二次警告、三次踢出等近似做法，净化各类线上群组的信息传播环境。

其二，负责人严格管理，肃正风气，全体参与者民主监督。读书会的负责人要从整体上对读书会的成员情况、人际关系、阅读秩序进行掌控。读书会的每一位参与者也应负有共同监督的责任和义务，并可以用民主投票的方式决定秩序破坏者的去留。

案例　　**奥林浦斯学院“维护亲密友善阅读氛围”规定**

OA 将成员间亲密友爱的氛围视为至高无上的珍品，不惜一切地呵护。因此加入 OA 是双向的选择。你挑选课程的同时，OA 也会挑选参与者。当开课后如果某小组内多数人认为某个个体破坏了大家精心呵护的积极友爱亲密的氛围，或多数人认定其加入 OA 并不是为求知而是别有用心，会劝其退出；如无效果，会采取投票方式对其表决，将其弹劾剔除。OA 亲密的氛围地位崇高，每个课程参与者都是创造者和维护者。

三、结合出口调查测量读书会的活动效果

目前，多数读书会活动效果的反馈主要是两条途径：一是负责人或工作人员使用口头问询或私下聊天的办法从读者方得到反馈；二是从读书会参与人员的增加或减少以及读书会的知名度变化而得到反馈。但是，这两条途径得到的反馈是存有问题的，比如第一种方式的反馈来自少数个体，不具有普遍性，第二种方式的反馈是一种表象效果，人数的增加与减少并不能完全代表阅读效果。因此，读书会需要借助一定的测量工具更有效地去测评读书会活动的实际效果。

出口调查，是国外政治大选活动中常用来测量选民态度的民意调查工具和方法，通过直接询问选民投给谁来预估选举结果。在进行出口调查时，调查机构会派遣调查人员向刚刚走出投票站的每位选民分发问卷调查，以此统计、分析和预测投票结果。出口调查工具可以被借鉴使用到读书会活动效果的测评中，比如读书会工作人员提前做好一份电子问卷，活动临近结束时发放到线上群组，请每位参与者填写，由此可以即时取得活动效果的反馈，且普遍性高，能反映整体态度。读书会可以在活动之后深入研究出口调查的反馈结果，研究不足之处，以求改进提高。

不过，读书会在使用出口调查测量活动效果时应注意两点：一是最好使用电子问卷，方便快捷，但问题不宜多，不宜给读者制造心理负担；二是读书会在设计问卷时要明确目的、问题应具体且有针对性，以便在后续的调整和改进中做到有的放矢。

第二节　确立功能主体引领和推进读书会体系建设

一、以全国读书会联合会为主体引领读书会横向发展

（一）读书会引领主体的属性辨析

从欧美国家和我国港台地区的经验看，读书会体系的整体发展离不开专门机构的引领。比如欧美国家，公共图书馆协会负责制定读书会创建与活动模板，提供读书会业务指导，为读书会提供个性化协助等。在我国香港地区，特区政府的全资附属机构“香港教育城”及其旗下的“香港阅读城”是协调推进读书会发展的主体。

作为推进全民阅读战略的行政主管部门，国家—省区—地市—区县四级层面的新闻出版局已达成战略共识，并通过出台法规政令、专设办事部门、出资拨款、制定规划等具体措施推动全民阅读在各层级的落地。比如每年几千场阅读活动、上千万人次参与的“书香中国·北京阅读季”已渗入北京乃至周边省市千家万户，不仅是一个阅读品牌，更成为北京的一张文化名片。目前全国所有省（区、市）都在开展全民阅读活动，400 多个城市常设读书节、读书月等活动，北京阅读季、书香荆楚、南国书香节等一大批品牌活动每年吸引数亿读者参与。全社会正在形成的“爱读书、读好书、善读书”的阅读氛围，得益于全国各层级新闻出版管理部门对全民阅读的高度重视和扎实推进。

但是我们同时看到，全民阅读作为一项国家战略，其内涵、外延和意义都具有很强的开放性和包容性，而读书会仅仅是这项战略中具体的执行单元之一，如果说全民阅读是宏观蓝图，读书会则是绘制蓝图的微观笔触。观察看来，目前全国各层级新闻出版部门虽然具有对读书会进行统筹管理的职能权限，但却未将此列入核心职责范围。而且，政府部

门的首要功能是公共管理和服务，而非从理念和实践上引领具体的业务执行。那么，读书会的系统引领应该由谁来担当主体？一些研究报告或政策文件提出“要为读书会组织建立输送人才队”“要为读书会组织建立综合立体内容”“要为读书会组织建立量化评价体系”等。然而仔细看来，这些建议举措在表述上有一个至关重要的问题，即缺少主语。笔者认为，能够承担引领全国读书会发展这项任务的主体至少应具备三方面的条件：其一，读书会工作在其基本职责和业务范畴之内，而非是边缘性工作；可以为读书会提供人员培训、业务指导、资源配给、交流共享等业务支撑和服务。其二，对单个的读书会机构具有包含关系，或形成成员关系。其三，具有公共服务属性，不以盈利为目的。

（二）全国读书会联合会（筹）成为引领主体的可行性

2018 年 11 月 19 日至 22 日，全国读书会联合会（筹）学习班在北京召开，来自全国 13 个省的 36 家读书会的 45 位代表参加学习。在此之前，人民出版社读书会办公室已经面向全国各地读书会组织负责人免费开展了五期读书会培训班，共培训组织近 300 家，取得了很好的社会效益。

截至 2018 年年底，人民出版社读书会社交平台（www.dushuhui423.

全国读书会联合会（筹）学习班成员合影

com）上的注册人数已近百万，访问量超过四千万，发布新书近三千本，为全国各类读书会提供了交流、交际与交易的平台，给经济文化发展水平不同的各地区读书会提供了扁平化的交流空间，使收窄读书会的发展差距变得可行。

此外，全国读书会联合会（筹）具有阅读资源的存量优势，依托人民出版社的海量读物资源和党社号召下的专家资源、社会资源等，可为联合会中的各个成员读书会提供资源支撑。

前文提到，引领读书会发展的功能主体需要具备三方面的条件，而全国读书会联合会（筹）具有的三个层面的特点恰恰与之吻合，与全国近300家读书会建立了联系和培训关系、已搭建线上平台，资源存量优势明显。全国读书会联合会（筹）距离成为一家拥有注册身份的公共机构或行业协会仍需时日，但在此之前，可着力从几个层面布局为引领全国读书会的发展打好基础。

1. 组织机构上，在各省级层面横向设置分会，省级分会垂直引领本地区会员读书会的建设和发展。同时，对不同类型、不同性质、不同需求的成员读书会进行细分处理，形成社群化发展的模式。

2. 运行标准上，制定读书会运行章程，对读书会制度建设、服务对象、团队结构、活动流程、社会宣传、财务制度等进行纲领性、框架性解读和说明，为成员读书会的建设和发展提供参考样本。

3. 资源建设上，营建全国读书会联合会共享资源库。从图书资源、人力资源（包括读书会负责人、领读人、主持人、志愿者等）、专家资源等方面建设线下线上双料资源库，为省级分会和成员读书会提供可持续发展的资源动力。

4. 效果评估上，建立全国读书会联合会量化评价体系，对成员读书会进行量化考核和等级评定，在此基础上形成公平、公开、公正的奖惩机制和退出机制，以保障成员读书会的积极性，以及联合会自身的发展活力和生命力。

二、公共图书馆激活公共资源推进读书会建设

欧美国家和我国港台地区都采取的策略是，以公共图书馆等为抓手分步骤逐层推进读书会建设和发展，形成关联密切的读书会发展网络。比如，加拿大的公共图书馆是其开展阅读组织活动的主要场所，每家图书馆都以项目制形式开展阅读和讨论活动；美国图书馆协会（ALA）创立了若干持续性很强的阅读项目，并将这些项目在协会范围内推广，包括项目的执行细节、读书会的组织方式和具体要求等，都进行了标准化的设置和安排；台湾地区《迈向学习社会白皮书》中也明确先由公共图书馆系统带头建设读书会，再逐步推动学校图书馆、政府部门、民间团体的读书会建设，从而形成全民读书的风潮。

（一）图书馆学会在行业内建立读书会垂直指导规范

中国图书馆学会是我国图书馆业的行业协会。可依托中国图书馆学会及其下属的阅读推广委员会，为读书会的发展提供专业指导。阅读推广委员会作为中国图书馆学会致力于阅读推广、研究的专门工作委员会，承担着理论创新和实践推动的双重重任，在引领阅读事业发展、开展研究、造就人才、推进阅读、创建学习型社会等方面担负着重要的使命和责任。阅读推广委员会下属 15 个专业分委会，面向不同的用户群和不同的阅读载体，开展相关阅读研究。依托相关研究成果，可将读书会的指导性规范等垂直应用于各类型、各层级的图书馆。全国读书会的类型十分多元，相关经验和规范不一定能全部适用，但在图书馆行业内的垂直应用，至少可在图书馆开办的读书会范畴内，实现从框架搭建到内部运行的标准化。

美国公共图书馆的经验可供借鉴。美国公共图书馆对读书会的培训指导可针对一般会员和领导者分别展开，一般通过 PDF 文件或者网页形式，分条目列出培训的具体内容，事无巨细。比如，美国西雅图公共

图书馆的培训文件可细化到"如何进行第一次阅读讨论""如何选择一本书""该书结局不明确应该如何做"等。同时，美国各个图书馆的读书会培训文件都有共通、相似之处，体现出美国公共图书馆发展读书会的规模化、标准化。

因此，作为行业协会来为公共图书馆主办、主导下的读书会出台指导规范时，不宜泛泛而谈，例如"培养读书会领导者""培训图书馆馆员掌握读书会业务""进行读书会案例评比"等，而更需要在措施之下列举具体的细则条款，提供有直接参考依据的说明性文件。

（二）将图书馆的公共资源供给各类读书会使用

图书馆作为人们求知阅读的重要场所，具有推动读书会发展的天然优势：一是具有充足的活动空间，可为读书会活动提供必要的场所条件；二是具有充沛的馆藏资源，包括纸质图书、数字资源、网络服务、电子软件等，可为读书会提供丰富的阅读材料和工具；三是图书馆员熟悉现场环境和阅读资源，可在读书会活动中充当主持人、协调员、志愿者等角色，组织和引导活动运行。

所谓公共图书馆，指的是由国家中央或地方政府管理、资助和支持的，免费为社会公众服务的图书馆。长久以来，社会公众将图书馆定位于图书借阅和免费学习的空间场所，很多公共图书馆也将自身的功能和服务狭义化，被动地提供服务，而不是主动地向外界展示和提供公共资源。所以，从总体看，公共图书馆各类服务性、功能性资源的开发和利用远未充分。从这个角度讲，读书会的出现实际上在广大读者和公共图书馆之间架起了桥梁。在全民阅读的倡议下，目前有一部分公共图书馆自己开办了读书会活动，比如，北京市东城区第二图书馆将全民阅读和文化推广的功能重点剖解出来，成立角楼图书馆，交由社会运营方独立运营，并取得很好的社会反响。再比如，杭州图书馆围绕"YUE 杭图"的品牌，每月开展 80 场左右的阅读相关活动，多集中在周末，分布在图书馆的各个分馆、活动室、交流区、借阅区等进行，充分地利用了公共资源和空间。[①] 也有一部分公共图书馆积极响应书香社会、全民阅读的活动号召，为各种阅读品牌活动提供场所、资源和读者。比如，杭州市拱墅区图书馆常年举办“运河大讲堂”“运河少儿影评院”“运河小课堂”等系列公益活动，与当地的文化机构、读书会、出版社进行联动，进行阅读推广。

目前，一部分公共图书馆能够结合当地文化资源，发挥馆藏、空间和组织优势，将图书馆打造成市民文化活动的公共空间。但是，也有很大一部分图书馆的公共资源共享面未得到充分打开。笔者从读书会的角度，对公共图书馆的资源激活提出几点思考。

1. 设立公共场地和活动线上预约窗口

对于很多读书会来说，尤其是民间读书会的一个棘手难题是活动空间的不充分。而与此同时，很多公共图书馆的报告厅、阅读室、活动室等却长时间闲置，使用率不高。鉴于此，各地公共图书馆不妨在官网或公众号上开辟场地预约窗口，分时段将场地免费借予读书会开展活动，这样既实现了公共资源和社会需求的衔接，也为进一步聚合本地的读书会资源或进行读书会标准化建设打下基础。

当然，开展预约服务的前提是读书会需要通过公共图书馆的审核，以防有人借此利用图书馆公共空间从事与阅读无关的活动，给图书馆的管理制造障碍。在线上预约的同时，可要求读书会提供实名认证、活动流程、阅读内容等信息，并在注册注意事项中明确界定读书会需遵守的制度法规和违规处理措施，设置黑名单制度。

2. 为读书会开源阅读内容

包括纸质书报刊、电子书报刊在内的馆藏资源是广大公共图书馆最

① 《以“杭州图书馆2018年12月活动一览”为例》，见 http://www.hzlib.net/hdyghz/3602.htm。

大的资源优势，也恰恰是读书会最缺乏的资源之一。公共图书馆可以从几方面入手帮助读书会开源阅读内容。其一，可在广泛调研读书会需求的基础上，抽调馆藏书报刊，有针对性地建立“读书会图书流动站”。读书会每次预约申请时，可填写需借阅图书的主题类型或具体名称，届时从图书流动站取阅，活动结束时放还流动站。其二，图书馆可将下架图书中仍有使用价值的图书、杂志等赠予各个读书会，以方便他们的线下活动。其三，图书馆可发起捐书倡议，开启捐书通道，再分批分类将受捐书刊补充到图书流动站，或转赠读书会，以此丰富读书会的阅读内容和资源占有量。

3. 在官网或公众号设立活动预告专区

定期发布读书会活动信息预告，供读者筛选和报名。读书会的场地和活动预约通过审核后，公共图书馆可以月度或半月为周期，将读书会活动集中起来发布到预告专区，简要标注活动内容、地点、时间、人数、要求和报名联系人。预告信息可通过官网、公众号、微博等多渠道进行发布，涉及的读书会也可转载，多管齐下将信息传递给公众，以赢取广泛的知晓度和参与度。

4. 组织读书会开展业务研讨和交流展示

通过以上几个步骤，公共图书馆会与众多读书会建立良好的合作互动关系，但是读书会之间缺少联系。鉴于此，图书馆可开展年度性的业务研讨、交流展示或优秀评选等活动，将读书会串联起来，彼此互通有无。对于一些活动质量高、阅读效果好的读书会可给予一定的奖励。

5. 在图书馆内部培养读书会业务专业人员

不难看出，上述几个步骤的实现均需要有专门业务人员进行操作和引导。图书馆不宜将读书会的对口工作与馆员的日常工作混杂在一起，而应采取专人做专事的办法，选配 1—2 位馆员主要负责读书会事务或社会合作相关事务。同时，在线上预约——资格审核——图书流动站管理——活动预告和发布——读书会横向交流等几个环节上具体开展探索和培训，逐步形成工作思路和运行模式。

此外，公共图书馆也可借鉴香港地区的做法，与一些公益组织或志愿者组织合作，按照业已形成的模式和思路，培养专业的阅读大使，建立读书会志愿者服务团队，为进入图书馆开展活动的所有读书会和读者提供专业、有效的协助。

三、鼓励成立地方性阅读联合组织

各个地区的社会经济、文化、教育等相关层面的发展水平不同、特点不同，所以读书会的总体规模、活跃程度、阅读需求等在地区间存在差异化特征。虽然发达的网络环境减少了全国各地读书会之间交流和资源共享的时空障碍，但地域上的客观性和地域文化上的接近性决定了读书会本地化交流的便捷条件。

近几年，在北京、广州、武汉等地都出现了自结盟的地方性阅读联合组织，意即召集当地的各类阅读组织，互通有无、共享资源、抱团取暖。比如在几位民间阅读推广人的倡议和组织下，从 2014 年开始连续召开民间读书会发展年度论坛，并在此基础上，创立了“读联会”阅读公共网络平台，30 多家民间读书会在此平台上推荐好书、发布阅读咨询、分享阅读活动。

广州和武汉两地的做法相近，都由当地公共图书馆牵头成立地区性读书会联盟。比如 2018 年 7 月，湖北省图书馆邀请武汉市 30 多家读书会组织负责人座谈，会上通过了成立武汉地区民间读书会联盟的决议。广州的实践更早，2017 年 4 月，广州图书馆发布《广州阅读联盟招募阅读组织公告》，收到 82 份申请表，经广州图书馆专家委员会审核，最终确定 24 家阅读组织成为首批广州阅读联盟成员，并对其中的 12 家机构提供一定的经费支持。同年 7 月，广州图书馆牵头举办广州阅读联盟签约仪式，入盟协议有效期为一年。2018 年 3 月，广州新华出版发行集团加入，与广州图书馆共建广州阅读联盟。18 家广州当地的阅读组织成为 2018 年度广州阅读联盟的成员，其中第 1—8 名分别给予 1—1.5 万元不等的经费支持，第 9—18 名不给予经费支持。[①]

按照章程，所有加入联盟的读书会成员均可获得广州阅读联盟提供的相关资源与服务，包括场地支持、专业的阅读指导咨询、活动用书借阅或荐购等服务。部分读书会可获得经费支持。同时，加入联盟的读书会需要在协议期内组织不少于 10 场公益阅读活动，每次活动参与人数在 10 人以上。每期读书会活动的主题及嘉宾等策划内容需提前向广州阅读联盟报备。活动结束后需在 5 个工作日内向联盟提交活动资料。[②]可见，广州图书馆采取的是近似于“孵化器”的办法，招募当地有一定基础但缺乏资源的民间读书会加入联盟，以一年为周期，对其进行扶持和协助。由于图书馆的公共资源充沛，且有政府经费的保障，所以能够为联盟内的读书会提供切实的辅助和支持。这种地方性读书会联合组织的模式值得借鉴。

第三节　读书会发展政策建议

关于当地政府对读书会或全民阅读的支持力度，有将近 46% 的受访读书会是认可的，其中，18.52% 的读书会认为政府的支持力度“很大”，27.41% 的读书会认为政府的支持力度“比较大”。另外 54% 以上的读书会对政府的支持力度是不甚满意的，其中，25.93% 的读书会认

① 《2018 年度广州阅读联盟入选阅读组织名单公示》，见 http://gd.qq.com/a/20180420/030949.htm。

② 《关于启动 2018 年度广州阅读联盟读书会成员招募的通告》，见 http://www.gzlib.gov.cn/bunotice/159018.jhtml。

为政府的支持力度“一般”，10.37% 的读书会认为政府的支持力度“比较小”，17.78% 的读书会认为政府的支持力度“很小”。

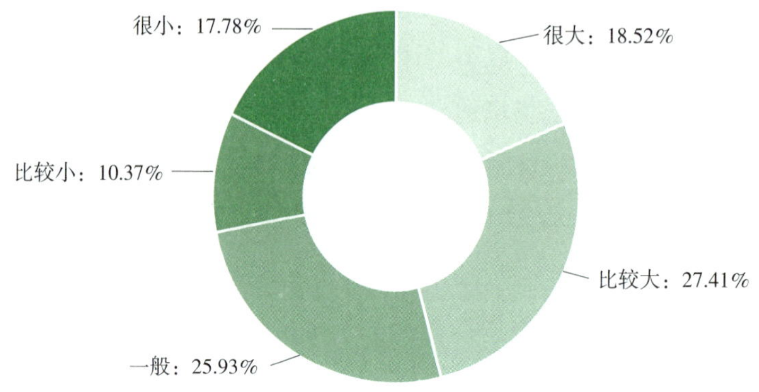

图 7—1 当地政府对读书会或全民阅读的支持力度如何

有 56.3% 的读书会最希望从地方政府或主管部门得到的帮助是“加大资金投入”，有 46.67% 的读书会希望地方政府或主管部门能“开辟专门空间”服务读书会的发展。“引荐名家资源”“加强群众宣传”“统合地方资源”“出台政策鼓励”四方面的需求状况相当，都各有四成以

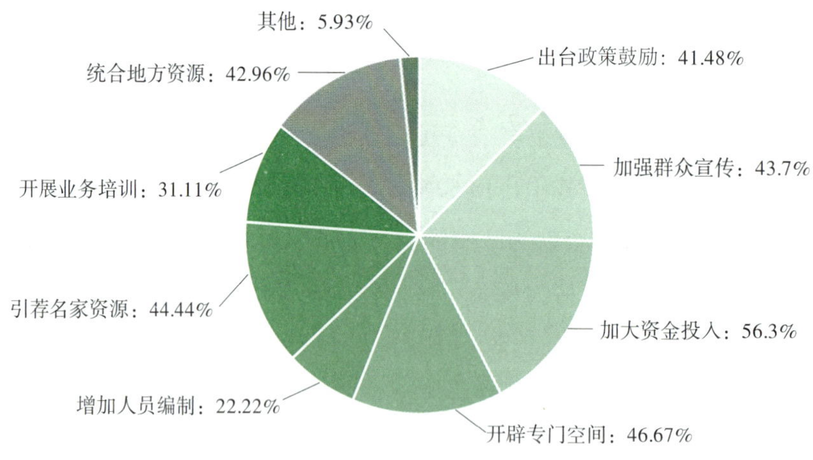

图 7—2 地方政府或主管部门能在哪些方面支持读书会的发展

上的读书会希望得到相应的帮助。此外，22.22%的读书会希望政府或主管部门能“增加人员编制”。

从目前看来，有半数以上读书会认为政府支持不够，同时读书会希望从政府层面得到的帮助又是极为多元的，涉及读书会建设发展和活动运行的各个方面。那么，读书会的这些需求应该如何具体落实到政策上、职能上、编制上、经费上等，本课题拟给出如下几方面的建议。

一、突出读书会的合法性，开阔弘扬文化自信的空间

健全的法律制度，可以有效规范和引导阅读推广发展。纵观欧美阅读推广的经验，其善于阅读立法，以国家意志的形式保障阅读推广事业。如美国通过颁布《中小学教育法》《阅读卓越法》《不让一个孩子掉队法》等法律，明确教师应具备讲授阅读课程资格和家长在孩子阅读教育方面的责任，并鼓励社区大众促进儿童阅读。日本先后颁布的《图书馆法》《文字印刷文化振兴法》《教育振兴基本计划》《国民读书年行动计划》等法律政策，明确社会大众是阅读推广多元化主体之一，要求调动社会各方资源，共同推动阅读。韩国推行的《图书馆及阅读文化振兴法》明确指出，政府应大力支持民间读书协会的发展，奖励在阅读推广中的贡献者和读书有成者。① 我国台湾地区1998年通过的《迈向学习社会白皮书》将读书会形式视为推进终身学习的重要手段，并明确了推进读书会发展的目标、方法和步骤。

在全民阅读政策和内在文化需求这两方面的导向下，读书会近些年来已成为推动全民阅读发展中一支重要的力量。站在国家立法的高度上，2017年6月起开始实施《全民阅读促进条例（草案）》(以下简称《草

① 李明：《基于个体视域下的阅读推广模式研究》，《图书馆理论与实践》2017年第2期。

案》)，关于全民阅读的首部正式立法呼之欲出。《草案》中阅读推广的概念外延十分广泛，各类有助于阅读进步的活动、行为、设施、机构、人员等都可以归类其中。读书会作为这项宏大工程中的一个子项目和小细胞，其合法性未在阅读立法层面得到说明和突出。

阅读是文化繁荣兴盛的前提，也是文化自信的必备条件。建议在《草案》及未来阅读立法中，对“专业阅读推广机构”的所指展开表述，将读书会纳入其范畴。赋予读书会更鲜明的合法性，有助其更完善地进行组织机制建设、更充分地开展全民阅读推广、更广泛地吸收社会力量参与，促其在全民阅读进步和弘扬民族文化自信中发挥更大作用。

二、加强对读书会的把关，切实维护国家文化安全

各种类型的读书会体量巨大，散落性很强，缺少组织层面的统领。读书会以阅读兴趣为集结，在长期的活动和交往中对读者的价值观念乃至思想意识等形成影响。作为我国思想文化领域中越来越重要的组成部分，读书会的自身发展和组织内的传播不仅关乎阅读，也关乎人心、舆论和意识形态。如果不对读书会的发展进行组织管理、合理引导和言论把关，外部势力容易乘虚而入，向广大读者进行错误的价值渗透和思想控制，造成恶劣的影响和后果。

建议文化或全民阅读主管部门对读书会进行身份注册，设立读书会进入和退出机制，规范把关、合理引导，积极应对读书会发展中潜在的意识形态挑战，切实维护国家文化安全。

三、建立全国读书会行业协会或确立全国读书会联合会主体地位

前文论述到，政府部门承担推进全民阅读，建设书香社会的任务和功能，但却很难面面俱到地将管理触角延及阅读推广的各个责任单元。

读书会的整体推进、建设和运行也因此长期处在“野蛮生长”的状态下，缺少必要的行业规范、建设标准和引领示范。

从国外的经验看，在民间阅读组织较发达地区如新加坡，设有“新加坡读书会发展协会”，负责协助各个读书会的成立和发展，主办读书会培训课程，培养读书会种子及领导人，担当新加坡读书会之间的桥梁，协助其互相联系与协作。该协会还推出了读书会咨询服务、网络读书会服务、出版读书会刊物等。

鉴于此，建议将政府部门阅读推广的部分职能转移，从上到下垂直建立读书会行业协会（或称促进会、联合会等），来充当政府与读书会之间的组织桥梁，承担行业的指导、培训、自律、协调、监督等作用。同时，政府财政将读书会行业协会纳入财政预算对象范畴，拨款专项经费用于行业协会的管理和服务，加入协会的各类成员读书会也因此从中受益。

2018 年 11 月，人民出版社读书会办公室牵头成立的全国读书会联合会(筹)。作为一个筹建中的读书会行业组织，全国读书会联合会(筹)业已与全国近 300 家读书会建立了联系和培训关系，并搭建了线上交流、交易、交际平台，拥有图书、人才、专家资源的存量优势。同时，得益于人民出版社的职责担当和公益主张，全国读书会联合会（筹）可立足于公共服务和组织协调的定位，从制度建设、规范出台、标准建构、人员培训、资源调配等具体层面，对全国读书会的发展起到引领作用。因此，建议全国读书会联合会筹建成立后，注册为行业协会，建立更完备的组织框架和人员编制，成为引领全国读书会发展的重要功能主体。

四、图书馆系统建立公共资源开放战略

上一节中论述了公共图书馆激活公共资源推进读书会建设的必要性

和可行路径。本课题在调研过程中与全国各地的近40家读书会负责人进行了深访，访谈中的一个常规问题是：您所在的读书会目前面临哪些困难。归结看来，所有困难都体现在人（工作人员不够、书友参差不齐、领读资源不足）、财（活动经费不宽裕）、物（书籍渠道不多、阅读空间不定）三个环节。我国读书会的实践者和研究者也对这“6个不”形成了共识共知。

实际上，国家从战略和立法的高度也关注到全民阅读中存在的结构性、资源性问题，并在《草案》中予以体现。但读书会的实际运行并不能从国家战略中找到明确的解决方案，需要中间环节去拆解立法条款并落地成行。比如，《草案》提出，“县级以上人民政府应当将全民阅读纳入本级国民经济和社会发展规划，将全民阅读工作所需相关经费按规定纳入本级财政预算”。但是，经费当中究竟应该列支多少、实际列支多少是用以读书会的建设和开展的？广州图书馆牵头成立联盟，并向部分成员划拨经费的做法是一种有益的落地措施。这种模式是否可推广、复制，需要各地根据实际进行探索和研究。《草案》中同时提到，公共图书馆等全民阅读设施管理单位应当保障和满足公众的基本阅读需求，组织开展阅读活动和指导培训。全民阅读设施应当规范挂牌及标识使用，公告服务项目和开放时间，明确服务标准，建立健全服务规范。这实质上是在强调扩大公共资源的敞开面、提高公共服务水平的问题。上一章节中对公共图书馆资源激活的几点思考是更为细化的、具有实施可行性的解决方案。

综合看来，公共图书馆系统有责任成为引领读书会发展的功能主体之一，也有能力为读书会发展中的资源性问题提供解决窗口和整体方案。建议政府文化管理部门以公共图书馆为推进单位，系统实施公共资源开放战略，出台公共资源开放实施意见。由各层级、各地区图书馆学会具体出台图书馆公共资源开放标准，由各地图书馆具体按此标准面向社会开放公共资源。

五、利用农家书屋推进农村读书会建设

农家书屋是在行政村建立的、农民自己管理的、能提供给农民实用性文化读物的公益性文化服务设施，是推进全民阅读的重要主体力量之一。在十余年的建设下，其呈现覆盖面广泛、体量巨大的特点。建议将农家书屋工程的实施与农村读书会的发展进行政策结合，将读书会的阅读推广经验与农村资源进行有效融合，将农家书屋拓展为独具中国特色的读书会存在形式，让农家书屋为载体的农村读书会切实成为让广大农民精神富足、满足阅读的动力源泉。

附录一

读书会发展经验访谈录

民间学术在商业广州的沉淀之路

——对话羊城读书会会长伍锦时

文丨董凯华

“读书不能读死书，我不希望羊城读书会像一滩死水。我希望更多思维活跃的人加入我们，相互促进、相互交流，给读书会注入更多的活力。”

随着羊城读书会近几年的发展，越来越多的人开始关注这个来自广州的读书会。从 2010 年成立至今，羊城读书会已经走过八年光景，并且如今依然保持着活力。近几年，羊城读书会着力布局广州的周边城市，希望能将“学术在民间”的阅读理念传递给更多人。

初衷：希望民间学术在广州沉淀下来

董凯华：事先了解到，羊城读书会的成立得益于一次很偶然的机会，能否分享一下？创立读书会的初衷是什么？

伍锦时：我记得那是在 2010 年，因为搬家的原因，我需要处理掉一些自己的书。但是又不想直接卖废品。毕竟那都是知识，当废品卖掉就太可惜了。于是自己就建了一个 QQ 群，在群里拉了许多书友，想通过这样的方式来处理这些书籍。但是我又不想仅仅停留在把书卖出去而已，我也希望大家之间有交流，所以，我清楚地记得在 10 月 26 日的晚上，我们组织了第一次线下见面，每人分享了一本影响自己的书。就在这样的机缘巧合之下，羊城读书会就成立了。

改革开放后，广州经济快速发展。很多来到广州的外地人对广州这座城市的第一印象基本都是“广州——商业之城”。我希望改变人们这样的想法。广州到今天已经有几千年的历史了，作为一个土生土长的广东人我希望能为这座城市做出点什么。要让更多的人知道，广州不仅仅是一座商业之城，也是一座文化之城。我们一直提倡学术在民间，希望有更多的民间学术在这个城市里沉淀下来，能够在广州这个重商业的城市里看到学术的闪光点。

董凯华：读书会目前有哪些机构，分别负责什么？人员的构成是怎样的？

伍锦时：读书会已经成立了八年时间，到现在读书会由三个部门组成。第一，策划部，主要负责活动的策划，基本一整年所有的活动都是由策划部筹划。可以说策划部是整个读书会的核心。第二，新媒体部，主要负责做一些微信公众号的推送，各大网站上的宣传和推广。第三，联络部，主要负责联络活动举办的场地，以及一些读书会邀请的嘉宾。在四年前我们提出了将读书会作为连接高校与民间学术交流的桥梁，和一些高校建立了良好的关系。这也离不开联络部的努力。

读书会除了我之外，还有全职员工 4 人，他们的分工分别是策划专员、公众号新媒体编辑、场地执行和平面设计。另外有兼职人员 10 人。我本人是“80 后”，思想上不像“90 后”年轻人那么活跃，所以我特别希望有想法的年轻人加入羊城读书会。

董凯华：读书会活动的场地一般如何选择？参加读书活动时纸质书的来源，自带还是读书会提供？

伍锦时：我们读书会的成员有将近一半的人在从事与设计有关的职业，所以我们会特别重视读书场地的选择。有时我们会在一些比较有名的书店开展活动，有时也会根据读书会的主题选择场地。目前，广州当地很多的书店、文创空间、商场等都是羊城读书会的场地合作方，比如大元帅府、289 艺术、广州购书中心、言几又、联合书店、扶光书店、三乐文创书屋、心居地书店、乔十光美术馆、Hi 百货等。

董凯华：参加读书活动时纸质书的来源，自带还是读书会提供？

伍锦时：我本人特别看重这个，我希望是书友自己带。你既然都报名来参加读书会了，那就不能自己带本书？我一直有一个观念，就是人总是对自己轻易得来的东西不珍惜。要是参加读书会连书都没有，就是来露个脸、打个卡之类的，那就没意思了。自己带书，首先从这一点就能看出态度是否端正，要明白自己来参加读书活动的意义。但是比如说有一些绝版了的书籍，买不到的，读书会也会负责给书友打印出来。

转型：践行“在场景中阅读”的理念

董凯华：我注意到，羊城读书会背后是有一家文化传播公司的。读书会怎么会想到成立公司呢？

伍锦时：2010 年羊城读书会成立，2015 年成立传媒文化公司，成立公司之前以工作室的形式运行过一段时间。2010—2015 年期间，羊城读书会获得了比较大的发展，有些时候我们需要到香港进行实地考察和观摩，但是，香港那边机构办事比较讲规矩，我们以民间非注册机构的身份很难与他们对接，需要公对公的处理，所以我们回来就注册了公司。

董凯华：那么读书会与公司之间的关系是怎样的？读书会会因此过于商业化吗？

伍锦时：我们读书会背后的这家文化公司主要在做文化服务业务，以及一家街道图书馆的运行，还与其他机构合作开展培训、安排培训计划等。读书会跟公司是前端和后端的关系，很多人是先知道羊城读书会的，读书会是一个吸引人进门的渠道，如果他有相关的需求，可能被导流到后端的公司业务。二者是良性互动的关系，但是读书会本身并不是商业性的。

董凯华：社会资源的导入对羊城读书会阅读形式、活动方式带来了什么变化吗?

伍锦时：与社会资源的对接直接促进了羊城读书会的转型。转型最主要地体现在运行理念和活动方式的调整上。我们提出了“在场景中阅读”的理念，比如我们有一个“登门问道”的项目，就是带着我们的会员去一些企业，实地看他们的设计方案、运行过程、商业环境等，帮助会员去对接资源。

羊城读书会“登门问道”，鉴赏专家珍藏的古代文人画作品

此外，我们还有一个活动项目叫“旧貌考察”，即实地考察广州的历史和建筑文化，在户外边走边学。这也得益于社会资源的对接。我们会去请专业的人士来活动上进行一些有关本次活动主题的表演或者展示。分享自己的成果，说得再多不如拿出来让大家能够直观地去感受、体会。比如要分享一本关于建筑的书，最直观、最能勾起书友兴趣的就是直接让书友看到原物，能够近距离地去感受它。以这种方式力求让读书会更有特色，更能抓住书友的心。

对于读书这件事我一直以来的想法就是“读书不读死，要把书读

羊城读书会“登门问道”，鉴赏专家珍藏的古代文人画作品

活”。要是自己的活动做得千篇一律，那谁还会来参加你的活动？所以我们举办读书活动一直倡导“希望通过有趣的活动认识有趣的你”，力求将活动变得有趣，从而以此来吸引更多的、志同道合的朋友。我希望羊城读书会举办的活动是能在学术、事业上都对书友有所帮助的。

董凯华：除了“在场景中阅读”的创新性活动，羊城读书会有没有实践过共读、领读这些传统的阅读形式？

伍锦时：我们最早实践的阅读形式是读书沙龙和主题讨论，但是我发现这些传统阅读形式有两个比较大的问题，一是很多人根本没读过这本书或者某个主题的书，二是某些领读人的表现欲太强，永远在说同样的东西，或者吹嘘自己。几年之后我发现大家参与这些传统形式的热情开始下降。所以，今时今日，虽然这两种阅读形式在羊城读书会延续了下来，但是在内容上我们是非常挑剔的。

比如讲座形式的读书沙龙，我们对讲座人的筛选十分严格，他一定要有深入的相关专业领域的思考、心得，不仅仅是一本书的分享，更不是来推销自己的一本书。我们一般提前 1 个月策划下个月的活动，我会提前跟一些老师发出邀请，请他们准备。不管是共读、主题阅读还是讲座，我们都摒弃一件事即发言人翻来覆去讲同一套东西，老调重弹，这样就很没有效率和效果，对别人没有启发价值。

会费：刺激会员更认真地读书

董凯华：据我了解，羊城读书会建立了付费会员制度，为什么建立这样一套收费制度？如果有人不想付费，他有机会参加羊城读书会的活动吗？

伍锦时：首先说为什么要收取年费。抛去活动需要资金这个原因，更重要的是我希望能以这种方式让会员更能认真地去读书。要是我不收钱，那书友可能就觉得我没有付出什么，就不会对读书活动上心。我们就是希望每一位书友能好好珍惜每一次读书的机会。私底下我常跟他们说“你们最帅、最美的样子，就是读书时候的样子”。我们把交年费的会员称为 VIP 会员，我们现在大概有 400 多名 VIP 会员。除了 VIP 会员，我们也有不用交费的普通会员，只要参加过一次我们的活动就可以成为普通会员。我们有时候会在书店做活动，因为书店的空间比较有公共性，所以普通会员可以加入进来免费参加。但是像“登门问道”“旧貌考察”等活动，普通会员的身份就不能参加了。

董凯华：收费的标准是多少？会不会有来年不再续费，选择退出的会员？

伍锦时：我们是从 2014 年开始收费的，最开始是 365 元 / 年，一天一块钱，现在每年的会费是 688 元。整体看，我们每年的流失会员大概在 20% 左右，但是同时又有新增的会员，一定是超过流失量的，这样能保证会员的逐年增长。即便是那些主动流失的会员，我们也不完全断了跟他们的联系，有些活动人员不满的时候，我们会优先邀请曾经的 VIP 会员来参加。

董凯华：单靠收费可能很难鉴别会员的身份和阅读水平，羊城读书会也会主动清退不合格的会员吗？

伍锦时：当然会，前不久我就刚拒绝一个人的入会申请。为什么拒绝呢？因为他动机不纯。我不希望加入读书会的书友抱着来拉业务之类的想法，这样的书友不是来读书的，完全是为了自身物质利益而来。我不希望因为这个影响到读书会的声誉。申请加入羊城读书会，我们设有三个标准。第一，要有本科以上学历。第二，要有正当职业。第三，最好是有会员的介绍。之所以有这些标准，我是希望羊城读书会能让更多优秀的人走到一起，为广州文化的发展做出一些贡献。

董凯华：您认为这些付费会员一年下来从羊城读书会能得到什么收获？

伍锦时：来参加读书会的人，要么会拿到他想要的资源，要么获得了精神享受，总之是有利可图的。广东人常说，有利益交换的合作才是长久的。我们希望在学术和商业之间找到一个平衡。我们希望羊城读书会能做得更好，对接下来资源的导入更有帮助。我们现在很多商业的行为都是通过羊城读书会导入的，后者是更知名的，尤其是在广州的建筑、艺术、设计领域很有知名度。我们的会员就是我们的生存点，他们免费帮我们做了广告和公关宣传。毕竟我们有 8 年的时间沉淀，来参加过的人点赞率很高，他们都觉得羊城读书会有学术、有干货，这是我一直以来引以为傲的一个事情。

寄望十年：立足广州，拓展周边，期待质变

董凯华：八年一路走来，羊城读书会在发展中遇到的困难和不足主要表现在哪？

伍锦时：我们现在开始走出广州，往深圳或其他地方延伸，这个过程中遇到了好多困难。最大的困难在于资源不够，好多活动想搞，但推动不下去。离开了广州，我们怎么扎进这个城市，这是眼下最大的困难。我现在每个月都要去深圳住几天，去逐渐地拓展资源。大湾区建

羊城读书会八周年庆典现场

设，深圳很重要，羊城读书会的视野拓展到整个大湾区，将来是面向整个大湾区的读书会。如果能做到这一点，羊城读书会是一个质变，不单单是量变。我们希望扎扎实实打开大湾区的局面，对大湾区民间学术、经济方面的发展有所作为的读书会。未来以这样的态度进入到第十年。

董凯华：下一步读书会的发力点在哪？希望如何做出调整？

伍锦时：发力点其实与刚刚谈到的困难和痛点是一致的。我们希望让更多的城市认识羊城读书会，为更多的城市带去更多更好的读书活动。广州是我们读书会梦想开始的地方，我们所有的发展离不开广州。接下来用一句话就是“立足广州，不断突破”。这几年一路走来说不辛苦那是骗人的，总是会遇到这样那样的问题。但是我还是希望能够有更多优秀的人加入我们，大家一起为文化交流、知识传播贡献一点自己的力量，一起带领羊城读书会以更好的面貌走向第一个十年。

优质服务专注阅读体验，多元引流实现转型升级

——大地读书会阅读推进经验谈

文 | 宋雪晴

大地读书会创立于 2016 年 9 月，是隶属于北京大地书苑文化有限公司的公益阅读组织。2016 年 6 月，在全民阅读政策的引领下，地质出版社、中国大地出版社出资注册子公司，确立独立法人，外派地质出版社李杭蔚女士任负责人。经过两年发展，大地书院从专业图书经营场所转型为综合文化体验空间，大地读书会的规模不断扩大，活动不断丰富，逐渐成为远近知名、老少皆宜的精神栖息地，成为出版社对外展示交流的窗口，一定程度上为民间读书会的经营提供了经验借鉴。

依托大地书院，合力引流读者

大地书院位于北京市海淀区学院路中国大地出版社一层，占地面积约 800 平方米，毗邻中国地质大学（北京）、北京航空航天大学、北京语言大学、地大附中等学校，是地质出版社、中国大地出版社旗下的综合文化体验空间。大地读书会是大地书院的公益阅读组织，依托于书院开展阅读活动，合力引流书友，共同打造地质品牌的文化空间。

2016 年 9 月，大地书院重装开业。书院围绕地质主题进行多元化经营，引进了受众广泛、读者喜爱的大众文学、心理社科、青少读物、生活健康等多种类图书，满足不同读者需求，延展受众面。同时，设立地质主题生活馆，开展趣味科普活动，主营珠宝玉石、茶叶等文创产品，打造“地质”品牌效应，提升读者关注度。

大地读书会好书共读交流活动

读书会最初以传统线下阅读分享为主，活动内容单一，受众面固定，读者规模较小。为改变读书会经营现状，拓展文化空间的经营思路，实现转型升级，2018 年初，书院开辟多功能活动区，成为读书会线下活动的固定场所，逐渐开展主题讲座、公益沙龙、话剧表演等丰富的活动形式。此外，书院整合已有资源，开办珠宝玉石鉴赏、服装首饰搭配、瑜伽健身、咖啡茶饮品鉴、绘画、烘焙等兴趣课程，丰富读者口味和用户类型，增强受众黏性，为读书会不断引流。

兼备多样阅读，主打亲子阅读

大地读书会关注读者诉求，精心筹划活动选题，推出形式多样的阅读为基础、亲子阅读主打的经营路线。

为此，读书会在各方面合理调整活动方案。在时间规划上，读书会将亲子阅读安排在上午，成年读者下午活动居多，而学生活动则集中在晚上。在活动内容上，除了年初已经确定主线框架，如“季节”“节日”“节气”等主题，还会根据热点话题、事件临时穿插，如今年暑期响应北京阅读季举办了“36 小时阅读马拉松”“夏阅山——观山读诗”

大地读书会亲子阅读活动

活动，贴合高校学生特点举办双“十一”高校书影联谊会，还会集体外出参观李四光博物馆，进行户外朗读。在活动频率方面，一周最少一次，一次至少 2 小时，让读者乘兴而来，尽兴而归。

大地书院正对地质系统家属院，独特的地理位置影响了读书会的主体读者。为更好地服务周边社区，关注儿童和中老年读者群体的诉求，大地书院创立了大地童书馆“阅创乐园”儿童阅读体验中心，据书院总经理李杭蔚介绍，书院斥资 200 万元为童书馆装置空气净化系统和地面取暖，共占地面积 200 平方米，均为木质地板铺设，书馆精选了逾万册经典中英文儿童图书，配备 2 名专业幼师指导。旨在为学龄前儿童提供优质的阅读环境、个性化的阅读服务，让每个家庭都能享受温馨的亲子时光。

专注细节服务，真诚互动沟通

大地读书会的阅读活动以线下为主，采用集中阅读 + 小组分享 + 外延拓展的模式。读物从各领域的书籍中择优选择，坚持捧读纸质书，而领读人多为资深老师或作者。活动通常以先阅读，再交流，后分享的流程，最后辅以相关的书法、笔绘等拓展活动。外延活动通常在阳光房里进行，除了基本的背投、音乐和咖啡，还布置应季鲜花、气球，以及相应主题的小物件作伴手礼。

“读书会是读者的精神栖息地，是让读者抛却外在的琐碎和负累，去单纯地享受阅读、享受生活志趣的地方。”李杭蔚对读书会有着精准的理解，“读者做了你的粉丝，忠实于你，就不能让他们失望。”每次活动，李杭蔚都在外围观察，看读者在活动中的表情和反应，看工作人员的表现和应对。“我喜欢换位思考，如果是我，我希望得到什么样的服务，读者永远是第一位的。”

在李杭蔚看来，举办一场成功的读书活动关键在于服务和参与度，活动能调动读者兴趣，让所有人都参与进来，读者有获得感，才愿意一直跟随。她要求每个人都要微笑地工作，活动结束要写总结反馈，各部门每周都要上交新的活动方案。

诚然，每次活动不可能照顾到所有读者，在意见反馈方面，读书会很少邀请读者填写问卷，而是在他们遇到问题或抱有想法时第一时间面对面交流，尽可能地为读者着想，为他们解决问题，甚至是打开心结。“读者就是我们的朋友，相互真诚，读者才会自然流露出真实想法和诉求。”李杭蔚说。

发力线上营销，增强读者黏性

当下，“互联网 + 书店”的运营模式正如火如荼地开展，这为大地读书会带来了新的机遇。每次读书会活动前，市场部通过大地书院的官方微信、微博和读者社群中发布读者招募信息，读者可根据自己的需求扫码报名，收到回复即为报名成功，方可参与本期活动。每期活动人数根据活动场地和安排而定，活动结束后，读者在社群中可反馈参与感受或意见，与工作人员交流分享。

除此以外，读者可关注书院官方微信“大地书院文化空间”成为粉丝，无限回看讲座直播，还可进入微商城、主题书库消费，可累计积分兑换文化产品或参与读书会活动。不仅如此，读者还可以在服务号在线预订座位、点餐，方便快捷。此外，书院还设立了会员制度，购买不同额度的储值卡可享受购书 8 折、所有兴趣课程不限时、不限量的优惠。据总经理李杭蔚透露，2018 年，大地书院会员突破 16000 名，同比增长 3.5 倍；订阅号粉丝量达到 3000+，阅读量平均 2900 次 / 周。书院开始扭亏为盈，实现收支平衡。

关于读书会的未来发展，李杭蔚表示，下一步将着力丰富现有兴趣课程和活动，尽可能满足读者的文化生活需要，调动各类型的读者每周都能参与 2—3 次活动。同时，大地书院将联合多领域的教育专家，致力于将“阅创乐园”打造成沟通家庭、学校的精彩活动平台和“第三空间”，建设成为北京市知名的以儿童阅读、体验活动、创意课程为亮点和品牌的体验式童书馆。

“看到一张张笑脸，从大人到孩子眉飞色舞地分享，沉浸在阅读中，我很欣慰，很值得。”李杭蔚说。大地读书会将继续摸索经营，为读者的精神文化生活提供更优质的服务。

打造“最北京”的文化传播综合单元

——专访“角楼图书馆”运行负责人卢秋平

文 | 江柯南

“我们要努力做智慧的阅读者，推动智慧阅读。”

“通过资源聚集、内容导入、社群活动、品牌传播，紧紧围绕老北京文化主题和特色，构建创新性、品牌化、专业化的‘图书馆+’运营体系。”

“角楼图书馆顺势而为，打通线下和线上的交互，利用多种渠道、多种媒介，进行立体化的阅读推广。”

角楼图书馆作为历史文化资源创新性利用、公共文化服务机制改革及公共图书馆社会化运营的探索实践案例，具有一定的借鉴价值。对围绕特色定位构建创新型文化载体及品牌专业化建设等方面具有参考意义。

江柯南：“角楼图书馆”大致的发展历程是怎样的？组织读书会的基本思路是什么？

卢秋平：北京外城东南角楼是北京古城地标之一，修建于1553年，于20世纪二三十年代自然坍塌，城墙于1957年拆除。为深入推动文化事业和文化产业发展，完善公共文化服务体系，深入实施文化惠民工程，丰富群众性文化活动等战略部署，在东城区委区政府的指导下，东城区文化委实施北京外城东南角楼的复建工程，并主持调研论证工作，经多方调研、案例分析、方案比对，将其建设成为一座公共图书馆——角楼图书馆。

经过两年时间，在传承、保护这个老北京地标性建筑原有风貌的前

角楼图书馆外观呈现典雅朴素的气质

提下，稳固内外结构，升级装饰环境，完善设施条件，角楼得以复建，被打造成代表北京历史文化特色的公共图书馆，并发展成为北京文化地标。在精准的定位、定调下，角楼图书馆的软硬件风格达到天然协调的效果，给人以新颖、和谐之感，给大众创造了一个具有文化特质的公共场域。同时在内容运营、活动运营、品牌运营等各方面，也紧紧围绕“最北京”这个定位广泛而深入的展开，不断彰显和持续强化这一文化IP。

另一方面，社会整体是很浮躁的，大家进行碎片化阅读的时间太长。工作的繁忙使大家很少有整块的时间坐下来安静读书。信息的共享和思想的交流也能督促自己去读一些好书并以写读书笔记的方式让自己沉静下来。

江柯南：成立之初遇到过什么困难？又是如何解决的？

卢秋平：当然会遇到很多问题，正是这些问题和困难督促我们不断改变。初期的时候，对这种社会化运营体制的支持力度还是不够大，我们最大的希望是政府在行政审批环节上给予一些便利。最开始，也有很多人对运营图书馆这件事情表示不理解，比如有人会问，你为什么要做这件事？你能获得什么好处？你能挣多少钱？这其实是理念的问题。还有一方面是经费来源的问题。我的理解是，有钱做有钱的事，没钱做没钱的事，形式可以多样。条件比较好的时候，内容可以更加丰富一些，条件较为拮据的时候，我们就会考虑把活动形式变一变，多种方式并存。比如，我组织读书会时希望大家多做亲子阅读、家庭阅读，鼓励整个家庭一起来读书。这种形式活动效果好，并且也能将成本控制在我们的承受范围内。

但很好的是，我们迎来了政策上的利好。2017 年 11 月初，国家颁布实施《公共图书馆法》，这是公共文化领域继《公共文化服务保障法》之后的又一部重要法律，标志着我国图书馆事业正式走上了法制化的快车道，将公共图书馆事业从国家的政策管理、标准化管理上升到法制化管理，成为国家管理图书馆事业的最高依据，适应了国家治理的新形势和新要求。

在此背景下，角楼图书馆借着政策的东风，其社会化运营机制、服务效能、创新服务模式等均得到社会各界更广范围且更大程度的关注，是《公共图书馆法》颁布实施后，在全国率先树立的公共图书馆创新运营的示范标杆。

江柯南：在您看来，“角楼图书馆”最独特的地方是什么？

卢秋平：角楼图书馆的特色是以文化主题为围绕，打造市民文化空间。图书馆着力于“非遗”“京剧”“北京各种文化”“文化沙龙”等主题来吸引读者。它具有独特的建筑特色、文化底蕴以及创新的运作模式等，初步地树立起了“最北京”的地域文化代表形象，获得了良好的社会口碑和品牌效应，成为集阅读服务、文化交流、社群建设等功能于一体的北京文化地标。

江柯南：“角楼图书馆”举办过哪些独具特色的创意活动？创意理念和模式是什么？

卢秋平：“角楼图书馆”在最初的 200 多天里举办了 365 场不重样的活动，密度比较大。角楼图书馆被赋予了“公共文化服务中心”“阅读生活体验中心”“文化社群交流中心”“北京文化传播中心”四大功能定位。在实现传统图书馆的基础设施和软性服务的基础上，还植入了社群建设、新媒体运营、生活方式体验等诸多新理念、新思维、新做法，通过资源聚集、内容导入、社群活动、品牌传播，紧紧围绕老北京文化主题和特色，构建创新性、品牌化、专业化的“图书馆 +”运营体系。

一是围绕“1+4+4+5”，构建品牌运营系统。目前，角楼图书馆运营工作围绕“1+4+4+5”的思路开展，即引入 1 套活动运营管理系统、树立4项品牌活动(北京会客厅、非遗52日、老外爱北京、来角图过“中国节”)、运营 4 大系列板块（阅读北京、聆听北京、品味北京、艺术北京），以及通过 5 大方面的抓手工作（用户运营、场地运营、活动运营、内容运营、产品运营），初步建立一套渐趋成熟的品牌运营系统。

二是激发社群力量，构建互联文化社区。角楼图书馆注重与有一定社群流量基础的读书社团、机构、领读人开展合作，搭建了一个开放、共创、共享的社会化运营平台，让诸多机构和个人通过这个平台建立联系，共建一个阅读生态圈，实现资源共享、运营众包、内容众创和价值提升，通过社群融合、裂变的力量，让更多人达到同频共振，让更多资源快速聚集，提升了公共文化服务的效率、效能，提升阅读服务的质量。

三是形成数据支撑，构建高效反馈机制。运营团队基于互联网工具和平台，将运营工作细分、拆解，已形成标准化、流程化、规范化的工作机制，并通过技术手段，获取每一场文化活动多维度的基础数据，通过数据分析可以及时对活动效果、内容运营、参与者偏好、读者体验等进行全面评估，形成科学、高效的结果反馈机制，有助于运营团队在工作过程中进行及时调整，不断优化服务质量。

四是激发情感共鸣，唤起北京怀旧记忆。角楼图书馆从文献资源的配置、展览展示内容到活动主题策划、新媒体内容风格，都围绕着“唤醒古都记忆，寄托北京乡愁”这一理念开展的。在馆藏方面，注重提供体现老北京历史文化特色的书籍和期刊，甚至有些是已绝版的地方典籍。走进阅览区，伴着悠悠的古琴声，仿佛回到了老北京的静逸时光。在展览方面，角楼图书馆已经邀请过多位京味儿画家举办画展，包括杨信、马海方、王佩坤等，同时长期展出北京老物件，让参观者感受到浓郁的古都韵味。在活动策划和新媒体推广方面，也注重凸显老北京的文化印记，吸引了一批喜爱北京文化的读者关注，从六、七十岁的老人到"90后"的青年人，各个年龄段都有，让广大读者近距离地感受和学习北京历史文化，唤起大众对北京的共同记忆。

五是多元传播通道，扩展阅读推广媒介。随着社会发展，图书馆不再是单一提供书籍借阅服务的主体，而是向知识服务者转变。角楼图书馆顺势而为，打通线下和线上的交互，利用多种渠道、多种媒介，进行立体化的阅读推广。一方面，围绕馆藏书籍的内容，组织相关主题的活动，如"北京会客厅""非遗52日"等，把延伸阅读、实物展示、分享交流与互动体验相结合，用一种立体化的阅读推广方式去强化读者对北京文化的认知；另一方面，利用微博、微信公众号、头条号、直播等多种新媒体手段和渠道，生产、组织、包装、传播与角图书籍有关的内容，如"角图悦读""角图荐书"等栏目，并将内容特色化、主题化、标签化，已形成一定的品牌识别度，即利用社会性网络进行深度的阅读推广。

江柯南：角楼图书馆的读书会活动中通常是以怎样的方式与读者们互动的？

卢秋平：会有主持人，而且主持人通常是一些固定人选。同时，我们会邀请很多对北京传统文化十分了解的老师来给读者讲课。老师在课前也认真做了很多准备。他热爱读书，并且一直坚持写读书笔记进行归纳整理的习惯，所以在"如何挑选好书"这方面能给我们许多经验。我认为：在如何选书，如何记录方面，老师的经验十分重要。

我们会有读书会的分享活动——大家分享，分享后由老师点评并带领大家讨论。读书会的效果也很棒，大家通过朋友圈看到有这样的活动，有兴趣的便主动参与进来。

我们也邀请了很多知名作家来和大家分享，他们以自己的阅读储备为基础、以年代为线索进行一些书目的推荐或者介绍讲解。包括北京每个年代出现的作品和作家，以及与同期海外作品的联系，作家用这种“列时间轴”的方式谈他的个人看法。同时他还会分享一些自己的经历：当时读书的一些场景、读书的目的，或者当时的人对书的评价是怎样的，二、三十年后大家新的评价又是怎样的。他会从历史的角度，以更大的视野，以书为介来讲每个年代的特征。这种脉络不是我们自己读完十本二十本书后就能总结归纳出来的，他经历过那个年代并且从事相关工作，见解自然是地道深刻的。因此，我们讲的不再局限于一本书，而是历史观和哲学观。这些讲解和讨论使得有些人对曾经陌生的领域有了初步认识并产生兴趣，同时他们了解到如何层层递进地去学习去深化认识，如何有针对性地去读自己感兴趣的书。

后来我们觉得在室内沟通有些单调，我们就走出去将读书和旅行结合在一起。晚上也会举办“帐篷读书”，以这一种方式促进大家在一起分享读书。

江柯南：关于参与人员，是有一些固定的会员还是每次活动都开放报名？

卢秋平：我们没有会员制，每期参与的人都不一样。关于读书会的信息会通过公众号发布出去，感兴趣的可以在微信上填写报名表。

江柯南：有人数限制吗？

卢秋平：由于场地原因我们会限定人数，当然这也导致有时候有很多读者报不上名。所以，我们也在考虑场地拓展的问题，现在大家已经习惯按照报名这种公平的做法了，也就一直延续了下来。

江柯南：对于团队或是工作人员要求有哪些？

卢秋平：角楼图书馆是公共服务空间，其运营涉及一套综合性的工作体系，每一位团队成员都是与外界接触的“面”，所以，对于团队成员的素养、素质也需要多重要求，他们既要懂得如何与人沟通、链接资源，如何为读者做好服务，还要发挥各自的潜力、智慧与创意，保证每个板块的工作质量；既要保持饱满的服务热情和积极态度，还要能沉下心来，兢兢业业地钻研自己的业务领域，同时，还需要每个人挖掘自己的潜力，不断提升工作能力，并能跟上角楼图书馆的发展步伐。

很多走进角楼图书馆的读者评价说：“这里是最温暖的图书馆”，因为他们与工作人员的接触过程中，感受到了人情温度，这种温度来源于团队对于公共文化事业的志向情怀，同时也离不开科学的管理体系和激励机制。角楼图书馆的运营团队有职责明确的分工，有清晰的流程标准，有严格的绩效考核，也有工作积分制度以及与之相关联的物质和精神奖励，让每一位团队成员明白，工作有标准，个人有价值，付出有回报，以此激发形成积极向上的团队氛围，保障服务品质。

江柯南：角楼图书馆读书会的运营资金来源是什么？关于它的长期、可持续发展您有什么设想？

卢秋平：角楼图书馆采取向社会购买服务的方式，由服务供应商具体开展运维工作，由东城区第二图书馆负责管理。经招投标，角楼图书馆选定北京东方嘉诚文化产业发展有限公司作为项目运维主体，其旗下的优和时光（北京）文化中心有限公司的专业团队，具体承接角楼图书馆日常的品牌传播及活动运营工作。

作为公共文化服务机制改革及公共图书馆社会化运营的探索性实践项目，角楼图书馆实践创新型的运营机制，是对政府“简政放权，转变职能，创新管理，激发市场”要求的积极响应，对于推进基层公共文化服务体系改革，促进公共文化服务发展具有重要意义。

角楼图书馆采取宏观管理公益化、思维导向平台化、具体运作企业化的运营管理模式，将文献资源、读者资源、实体空间、虚拟网络以及公益性服务品牌等无形资产有机地整合起来，运用互联网运营思维，形成一个互利共赢的阅读服务生态。在坚持图书馆公益性服务原则的前提下，将所有权与运营权分离，利用市场驱动力开展企业化运营，有助于实现以人为本与用户至上的服务目标，更好地提升图书馆的服务效能与管理水平。

对于未来发展，我们有一个构想，读书会有没有可能成为一个创业项目？能不能整合更多的资源共同发展？这个事情是有可能成为现实的，起码我们要解决资金问题，要尽可能实现资源的完美对接、消化吸收。读书会下一步去往哪里，我们怎么走，需要多长时间？这是我们读书会成员每个人都要思考的。

我们会尽力挖掘身边的资源，但对纯商业性的广告是拒绝的。有适合的资源，我们也会加以利用。我们寻求的资源一定是非常丰厚的、富于教育意义的，既有北京文化的生活方式，又有未来的发展方向。

江柯南：接下来，“角楼图书馆”的创新点和发力点有哪些？

卢秋平：在管理读书会的过程当中，很多事是细碎的，但是把有意思的事情做得有意义，把有意义的事情做得更有意思。多倾听不同的人对北京文化的认识和了解，这也是个兼收并蓄的过程。

总结来说，变化的是我们周围的环境和读者们的需求，不变的是我们应对不断变化的环境和需求的内核，坚持我们正确的大方向，做正确的事，正确地做事。在接下来的发展中，我们也会在创新模式上继续突破，争取有更多的新颖模式来吸引大家。

高校联结社会"板块阅读+社会实践"让读书趣意并存

——专访青岛农业大学思享读书会会长赵双双

文丨刘乐

思享：思想之分享

思享读书会成立于2014年10月4日，最初并不是以读书会的形式存在，而是校团委下属校学生会举办的一个品牌活动，由时任学生会副主席刘岩负责。刘岩平时热爱读书，也喜欢把自己从书中读到的故事讲给周围的朋友听，刘岩慢慢发现，大家也都对她讲的故事很感兴趣，也因此集结了一群志同道合的朋友。

此后在刘岩的带领下，这种"分享阅读故事"的行为渐渐从学生会主导下的日常活动，变成了一众人自发的读书会，2017年9月，读书会从学生会体系中独立出来，定名为思享读书会，并发展为校级三大社团之一。

"思想分享的理念，是让更多热爱阅读学习的青年学生得以相识、集聚在一起，谈文学，聊创作，诉疑惑，得解答，也让生活学习在不同组织不同地点甚至不同环境的人们因思享读书会而结识，从文字中收获友谊，在分享中一同成长。"赵双双说。

系统创建七大阅读板块，借力社会资源扩大阅读影响

阅读是读书会运作的基本形式，但仅仅依靠阅读这种单一形式，并不能支撑读书会长期稳定地运行下去。思享读书会几年来开发出了七

大活动板块，丰富了阅读的形式，使得阅读不再枯燥。这七大板块分别是：拾光下午茶、静默读书室、思享读书角、书随采风游、荧屏故事会、云端交流群、大部头阅读。

“拾光下午茶”是读书会几年以来一直留存不变的一项活动。活动地点从读书会的室内活动室移步户外，温馨的午后时光，同学们在校园的樱花林中落座，泡一壶醇香之茶，邀请校园名师带领同学们进入阅读世界。通过邀请不同学科背景的专家教授，围绕如何培养和建立阅读习惯，进行专项的交流和讲解。活动的设计注重跨学科的思维碰撞，并在互动之中延伸到更深层次的话题，在最后留出提问时间，更多地给同学们与老师交流的机会。“有的老师喜欢跑步，他就和同学们分享自己跑马拉松的故事，有的老师去山区当过支部书记，就和同学们讲自己在山区的故事。”赵双双说，“这种喝茶、读书、聊天的复合形式就是希望以崭新的阅读视角激发同学们内在的阅读兴趣，在扩展知识领域的同时，引发更加丰富层面的阅读想象。”

除了邀请校内的老师与同学们分享阅读故事，思享读书会还大力调动社会资源，邀请众多青年作家、著名学者、摄影名家等走进校园，分享读书感悟，畅谈人生经历，让广大同学在倾听中开阔视野，体验社会

2018年11月22日，思享读书会举办“拾光下午茶”之青年教师分享活动

人的书香生活。读书会先后邀请过左右工作室著名作家永城、光线传媒青年作家刘同、纪录片导演左力、漫画家寂地等人来到学校举行读书分享会、新书签售会等活动。

思享读书会与校园周边的便利店、饭店、书店等社会企业形成了长期稳定的合作关系。这些企业或商户虽不会直接提供经济上的赞助，但会尽力为思享读书会提供物质上的支持。比如免费印发宣传单页，提供饮料、餐食等基本活动保障。学校周边书店还会为思享读书会贡献大批量藏书，这些书籍多为书店中已经拆封的样品书，直接放在读书会供会员借阅，不以任何形式售卖。

在几年的发展过程中，思享读书会与广西师范大学出版社密切合作，以承办方的身份举办一年一度的“4·23 世界读书日”的活动，以及多场日常读书交流活动。例如 2018 年 11 月举办的“阅读行走在校园”活动，就是由广西师范大学出版社主办的一场全国性读书交流活动，思享读书会作为青岛地区承办方，积极沟通青岛地区高校，形成了多所高校同读一本书的阅读热潮，在为期一个月的阅读时间结束后，出版社方面还邀请相关图书的作者走进校园，与同学们进行交流分享。

2018 年 5 月 14 日，思享读书会举办阅读交流会，邀请作家永城进行阅读分享

平行板块与社团化管理相结合，提供定制阅读服务

截至 2018 年 11 月，思享读书会已有会员 1000 余人，其中骨干团队 30 人。读书会日常活动场所设立在青岛农业大学教学区 A423 活动室，活动室内常设“思享读书角”，藏书范围覆盖畅销书、经典名著、教辅书籍、期刊专著等众多品类。

读书会建立之初，并没有设立管理部门，而是以日常七大活动板块为抓手，设立 7 位负责人，平行管理每一个活动板块。所有活动除会员参加外，还接受来自学校各个团支部的专属定制。开展具有针对性的阅读交流活动，帮助同学们邀请校园内外高人气的各路精英，参考团支部的具体需求，进行差异化的阅读问题答疑解惑。具体实施的过程中，可以由团支部内的团员青年自主选择邀请的嘉宾对象，自行担纲主持，思享读书会进行全程的指导和联络协调工作。

在长期运行中，由于存在人手不足和个人能力差异的问题，这种 7 人平行管理的模式显得捉襟见肘。于是，2018 年由赵双双担任会长后，她进行了内部结构调整，设立了秘书处、宣传部、外联部、活动部四大管理部门。由 30 位骨干成员担任各部门部长，分别负责统筹规划、媒体宣传、对外联络和日常活动策划。目前，板块化管理和社团化管理这两种管理模式处于并行的状态，在长期运行方面，以四大管理部门的形式运作，当需要举办活动的时候，会内再进行短期的人员调配，恢复板块化管理，由 7 个临时负责人直接管理七大活动板块。

作为学校社团，思享读书会每年都会从大一新生中吸收新会员，但是，所谓“纳新不除旧”，读书会的会员即使是毕业了，也仍然可以留在读书会里，可以继续参加校园内组织的活动。赵双双说，每年都会有很多会员从学校毕业，但他们多数不愿意退出读书会，因为读书会培养了他们对阅读的热爱，他们也愿意保留着对思享的一份惦念和情怀，这就使得目前思享读书会的会员数处在一个日益庞大的过程中。

以阅读为支点开展社会实践

三年来，思享读书会与多家社会媒体、公益组织合作，围绕书籍阅读开展了交流分享、故事观影、实践志愿等全方位、多层次的书香建设活动，以“做思想中不私享的思享者”为口号，积极响应国家全民阅读的号召，在阅读推广的过程中，提振大学生的文化自信与社会责任感。

每逢节假日，读书会都会发起“爱心进特教”的活动，联合校内其他组织、社团，走进青岛市城阳区特教中心，为那里的孩子们送去问候。由于特教中心的孩子们存在理解能力较低、沟通能力较差等问题，思享读书会的志愿者们特意准备了简单易读的儿童读物送给他们，带着他们一起读书、表演节目、做游戏。赵双双说，由于特教中心孩子们身体上存在缺陷，往往性格上也比较孤僻，但通过带领孩子们读书的方式，使得他们性格上慢慢产生了变化，开始愿意与他人交流。

2015 年暑假，思享读书会首次成立了“BOOK 小视”社会实践团，奔赴枣庄调研支教，进行了构建乡村儿童优质绿色阅读及其他调研活动，获得校内外社会各界的广泛关注和赞誉。“我们会在当地学校建立思享读书角，带领当地孩子朗读国学经典。由于受教育水平较低，一开始很多孩子并不理解读的词句是什么意思，但读的次数多了，很多孩子开始爱上了读书，天天盼着我们带着他们朗读。”赵双双说。几年来，思享读书会与云南、甘肃、枣庄、潍坊等实践地建立了长期稳定的联系，在每年寒暑假都会走进当地山区的学校、乡村，开展为期两周的支教活动。

“我认为读书会不应仅仅局限于读书这种形式，在这个提倡全民阅读的时代，我们作为当代大学生，不能把读书会仅仅定义为一群人在一起读书的组织。”赵双双说，“当然，阅读是我们最基础的形式，是读书会发展的基石，同时在这个过程中提升每一个人的社会责任感也是尤为重要的。”

制度缺位与资源不足的难题亟待突破

由于2018年刚刚推行四大管理部门加七大活动板块并行的管理制度，读书会的内部机制仍有待理顺。原有七大板块的管理模式强调平行管理，各板块及负责人之间互不干涉。而改进后的部门管理制度更强调分工协作。这使得在管理层面，骨干团队在工作中的交集逐步扩大。所以目前的思享读书会亟须一份完善的规章制度，用以协调部门之间的关系和约束日常行为规范。

作为一个高校读书会，思享读书会的规模已经足够庞大，但资源的匮乏仍是读书会面临的另一大难题。所谓的资源主要是指名人资源和相关领域合作机构的资源，思享读书会以一种阅读分享平台搭建者的身份，渴望得到更多领读者的参与。“虽然我们此前和很多作家、出版社有过合作，但这方面的资源还远远没有吸收饱和。”赵双双说。

对于未来的思享读书会，赵双双和骨干团队提出了四点规划：

一、广泛交流：因社团相对稚嫩，正处于发展期，需要向其他高校、出版社的读书会等了解读书会发展中的注意事项，积极进行借鉴，弥补不足；与学校的社团联合会积极沟通，学习社团建设中的经验教训。

二、积极创新：思享读书会应努力在社团建设与拓宽中积极创新发展模式、活动形式，不断打破传统的读书会运行模式，在共青团中央对于学生素质教育的要求中探索未来发展方向。

三、完善骨干培训：拓宽骨干会员的学习锻炼平台。逐步将有兴趣、有毅力的会员发展到读书会活动的策划、组织与管理工作中来，提供更多的能力锻炼机会。

四、加强社团宣传：加强读书会的宣传力度，使每一位在校学生了解读书会的作用及发展方向，使每一位想要读书的同学得到适合自己的阅读方式，宣传社团活动，扩大社团吸引力。

理工大学中的人文情怀

——东北电力大学荷光者读书会经验谈

文 | 王培洁

依托高校建立的读书会不同于社区型读书会，因为受众以大学生居多，这类读书会在思想引领和精神塑造上的作用要比知识的学习更重要。东北电力大学的荷光者读书会在成立的两年时间里，在辅导老师张燕的带领下，全体成员共同努力，把一个院级社团做成校级明星社团，并且成功斩获人民出版社和中国新闻出版研究院共同授予的“阅读推广优秀合作机构”奖项，一条荷光者自己的读书会发展道路正清晰起来。

创立：筹备严密，思路清晰

荷光者读书会成立于 2016 年 3 月 21 日，起初只是东北电力大学电器工程学院的院级社团，“荷”代表一种状态，“光”代表一种品行，阅读让文字更有力量，读书让青年的人文素养和通识水平获得提高，荷光者致力于培养自由社会中青年的健全人格。成立至今，荷光者搭建了由 8 个部门构成的组织结构，包括主席团、秘书处、读书部、宣传部、组织策划部、后勤保障部、志愿服务微公益部以及荷光电台部，形成了总人数超过 40 人的工作团队。荷光者读书会自主设计了读书会 LOGO 和会旗，建立了荷光者微信平台和会员 QQ 群，形成了线上线下双向互动的交流模式。成立伊始，荷光者就确定了自己的阅读内容框架，设置了两条主线：一是针对核心会员的经典著作读书会，分“文史社哲”四大专题；二是针对普通会员与旁观者的普及类、文艺类读书会，旨在普及学术和宣传优秀图书。活动形式以好书分享、专题讲座、经典研读为主，在学校的支持下和成员们的努力下，荷光者读书会在探索中开启了发光之旅。

探索：积累经验，阅读与活动相结合

尽管有详细的筹划，但缺少经验的荷光者读书会最初没有找到一条稳定的活动思路。线上推送多于线下活动，且推送内容没有规律。此后，荷光者开始推荐书目阅读，举办专题阅读，一点点放手做了起来。同时，接收原创投稿，提高同学的阅读水平和写作能力；邀请校内名师讲座，充分利用教育资源，面对面提高学生思想水平；开设荐书栏目，发现好书，加强读者间的交流。

2017 年，荷光者读书会在线上设置“远方诗歌”栏目，推荐令人动容的诗作和歌谣。开展了为期一个月的“与你共读”读书计划，在公众号上连续推送了 27 篇共读文章，在校园内形成良好的阅读氛围。

在开展读书活动的同时，荷光者读书会积极开展与读书相关的集体活动。荷光者读书会手语联队在全市的聋哑学校慰问表演中赢得好评；荷光者读书会举办的毕业音乐会广受好评，大大提高了荷光者读书会在校内的知名度。

成熟：思想规范，行为引领

荷光者读书会的辅导老师张燕有过多年的思想政治工作经验，读书会的创办让她更加明白，在高校创办读书会很重要的一个意义在于，读书会能够在增进广大学生阅读素养、人文修养的同时，也能成为加强高校学生思想引领的重要抓手。2017 年以来，荷光者读书会在传统文化、红色阅读、经典阅读三项议题上活动频繁。比如 2017 年 5 月，荷光者

荷光者读书会举办
纪念"九·一八"座谈会

荷光者读书会举办
汉字听写大会

读书会举办了东北电力大学第一届汉字听写大赛，在"提笔忘字"的电子时代呼唤大学生对传统文化、书法艺术重拾兴趣，活动收获校内外的一致好评。荷光者读书会推出《习近平的七年知青岁月》的读书活动，通过各种途径和阅读形式为学生讲解习近平总书记的青年成长历程，致力于青年一代思想水平和道德修养的提升。此后的"家书家训分享活动"则大大提高了广大师生对亲情的感怀和认知。在张燕看来，大学校园中的读书会其实是文化课堂的一种延伸，是大学生修炼个人素养和精神品格的一方田园。

未来：创新方式，培养奉献者

2018 年，荷光者读书会的触角向外界打开，他们把读书会的相关视频都放到了腾讯视频上，同时也与喜马拉雅 FM 取得接洽。当然，伴随活动的增多，开销也变大了，以往的老师个人出资、学生拉赞助的资金来源已经不能完全满足荷光者读书会的发展需要。经费来源的开拓和可持续发展的动力问题，成为摆在眼前的首要难题。此外，作为一个学生社团，运行团队和读者的流动性非常大，未来荷光者读书会的新加入者能够拥有一颗甘于奉献、执着向前的心，关乎这个校园读书会的生命长度。张燕表示："荷光者成员奉献精神的培养是一个难点，一个组织的成功一定是有一群人一直付出的结果，但是现在的学生普遍缺少这样的奉献精神，他们可能刚开始的时候比较有热情，但是长时间的坚持是一件不容易的事情，如何能培养他们持久的热爱和投入是当下要紧的事情"。

未来，荷光者读书会希望能更好地把握时代脉搏，继续做好学生的思想引领，让东北电力大学这个理工科学校也能充满人文情怀。

以学生需求为向导打造“阅读金三角”

——专访首都经济贸易大学读书会负责人王美慧

文丨王胤翰

首都经济贸易大学读书会成立于2014年，由首都经济贸易大学学生处下属的“博赏书社”和“三色花文化工作室”组成。该读书会利用新媒体、新技术、新手段在学校内推广全民阅读，打造“读书金三角”，使用“引进来”与“走出去”相结合的精品课堂为推广全民读书提供了重要的底部支撑。坚持“聚是一团火，散作满天星”的工作思路，聚众之力打造全民读书联盟，使在校生养成勤读书、会读书、爱读书的习惯。

对接学生培养，广聚阅读爱好者

王胤翰：贵读书会成立的目的是什么？能否介绍一下贵读书会的机构设置和规章制度？

王美慧：首都经济贸易大学读书会由学校的学生处牵头，以下设的两个学生社团（博赏书社、三色花文化工作室）为主而创立的。旨在打造“读书金三角”，使在校生养成勤读书、会读书、爱读书的习惯。我们通过博赏书社组织属于学生的线下活动来吸引同学们积极参与阅读，同时利用三色花文化工作室的线上平台做相关的推送。二者结合，在广大学生群体中进行阅读创新。

读书会成员人数每年都会有一些变动，以2018—2019学年上学期为例，博赏书社与三色花文化工作室人数总和大概有200余人。对于200名同学的管理，主要是社团内部的各位部长来负责，也配置了指导老师在宏观上给予指导和帮助。对于社团的运营也有一定的章程，博赏书社的章程是落实到文件上的，我们在推广全民读书的过程中，形成了首都经济贸易大学第二课堂第二学分管理办法。在第二课堂第二学分管理办法里面，专门有一项是同学们可以通过书写读书笔记获得学分。比如，我们拟定了一些大学生推荐书目，同学们可以在其中选择 10 到 12 本书，然后写 2000 字读书笔记，以这样的方式获得学分。这个学分是必修的，是一种强制性规定，反馈出学校着力在同学们中推进阅读文化的意志和决心。

王胤翰：您认为首经贸的学生主要基于什么原因而加入读书会？

王美慧：有了解过，大概分为四种原因。

第一种属于对阅读的爱好，所谓阅读就是读出声来，大声地读出来。我们读书会给同学们专门开辟了一个叫“绕梁”的有声栏目，同学们可以通过读诗的方式，将阅读的声音录到类似喜马拉雅 FM 这样的 APP 里，让其他同学免费去听，利用碎片化的时间去做这些事情，既简单又有趣。

第二种属于对看书有爱好，喜欢沉浸在知识的海洋和纸质图书的书香里。

第三种属于想借用社团的资源。有些同学可能很难买到的书籍，我们读书会正巧有，或者有些同学还不具备对价格偏高的书籍的购买能力，我们则会建立私人书库，每次举行活动都进行图书交换，让同学们分享这些书籍。

第四种属于对新媒体创作感兴趣，比如有些同学喜欢写书评，他们就可以利用我们的平台进行新媒体创作，在这个过程中，他们既能读书，又能做自己喜欢的原创新媒体作品。

创新读书模式，推广全民阅读

王胤翰：读书会的活动形式是什么样的？举办过哪些有特色的读书

活动？

王美慧：我们有特定的读书日，在每周三晚上和周四晚上。在这两天我们交替举行活动，一个是类似读书分享会或者文学研讨会这样的活动，另一个是硬笔书法，除了学校安排的考试周以外，其他的每一周都会持续开展这些活动。我们特别倡导回归到纸质书籍当中，回归到线下去记笔记，所以我们专门开办了硬笔书法班，同学们花几十块钱买好字帖，有专业的老师或者同学去给大家讲应该如何写。

书友围坐一圈开展阅读分享会

我们在 2016 年 6 月 1 日举办过很有影响力的一次线下活动——诗词大会。这也是首都经济贸易大学有史以来第一个与读书相关的大型活动，据我们后台统计，活动的参与率达到了 33%，相当于全校本科生的三分之一都参加了诗词大会。这个活动最令人难忘的是，大赛用的所有题目都是读书会的老师和学生一起出的。当时我带着两位部长，还有另外两名骨干成员，我们五个人在一间办公室里秘密地出题，因为我们要保证大赛的公正度，绝对不能让题目外泄。对于参与度如此之高的大赛，题目就不能太简单，要具有一定的难度，同学们都不希望题目只是“床前明月光的下一句是什么？”“疑是地上霜的上一句是什么？”所以我们就从侧面下手，比如说《静夜思》表达了作者什么样的思想感情？李白某首诗中所描写的人物是指谁？最后，诗词大会是以“飞花令”结束的，“飞花令”是指如果两位参赛者抽到的字是“花”，他们所说的诗句中必须带有“花”这个字，一人一句，直到对手答不出来为止。

还有一个活动是诗词大会衍生出来的。在举办诗词大会的时候，很多同学在第一轮就被淘汰了，他们可以通过“风雨同舟复活之战”环节重新比赛，胜出者可以恢复诗词大会的参赛资格。接着是“初露锋芒踢馆之战”，有复活就有踢馆，复活的队伍在比赛现场随机选择一个已晋级的队伍进行 PK，如果踢馆成功了就代替他们进入到最后一个环节“乱世英雄夺冠之战”。在最后一个环节结束以后会胜出八支队伍，这八支队伍进行现场抢答，得分最高的两支队伍，将直接进入到之前所说的“飞花令”环节。这个活动持续时间超过了 1 个月，在首经贸校园内引起了一股诗词热，得到了同学们的一致认可。

打造“读书金三角”，在探索中砥砺前行

王胤翰：首都经济贸易大学读书会最大的特色是什么？

王美慧：我们最大的特色是“读书金三角”概念的提出和具体实践。

第一个角是“引进来与走出去相结合”，我们学校的老师到由团中央创办的共青团联系青年服务青年的大型互动社交平台“青年之声”去做相应的讲解，走到“青年之声”的麦克风前，向广大受众传播全民读书的思想，这个相当于“走出去”。而“引进来”，就是我们在积极推广全民阅读的同时，邀请社会名人到学校开展讲座，曾邀请过《走近季羡林》的作者崔岱远老师来学校做讲座。

第二个角是“运用新媒体新技术”。习近平总书记曾说：“用新媒体新技术让思政教育活起来。”我们利用新媒体技术把纸质书的内容放到新媒体里，让同学们可以在任意时间阅读自己想读的书籍。同时我们

还可以利用新媒体做线上活动，活动会有奖品，以此来激发学生的积极性。

第三个角是“打造校际读书联盟”。首都经济贸易大学读书会是人民出版社主办的全国读书会联合会（筹）的成员单位之一，我们的目光不能只局限在首经贸的学生，更要走出去，而作为走出去最重要的社团，就是博赏书社。博赏书社与其他高校共同参与了全国大学生读书联盟，而且成为了会员单位。就是这些组成了我们的全民读书金三角，这也是我们最大的特色。

另外，我们利用公众号发推送。博赏书社在其公众号上主要发四类推文，第一类是活动推送，比如会有文学分享会，然后同学们通过推送来选题，有些同学希望能够看到中华传统文化或日本文学的时候，他们可以自己拟定题目，然后由负责新媒体的同学来发推送。

第二类是互动类，博赏书社多次举办过“对对子”的活动，因为参与的同学往往都是对读书、对文学、对古诗文很感兴趣，所以为了让对子有一定的难度，负责准备题目的同学会找很多不常见的对子供大家娱乐。

第三类是读后感，很多同学在看完一本书或者一部电影以后，会有一些想法和思考，这个时候他们就可以把自己的读后感写下来，然后发到推送上与其他同学互动。

第四类是社员的作品展，社员把自己的读书笔记或手记展示在公众号的推送里，关注了公众号的同学就可以通过这种方式了解到他们所感兴趣的知识。

王胤翰：未来对读书会的发展有些什么样的计划？

王美慧：首先，在制定计划之前我们要明白自己的不足之处，我认为主要是参与度不足的问题，读书是比较私人的事情，不能强求。作为老师，我们真切希望每一位学生都能投入到阅读中，同学们都有自己的兴趣爱好，所以我们尽量去尊重同学们的兴趣，去制定他们喜欢的阅读选题。当大家觉得对某一类文学已经研究够了，想换另一类文学去研究，我们作为老师都会大力支持。

从 2014 年至今，我们从一个学生社团逐步发展、壮大，有了今天的首都经济贸易大学读书会。我们会继续坚持三个“新”的方针：首先是活动新，随着社团的不断发展，我们在人员规模上有着足够的基础，在这个基础上我们就可以举办很多各式各样的活动。其次是技术新，我们运用三色花文化工作室和博赏书社的公众号每周都按时定量地分享同学们喜闻乐见的内容推送，相比之前发传单的时候，好太多了。再则是理念新，我们尊重每个人的兴趣爱好，让大家读自己喜欢的书籍，在读书的这个过程中陶冶情操，获得更多的知识，这个才是我们的最终目的。

以“四维阅读”为框架 扎实推进城镇读书会

——访中山市囤粮计划读书会会长黎炜湘

文丨柳佳玲

囤粮计划读书会是一个位于中山市小榄镇的公益阅读组织，致力于倡导深度阅读与思考，营造全民阅读的文化氛围，培养植根内心的文化修养。同时，囤粮计划读书会化物质食粮为精神食粮，以“四维阅读”为基本框架，为本地区推广全民阅读探索出了一条独特之路。

成立背景

在中山市小榄镇沙口海傍，有一座粮仓，茕茕孑立在那里近百年，原用于储藏谷物食粮，多年来停用弃置着，直到一群爱读书的创业者发现了它。当今社会，大部分人已不再缺口中食粮，人们渴求的是一处净土，一个慰藉精神的空间，人们需要心灵与精神上的“粮食”——书籍。在小榄镇，一群热爱阅读的社会青年，正在致力推广全民阅读，他们要为爱读书的人，找一处心灵的栖息地。于是，2015 年 11 月，在小榄镇全民公益园的这个粮仓，“囤聚”了一群读书青年，“囤粮计划”读书会成立。

“推动全民阅读是我们创立读书会最重要的目的”，囤粮计划读书会的会长黎炜湘表示，“本来我们小榄镇的一群青年就喜欢看书，在我们看来，一群爱读书的人在看完书以后会想要找到一个知音来分享，而且一个人自己阅读书籍和与一群人分享阅读是不一样的，越分享就越喜欢看这本书，所以我们才会想到创立囤粮计划读书会”。

囤粮计划读书会“粮仓”内的阅读空间一角

囤粮计划读书会以不同形式开展读书分享会，朗诵、旅行阅读、名师分享等，促进“粮友”们(该读书会的所有成员自称为粮友）阅读交流，深化阅读体验。同时读书社积极联动社会各界在每年“世界读书日”合力举办镇级阅读宣传活动以及送粮上山图书漂流活动，倡导全民阅读，助力小榄镇营造全民阅读文化氛围。

机构设置及人员构成

囤粮计划读书会起初只是一个简单的公益组织。2016年，读书会在民政局正式注册成为一个民办的非营利组织，在架构上，制定了规范的章程；在组织上，接受政府有关部门的监管。囤粮计划读书会主要分为四个部门：组织部、精读部、外联部、行政部。组织部负责组织读书会的分享活动；精读部负责选定每次分享活动的主题；外联部负责对接外部资源，接洽爱心企业给予资金资助；行政部负责策划活动方案，决定读书会的发展方向。在此之上，囤粮计划读书会设立了理事会，负责管理读书会的所有成员。

目前囤粮计划读书会共有500多名书友，且每年读书会的书友人数在不断增加，数量呈上升趋势。加入囤粮计划，成为“粮友”的方式有两种：1. 实物无偿捐赠图书十本，以青年文学、青年励志、自然科普、领袖自传、旅行走心、心灵解读、创意绘画图书为主。2. 爱心捐款100元，所捐款项全数用于购买主题公益阅读书目及山区学校组建图书馆购买图书支出。

在囤粮计划读书会的“粮仓”内，圆形谷仓的墙壁上贴着525位发起人粮友的陶瓷手印。如今粮仓里面陈列的所有图书都是加入读书会的粮友在入会之初所捐赠的书籍，每本书都可以“漂流”出去，进行外借。

阅读形式的演变

囤粮计划读书会成立至今已三年有余，三年来的发展侧重点都有所不同：2015年，以提高阅读兴趣为主，读书会策划的大多是趣味性的活动，比如“小报童活动”，家长带领孩子们在餐厅等各种公共场所，叫卖公益报纸，所卖报纸的全部收益都捐赠给山区学校图书馆，据会长介

囤粮计划读书会读书分享活动现场

绍，这个活动旨在推动阅读成为人们的一种生活方式，“我们在逛街喝茶，吃饭看电影的时候，常常需要等待，我们可以利用这三五分钟阅读一份报纸，同时也是对山区公益的一种贡献”。2016 年，囤粮计划读书会发起“开仓放粮，共建千座图书馆”等跨越时间空间的活动，尝试把“图书馆”建立到家家户户。2017 年，读书会以“千座图书馆”馆主的分享活动为主，邀请拥有图书馆的馆主分享自己阅读过的书籍。2018 年，囤粮计划读书会探索创新出“四维阅读”的框架模型，并在此基础上开展日常活动。

该读书会以线下活动为主，不定期举办阅读分享交流会，其中，“悦游人生”“读行者”“粮诵会”“跨年读书会”等已成为每年固定举办的特色活动。分享活动会提前一个星期发起活动预告并且接受报名，由读书会选定具体书目，报名的粮友先行阅读，活动现场提出问题并进行讨论。会长黎炜湘说，每一次的分享活动都会有一些意外之喜，“比如 8 月份的时候，我们进行了一场《苏格拉底的申辩》分享会，原定分享会的时间只有一个小时，但大家的主动分享、积极辩论进行了两个小时，每个人都从书中、阅读中得到了远远高于预期的收获。参与者的亲身体验，支持并感召让更多的群众参加阅读分享，体验阅读的乐趣，从而实现将阅读文化推广的目的。”

以“四维阅读”为框架，推广全民阅读

2018 年，囤粮计划读书会正式推出了“四维阅读”的框架模型，以适应不同书友的阅读能力和阅读需要。“四维阅读”分为四部分，第一部分是精读——精英阅读。在精读板块下，囤粮计划读书会策划了“领读者”和“读行者”的计划。2018 年，读书会找到 12 位领读者，每位领读人除了朗读所读书目之外，还介绍了书目内容以及自己读后的感想。在黎炜湘看来，领读者计划有很好的施行效果，这个计划聚集了

囤粮计划读书会邀请薛晓萍女士领读《人间最后一封信》

更多对阅读感兴趣的人。除此之外，为了鼓励年轻人放下手机多阅读，该读书会还发起了“读行者”的活动，鼓励大家边走边读。“要么读书，要么走路，身体和灵魂，总有一个在路上”，这是囤粮计划读书会发起“读行者”活动的初衷。这个活动以小组为单位，在读书会所定书目的基础上自行安排读书计划，参加者需带上一本书，徒步十余公里，在途中选取定点进行小组内朗读，每个人走一段读一段。

“四维阅读”的第二部分是研读——团体阅读，分为“企业导读”和“亲子共读”两大板块。“企业导读”是将囤粮计划读书会发展到企业中，在企业内建立小型的读书会。“亲子共读”是倡导父母与孩子一起阅读，在每年的“六一”儿童节举办亲子阅读活动。“现在很多父母都不知道六一儿童节送孩子什么礼物，其实，一本图书就是很好的礼物。”对于“亲子共读”，黎炜湘有很多感触，“我们第一年举办亲子活动的时候，有一个小朋友独自来到了活动地点，他告诉我们他的父母是外来职工，因为加班没有办法陪他到现场，他的父母认为参加读书会是很放心的活动，很信任地让小朋友自己来了我们的分享会。”这次的亲子共读活动也让黎炜湘等人意识到，读书会关注的群体不能仅仅是所谓“小资家庭”的成员或个体，更应该关注那些渴望阅读但缺少资源和机

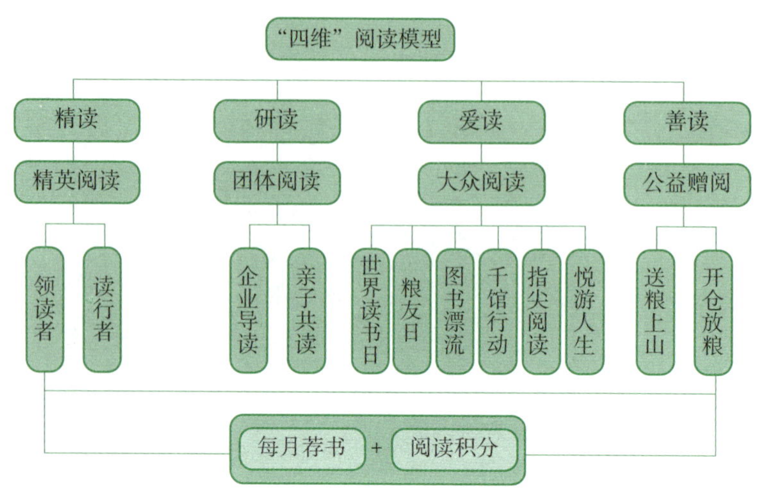

囤粮计划读书会创制的“四维”阅读模型

会的社会个体。

爱读——大众阅读是“四维”阅读的第三部分。在这一部分，囤粮计划读书会策划了很多计划，其中最具特色的是“千馆行动”——千座图书馆计划。针对许多人更偏向于在家中阅读的情况，读书会提出了“囤粮千座图书馆”的概念。每一个家庭可以去读书会申请一座“图书馆”，“图书馆”是一个能放置十余本书的木质小书盒，这十余本图书是一个人一年需要阅读的书目，一个人在一年之内读完了十余本书，就是建成了属于自己的一座图书馆。同时，读书会不断鼓励已经建完图书馆的人拿着整座图书馆在读书节进行交换，让这一千座图书馆流动起来。在这个计划中，囤粮计划读书会的目标是把图书馆建立到家家户户。

善读——公益赠阅是“四维阅读”的最后一个部分，有“送粮上山”和“开仓放粮”的活动。“送粮上山”，顾名思义是把书籍赠送运输到山区小学，而这些赠书全部来自“粮友”们的捐赠。新粮友的不断加入使得运送上山的书籍源源不断，并汇集成了一座学校图书馆。囤粮计划读书会自成立以来，开展了三次“送粮上山”的活动，分别将“粮食”送到了广东五华县、广东茂名市、云南永善县。2018 年 11 月 13 日，六名志愿者到达云南永善县细沙乡细沙小学、凉水小学。据黎炜湘介绍，“凉水小学只有100多名学生，他们从家到学校需要走两到三个小时的山路，很多学生的书包都已经又破又烂，学生家庭以及学校无力自行购买图书。所以，读书会捐赠给他们的3000册图书正好为他们送去了一些温暖。”

克服掣肘难题，谋求自身循环

囤粮读书会成立三年来，还在不断摸索自身的发展方向，自然在这个过程中会遇到一些困难。其中最大的困难是读书会的所有成员均是兼职，没有集中的时间和充足的人力处理读书会在日常运行中遇到的问题，在平时的阅读分享活动中也常常会出现到场人员不足的情况。“我自己也是兼职，我是会计师，目前是会计师事务所负责人。读书会里的所有人在工作日都有自己的工作，读书会的日常事务只能抽时间来处理。”黎炜湘谈到，“读书会的工作人员均是志愿者，大家只能在时间允许的情况下参与，因经费受限，读书会目前未能聘请专职运营的工作人员，在一定程度上阻碍读书会的发展。”目前，囤粮计划读书会的资金来源于政府拨款和企业赞助，每年参加公益创投活动大赛，可申请种子资金3—6万元支持，均用于读书会的直接活动支出。

针对这一难题，囤粮计划读书会正在努力以“自给自足”为目标，一步一步地寻求化解之道。这里的“自给自足”是指从时间和经济上囤粮计划读书会可以自供自给，达到自身循环。会长黎炜湘希望未来的囤粮计划读书会，全民共建全民参与，以政府种子资金为带动，吸引多方资金或资助，减少运行经费不足带来的问题，让囤粮以更轻松的步伐，将全民阅读推向新的台阶。

既“读万卷书”又“行万里路”

——专访言石读书会李娟

文 | 刘嘉欣

言石读书会是一个发端于燕山石化公司的群众性读书组织，成立于 2011 年 12 月 10 日。七年来，始终坚持“共享、共鸣、共创、共赢”的理念，“为美好生活加油提味”的目标，成功举办读书交流、主题分享、诗词朗诵、大型征文等活动，同时不断拓展活动形式和内涵，积极“走出去”，先后举办言石读书会瞻仰毛主席纪念堂、言石清华四月行、雄安新区文化之旅等活动，参加活动的会员上千人次，年龄跨度从年逾古稀的“40 后”到垂髫之年的“00 后”甚至“10 后”的小朋友。

言石，是燕山石化的简称谐音，音同言实，意有“读书出金石声”，鼓励大家说实话，办实事，读好书，做好人，发出好声音，传递正能量。

言石读书会举办七周年论坛，表彰 2018 年度“言石先锋”

线下活动以阅读交流为主

自成立以来，言石读书会坚持每月举办一次线下活动。每次活动的前三四天，会长赵彦伟会确定好活动的主题，敲定地点，并将具体的信息发到微信群中，想要参加的书友则在群中报名接龙。李娟表示，言石读书会非常欢迎书友带家属（如父母、爱人和孩子）一起来参加活动，还会给每个人在现场发言的机会，鼓励大家表达自己的想法。

言石读书会非常推崇“共享”二字，他们并不满足于读书，而是更喜欢阅读后的讨论分享。在每次线下活动中，书友们都会针对主题中所涉及的书籍进行讨论，针对书中的情节、内容和思想等和其他人进行交流。由于每个人读书的方式方法和对书的理解都不同，所以每次交流与分享都可以碰撞出思想的火花。

线下活动所用到的书籍基本都由书友自己携带，会长也会发给大家他自己的作品，比如已经出版的《一半是温情，一半是冷眼》《读青春》《书为缘》等。李娟还提到，这几年他们一直在阅读分享一套文史书系——《燕山春秋》，它记载了燕山石化40多年的发展历程，里面所收集、挖掘的资料，都是老一辈燕山人亲身经历、耳闻目睹的历史实践和奋斗过程。言石读书会的书友通过阅读书籍，学习老一辈人的创业精神，并将其继续传承下去。

创立“线上主题日”

言石读书会并不仅仅举办关于读书分享交流活动，会长赵彦伟还经常请外面的老师来为大家讲课，读书会还专门聘了12位德高望重、学有专长的“言石阅读导师”。目前，言石读书会已经开设过书法课、摄影课、收藏课，喜欢历史的成员还会跟随老师去参观遗址，组织文化之旅，在老师的讲解下探索历史真相。这些有趣的课程激发了大家的兴趣并受到广泛好评。

言石读书会最具特色的一个活动是创立于 2016 年的“线上主题日”活动，在两年的探索中不断完善，目前已经做到“一周七天，天天有主题”，组织大家在微信群参与线上讨论。书友毛遂自荐轮流担当主持人。具体的主题设置是：周一读书日，邀请书友在线上推荐好书，并讲述推荐的理由，分享阅读体会。周二图片日，主持人可以发一些图片和大家分享，交流摄影心得，讲述图片背后的故事。大家最喜欢的是周三的沙龙日，拟定一个主题，比如最近的热点新闻，主持人先抛出自己的观点看法，再组织书友发表见解和观点，互相讨论、交流思想、碰撞火花。周四梦想日，即大家分享自己的梦想和“小目标”，传播积极向上的奋斗精神和正能量。周五大集日，大家可以把自己闲置的图书或物品晒出来，为其寻求新的主人，以实现资源共享的价值。周六运动日，鼓励书友们加强体育锻炼，组织书友一起爬山、跑马拉松，也可分享自己的运动体会，做一个健康快乐爱运动的读书人。周日旅游日，主持人在这一天会晒出自己的出游地点，讲述行程和攻略，为书友们推荐美景美食，分享“诗和远方”。

近年来，言石读书会每天都在坚持线上主题交流活动，鼓励书友们既要“读万卷书”也要“行万里路”，让身体和灵魂始终在路上。这项活动突破了时间和空间的限制，每位书友都能参与其中，每一天都能在线上感受到思想的碰撞，并收获新知，给繁忙琐碎的日常生活平添一些新意和惊喜。

恪守规定，打造良好读书氛围

口口相传，可以说是言石读书会进行宣传的唯一方式，大多数进入言石读书会的书友都是通过朋友的介绍和推荐慕名而来。

为了让阅读更加纯粹，言石读书会并不实行严格的“会员制”，也不交纳会费，每位书友都可以免费参与活动。但想要进入言石读书会却并没有那么容易。首先，你要热爱读书，并且有一些自己的作品；其次，要有推荐人；最后，会长审核通过方可正式加入读书会。

为了打造良好的读书氛围，言石读书会的线上微信群也建立了非常严格的群规。比如，读书会的成员要坚持“共享、共鸣、共创、共赢”的原则，不允许满腹牢骚、破坏和谐，不允许转发广告和未经证实的消息等，如有违反则给予警告，违反两次以上且不改正者会被“踢”出读书会微信群。一直以来，言石读书会都恪守着这样的规定，让每一位加入读书会的书友都尽情享受读书交流的乐趣，在共读共学中成长为最好的自己。

齐心协力，共创美好未来

经过七年的发展，言石读书会形成了一支相对稳定和成熟的核心团队，除了会长 1 人、副会长 1 人，还有将近 20 名志愿服务人员，分别负责活动的策划、主持，以及联络工作。李娟就是目前核心团队中的一员，她的本职是燕山石化的一名普通工人，素来爱好诗词，平日里坚持创作，被同事们称作“才女”。李娟说，虽然与诗词和写作为伴，自己并不孤独，但始终感到少了同道中人的一份分享。直到 2014 年，李娟有机会加入言石读书会，找到了伙伴和知己，并且越来越清晰地感受到“读书是没有阶层的”。对于李娟来讲，“读书”已经成了与“吃饭喝水”一样重要而平常的事情，并不需要刻意坚持就自然做到了。并且，阅读让她的思想境界日渐提高，让她拥有着自信和沉着，也养成了在浮躁世事中抵制诱惑、简单生活的一份从容。

言石读书会一路的发展得到了很多领导和朋友的大力支持，尤其是在场地方面，大多数线下活动都得到了燕化图书馆、燕山文化中心的场地支持，还有一些书友无偿地向读书会捐赠图书。一直以来，言石读书会的发展都受益于社会各方力量的无私相助。

当然，一路走来，言石读书会也遇到了一些困难。李娟把核心困难归结为“人的问题”。比如，加入读书会的人良莠不齐，会长也很难做到了解所有加入进来的个体，这就需要言石读书会的管理人员付出更多的心力。

七年时间，言石读书会逐渐发展壮大，在“读万卷书”的同时也鼓励“行万里路”，他们总结了“一二三四五”：一个目标，为美好生活加油提味；二种形式，线下和线上；三合之道，资源整合、信息融合、人才聚合；四共理念，共享共鸣共创共赢；五位一体，读书、摄影、运动、旅行和视频。

七年走来，“兴趣”是他们不变的初心，“共享”则是他们前进的原则，愿言石读书会的前路更稳健、更有动力。

善行天下，书香中国

——专访金牌阅读推广人刁军玲

文丨潘琪

“阅读推广人”这一角色在阅读推广活动中越来越重要。作为阅读推广活动最核心、最关键的因素，高质量的阅读推广人是阅读推广活动有效开展的保障。在人民出版社读书会阅读推广大会上，我们采访到凝聚推动全民阅读的力量十大“阅读之星”刁军玲。

阅读推广人：一切为了阅读

潘琪：您可以讲一下阅读推广人的主要工作吗？还有阅读推广人对全民阅读的作用是什么？

刁军玲：阅读推广人的主要工作就是向公众或特定群体传播阅读理念、组织阅读活动、开展阅读指导、提升受众阅读能力和阅读兴趣，同时为弱势群体如老年人、儿童、残障人创造阅读条件、提供心理慰藉和友好的社交环境。

阅读推广人是“倡导全民阅读、建设学习型社会”的主力军和播种者。在开展各式各样的全民阅读活动中，阅读推广人发挥主动性、激发群众的学习热情，丰富百姓文化生活，提高居民综合文化素质，传播修己达人、向榜样学习的正能量，为建设社会主义精神文明贡献力量。

潘琪：您所在的读书会是什么时候成立的，成立背景，创立读书会的目的是什么？

刁军玲：2016 年和 2017 年我分别成立了西长安街读书会和紫竹院

地区书友会，为组织和个人的发展搭建学习平台。2014 年，“倡导全民阅读”被首次写进政府工作报告，此后“全民阅读”连续每年出现在政府工作报告中，证明党和国家高度重视全民阅读，推动全民阅读。建设学习型社会已经上升为我们国家的重要国策。党和国家领导人率先垂范，号召全党全国人民多读书、读好书、善读书，提倡将读书学习成为一种生活习惯、一种自觉追求，成为社会前进的动力来源。

在这样一个大背景下，我作为常年从事阅读推广的一分子，深感全民阅读已经是大势所趋、人心所向。多种介质的阅读越来越丰富我们的生活，在这个“乱花渐欲迷人眼”的出版物极大丰富的时期，作为阅读推广人，不仅要帮助读者挑选合适的出版物，还要创新阅读模式，积极拥抱这个崭新的时代，不负阅读推广人的光荣使命。

潘琪: 如果请您给读书会下一个定义，或者界定一下关键词的话，您认为是什么？

刁军玲: 读书会是一个文化社交平台，爱书人在一起读书学习、沟通交流，可以欣赏他人，或者展示自我。参加读书会有助于提高综合素养，增强阅读力和学习力，是一种充满正能量的社会活动。

组织发展成熟，阅读成果显著

潘琪: 读书活动的召集形式是什么？读书会的流程主要有哪些？

刁军玲: 主要是线上召集。读书会的流程和环节由设计——筹备——预告——开场——讲座或活动——互动——合影——宣传——总结等九大环节组成。

潘琪: 读书会阅读成员的情况能否介绍一下？

刁军玲: 平时读书会以社区群众为主，专题读书会聚焦特定人群。其中很多人是通过书友的介绍，了解到我们读书会，产生了兴趣，进而加入我们。2016 年十几个人，2017 年 100 人左右，2018 年近 200 人，成员相对比较稳定。

潘琪： 阅读本身有什么形式？你们的经验是什么，如何让阅读活动不枯燥、不流于形式？

刁军玲： 我们的阅读形式多样，有讲座、领读、答题、朗读、情景剧、文艺汇演等多种形式，视主题而定。读书会从内容到形式要针对参加的人群去设计，既要有内容也要生动活泼。同时，也会在线上读书会群进行报名接龙，会后展示成果，平时书友自由交流等，线上为书友提供展示和交流平台。

潘琪： 您所在读书会最大的特色是什么？

刁军玲： 一是活动内容和形式坚持原创。二是以人为本，陪伴阅读。不仅读书，也读“读书的人”。每个人都可以是一本打开的书、内容丰富的书。陪伴阅读让我们的亲人少一点孤单、多一点快乐；少一点迷茫，多一份幸福。三是读书会形式丰富多样。

潘琪： 组织一场活动的成本主要包括哪些方面？一场活动大概需要多少钱？这块资金从哪里来？

刁军玲： 成本包括场地费、主讲嘉宾费用、主持人费用、摄影师费用、摄像师费用、图书费用、奖品、矿泉水，等等。视规模大小，平均一场 5000—6000 元左右。读书会的资金主要来自于自筹及合作方支持。

潘琪： 会员有哪些权利？对他们都有哪些要求？

刁军玲： 我们的会员有权参加读书会活动并在读书会中分享讨论、发表意见，但不得有反动、诋毁他人和有辱读书会声誉的行为，如有违反，将被取消继续参加读书会的资格；会员的义务包括积极参加读书会组织的相关活动，建言献策，需要时帮助读书会工作人员完成力所能及的任务等。

潘琪： 能否列举您认为十分成功的几次读书会活动？

刁军玲： 2016 年我创办了全民阅读推广团体“西长安街读书会”；2017 年又发起“紫竹院地区书友会”。迄今为止，已经组织策划了近三十余场比较有影响力的读书会活动。我们认真策划每一次活动，从起草方案、邀请出版社和专家、组织书友参与互动、挑选最适合主题的图书和奖品，分析每次活动后的读者反馈，等等，受到书友们的喜欢和各方面的好评。举例如下：

1.2017 年 1 月 20 日策划组织西长安街读书会“2017 畅享春天——迎春诗会”。诗会特邀全国政协委员、韬奋基金会理事长、中国出版协会副理事长聂震宁先生，中国出版协会副秘书长、中联口述历史整理研究中心理事长和龑先生，海军少将、军旅诗人祁荣祥将军等 10 多位嘉宾赴会。书友们用不同的形式表达了对伟大祖国和中国共产党的由衷热爱、对故乡和生活真挚的情感。聂震宁先生在会上论述了诵读诗歌对提高公民素养、激发阅读热情的重要意义，和龑先生对书友的诵读进行精彩点评。

2.2017 年 5 月 15 日，邀请作家、文化学者、北京读书形象大使崔岱远先生走进北京市第一五六中学做《京范儿——北京文化主题巡讲》讲座。本次活动通过名家主题演讲和现场互动，扩展中学生阅读视野，加强阅读习惯的进一步培养。

3.2017 年 9 月 3 日，组织第四期“阅读＋我　书香紫竹”紫竹院地区书友会。邀请中信出版社编辑张超女士做了别开生面的《再见，夏天!》的讲座。她为夏天的各个节气选择了中外作家与之相对应的优美场景描写，不仅给书友们科普了夏天的节气知识，还让大家通过诵读相关段落，加深了对夏天的认识和记忆。

4.2017 年 10 月 22 日，正值中国共产党第十九次代表大会召开之际，组织第五期“阅读＋我　书香紫竹”紫竹院地区书友会。本期特邀嘉宾是作家、文化学者、国家新闻出版广电总局规划发展司副司长李建臣先生。在《运河文化拾贝》的主题讲座中，李司长向书友们介绍了大运河开凿的历史、各个分段形成的背景、涉及的不同朝代、与运河开掘有关的各代帝王、水利官员，等等。一段段生动翔实的历史引人入胜。参加讲座的书友们收获了很多有关大运河的历史和人文知识。为配合此次讲座，我们书友会筹备组专门发起了书友“河流与我”主题征文，读书会摄制组还特地取外景采风，取材海淀紫竹院地区南长河的水上和沿岸风景，制作了《从广源闸到万寿寺》的视频短片，在讲座前播放，使书友们更加热爱身边流淌而过的母亲河。八名朗诵艺术家演绎了优美的散文《故乡的河》，赢得听众阵阵掌声。

5.2017 年 12 月 10 日，农历大雪节气，与人民出版社读书会联合组织第七期“阅读 + 我　书香紫竹”紫竹院地区书友会。特邀主讲嘉宾是中共中央党校哲学教研部副主任、全国应用哲学研究会会长、中央国家机关党的十九大精神宣讲团专家、博士生导师董振华教授。他主讲的题目是《坚持用马克思主义立场观点方法学习十九大精神》。董教授重点讲十九大报告开篇中的“不忘初心，方得始终”。他援引古今中外杰出政治家、思想家的论述精髓，从哲学的角度去分析正确的思想和方法对于指导实践的重要意义，重点谈什么是“信仰”、何为崇高的马克思主义的信仰。本次读书会受到书友们的热烈欢迎，甚至有书友买车票临时从外地赶回来参加。我们准备了十九大报告文献、《习近平讲故事》和《习近平的七年知青岁月》等读物作为互动奖品。

6.2018 年 4 月 23 日，西长安街读书会参与协办在北京图书大厦举办的“中华家风善本读书会”，领读《我的偶像是妈妈》。此活动为第八届书香中国 · 北京阅读季“4 · 23”全城尚读重要活动之一。现场座无虚席，近三个小时的读书会堪称一场和名家对话的视听盛宴。

破解资源难题，以利长远发展

潘琪：您认为读书会需要政府提供什么样的帮助？

刁军玲：读书会旨在促进国民素质提升，关系到文化繁荣兴盛和文化强国建设，是利国利民的事业，而且形式活泼、参与广泛，受到大众喜爱。但是需要人工成本、组织成本、设计成本、宣传成本和相对固定的场地。组织读书会除了市场化运作以外就是社会公益行为，需要政府提供一定的资金补贴，如政府购买专业服务，提供固定场地支持，对突出人物和突出事迹进行宣传表彰，等等。

潘琪：您所在的读书会目前面临的最大难题是什么？

刁军玲：困难在于有关方面应给予更多的牵线搭桥，找到更多的合作方，实现资金来源稳定可持续，以利于读书会长期可持续发展。

融汇公共资源 涵养社区阅读

——访北京市东城区妇联社区家庭领读人诗与远方读书会创始人解Ａ

文 | 雷嘉宝

作为北京市东城区妇联社区家庭领读人协会的一名领读人，同时也是“诗与远方”读书会的创始者，解虓虓参与见证着北京市东城区“书香东城”全民阅读计划的实施。通过培养社区家庭领读人并在各个社区开展社区读书活动，让阅读真正走进百姓中间。“老百姓对阅读的热爱和渴求是我们不断努力坚持的动力”，解虓虓希望，通过领读人带领阅读活动的方式，让更多读书会在社区中活跃出来，让更多社区百姓享受到全民阅读的乐趣和益处。

家庭领读人创办社区读书会

雷嘉宝：请您介绍一下自己的两个身份，这两个身份之间是什么关系呢？

解虓虓：我既是北京市东城区妇联社区家庭领读人协会的一名领读人，也是“诗与远方”读书会的创始者。东城区妇联社区家庭领读人协会是东城区妇联关于倡导实施“书香东城”全民阅读、构建“书香东城”战略背景下诞生的；诗与远方读书会成立于 2018 年 8 月 18 日，目前线上成员有 314 人，线下有 700 多人。

正是因为东城区实施“书香家庭领头人计划”这个项目，才培养了我们东城区的这一批批领读人去建设这些读书会。我作为第二批 57 名

面向社区居民开办主题阅读活动

社区家庭领读人团队中的一员，可以说如果没有东城区妇联实施领头人计划，就没有我们这个团队的诞生。妇联对我们（领读人）进行培训，是我们的业务指导单位，也一直扶持着这个项目在东城区 17 个街道、150 多个社区展开活动。我们的领读人团队是扎根于社区，从事社区和家庭的读书会。以诗与远方读书会为例，我们每天都有线上读书活动，每周末我们都会在各个社区、街道、居委会陆续开展读书活动。

雷嘉宝： 您如何理解“读书会”这一概念？

解虓虓： 我认为读书会没有严格的定义，每个人理解的边界是不一样的。但是有一点，大家是因为读书和学习、崇德向善、立德树人、追求正义价值和积极向上才走在一起的。我们因为读书和学习结缘在一起，这就是读书会的内涵。不同年龄层，不同生活背景，不同人生阅历的书友对读书会的界定和认知是不同的，但是无论怎样去衡量或者去评价，总有一点是相通的，那就是热爱阅读。

雷嘉宝： 诗与远方读书会基本的运行思路是怎样的？

解虓虓： 诗与远方读书会目前的定位：第一，立足于社区服务公益文化；第二，以社区百姓的阅读需求为根本出发点和落脚点，以居民需求为核心。我们的活动既有线上形式，也有线下活动。线下活动每周会定一个主题，大家进行阅读和分享。线上活动则每天都在进行，主要分三方面，第一方面围绕着少年与儿童的绘本故事、连环画等相关阅读，这是少年儿童类的小队。第二方面围绕着成人的，关于国学和传统文化的，每天都有线上分享文章和读书活动。第三方面围绕着诗歌分享和诗歌朗诵。

坚守“公益”阵地，坚持“志愿”原则

雷嘉宝：您创办的读书会征收会费吗？

解媇媇：不收会员费。我们读书会创立的宗旨就是坚持公益文化，我们不会采取商业化运营，这是一个基本的原则。作为领读人，是组织培养了我，是家庭领读人计划培养了我。如果没有计划项目和团队，也就没有我这个领头人的存在。所以怀着对组织感恩的心，外加自己本身也是一位志愿者，就应该服务于公益。由于我们的人员全部采用志愿者形式，因此主要的花费在于纸质图书的租借费用上面。未来时机成熟的时候，我们可能会争取一些来自公益企业、党政事业单位、公益文化团体和个人的赞助或者是相关的合作形式，但我们还是始终坚持以志愿服务为主体。

雷嘉宝：您提到纸质书的租借是主要开支项，那么，目前诗与远方读书会的纸质书来源主要是什么？

解媇媇：纸质书需要从图书馆、文化馆去借阅。

首先，妇联会为我们提供一定的资金支持，但也都是在力所能及的范围之内。

其次，因为读书活动由妇联发起，扎根于各个社区，因此社区会拿出一部分资金买书，各个社区之间再进行互相借阅。例如，这周我们

在东花市北里社区举办读书会，下周我们到东花市南里社区举办读书会，但是没有书怎么办？这时就可以到北里去借阅，把北里社区的书拿到南里社区去举办读书会，待结束后再行归还，有时也会去东城的图书馆借阅部分图书。此外还有一种就是电子图书，电子图书的好处是成本低。

除去妇联和社区的部分资金支持以及各社区间的互帮互助，还会有一些公益的慈善人士给我们一些捐助。

雷嘉宝：工作人员和活动场地是如何解决的？

解琥琥：首先是人员。我们服务志愿者都来自各个街道社区。比如，如果你家住东四，那么你就是东四街道的文化志愿者，所以不涉及吃穿住行的花费，不用出差，也不用远距离奔波。场地方面，因为各读书会都是扎根社区，所以线下就在所在社区举办，由居委会、社区文化中心在社区内提供阅读场地。也可以方便百姓就近前往。

雷嘉宝：读书会的志愿者协调上有没有什么规章制度？

解琥琥：因为我们的志愿者都有自己的工作和家庭生活，所以都是利用周末业余的时间，或者平时晚上下班以后进行志愿工作。具体工作职责上，第一要统计街道居民参加本周读书会的人数，第二要通知居民及时发布消息，公布读书会最新的动态，同时要给居民及时更新书单，比如推荐居民阅读的书目，这是我们的志愿者平时要做的事情。与此同时，我们也要和居委会、社区文化活动中心对接，协调场地和人数。

如果我们的志愿者因为临时有事无法参与，我们就会实施应急预案，征集别的替补志愿者来带读书会。可以明确的是，读书会不会跟居民爽约，我们与大家约定好哪一天举办，无论风雨都一定会举办。我们争取以这种突破困难，风雨无阻的态度将读书会长久地办下去。

读书会的开展是一个不断学习不断进步的过程。首先要明确的是，读书会为什么要一直实实在在地做下去？我认为一个是领读人自己的使命，再有就是公益文化志愿者的职责。即便会遇到困难，但只要看到百姓有渴望，我们就有无穷的动力。

扎根社区，以民为本

雷嘉宝：诗与远方读书会举办过哪些独具特色的活动吗？

解媇媇：我们在角楼图书馆举办过心理活动沙龙；在社区开展诗歌朗诵、国学吟诵；开展了走入爱国主义教育基地、科普基地去学习实践的活动；我们到中国传媒大学参加了新媒体能力研修班。此外，还会去走访一些青年志愿者与他们交流和学习。这次我们来到了人民出版社读书会，也是在学习人民出版社读书会的架构运营。

雷嘉宝：读书会有哪些宣传渠道？如何深入到百姓中间？

解媇媇：主要有三个方面的宣传渠道。第一个方面是通过新媒体、微信公众号；第二个方面是通过图书馆和文化馆，东城区第一、第二图书馆，东城第一、第二文化馆我们都可以进行宣传，尤其核心的阵地在角楼图书馆；第三个方面，如果要说最大的舞台和渠道，那就是老百姓的口碑。我们做读书会扎根社区，通过社区百姓居民的宣传，口口相传，这是我们读书会扎根的土壤，这也是老百姓的口碑，老百姓的心目中对读书会的印象和评价是我们最大的舞台。如果老百姓参加了读书会，而且不断地去参加，会引领更多的人介绍更多的伙伴和居民参加读书会，去分享生活的点滴，去促进邻里关系，营建和谐家庭。

雷嘉宝：诗与远方读书会接下来的着力点是什么？

解媇媇：第一，扎扎实实把书香工程、家庭领读人计划做得更加深入。第二，开展服务形式更加多元化。我们现在是以家风家庭教育为主题，今后我们要拓展亲子绘本阅读、老年养生与保健、国学传统文化科普讲座、科普进社区以及有关和谐社区和家庭的心理沙龙等，顺应新形势和新变化。同时不仅要扎根东城区，而且要放眼于北京。我们希望可以和其他社区的读书会、其他区域的读书会，乃至全国各地的读书会加强横向和纵向的联系，加强行业之间的交流、人员的互动。只有把视野真正地看向远方，立足北京，放眼全国，取长补短，我自己才能更好地去担当领读人的角色，读书会才能有更好的发展。

附录二

全国读书会发展情况调查问卷

全国读书会发展情况调查问卷

本课题组受人民出版社委托进行全国读书会发展情况调查研究，并根据课题需要设计了本问卷。恳请您用几分钟时间予以填答。本问卷实行匿名制，所有数据只用于统计分析，请您放心填写。题目选项无对错之分，请按贵读书会的实际情况填写。谢谢您的帮助！

填写说明：(1) 请在您所选的选项上打“✓”；(2) 如选“其他”，请填写您的答案；(3) 如无说明则为单选题。

A1 贵读书会所在省份？

北京 天津 上海 江苏 浙江 安徽

福建 江西 湖南 山东 河南 内蒙古 吉林

湖北 宁夏 新疆 广东 西藏 海南 陕西

广西 四川 河北 贵州 重庆 山西

甘肃 黑龙江 青海 云南 辽宁

A2 贵读书会的成立时间？

1. 2010 年之前；2. 2010—2014 年；3. 2015—2016 年；4. 2017 年至今

A3 贵读书会的运行团队规模？

1. 10 人以下；2. 10—30 人；3. 31—50 人；4. 51—100 人；5. 101 人及以上

A4 团队成员全职、兼职的情况？

1. 全职多于兼职；2. 兼职多于全职；3. 全职兼职相当

A5 贵读书会的读者 / 会员规模？

1. 50 人以下；2. 51—100 人；3. 101—200 人；4. 201—500 人；5. 501 人及以上

A6 贵读书会面向的阅读群体？

1. 儿童和青少年；2. 高校师生；3. 企事业单位职工；4；社区邻居；5. 社

会各界人士

A7　贵读书会哪个年龄段的读者 / 会员人数最多？

1. 幼年（0—6 岁）；2. 少年（7—17 岁）；3. 青年（18—40 岁）；4. 中年（41—65 岁）；5. 老年（66 岁及以上）

A8　贵读书会的主体属性？

1. 公共图书馆为主导；2. 中小学图书馆为主导；3. 高校或学生社团为主导；4. 出版社或书店为主导；4. 媒体单位为主导；5. 机关、其他企事业单位为主导；6. 民间组织或个人为主导；7. 其他。请列举：

A9　贵读书会是否制定了成形的管理规章或制度？

1. 是；2. 否

A10　贵读书会线上发布通知或召集活动时常借助哪些渠道？（可多选）

1. 微信公众号；2 微信群；3. 微博；4.QQ 群；5. 官网；6. 其他。请列举：

A11　贵读书会的线上活动形式？（可多选）

1. 网络书评；2. 视频直播；3. 图书投票；4. 主题阅读；5. 无线上活动；6. 其他。请列举：

A12　贵读书会实践过的阅读形式有哪些？（可多选）

1. 读书讨论；2. 领读人领读；3. 作者讲座；4. 听书；5. 其他。请列举：

A13　贵读书会实践过的阅读相关活动形式？（可多选）

1. 实物展示；2. 书画活动；3. 篇章朗诵；4. 阅读游戏；5. 电影欣赏；6. 亲子互动；7. 户外运动；8. 其他。请列举：

A14　贵读书会是否定期招募阅读服务志愿者？

1. 是；2. 否

A15　贵读书会是否设有微信公众号？

1. 是；2. 否

A16　贵读书会是否设有官方微博？

1. 是；2. 否

A17 贵读书会是否设有官网?

1. 是;2. 否

A18 贵读书会的阅读定位?

1. 学科型读书会(按文学、历史、教育等学科分类阅读);

2. 兴趣型读书会(围绕共同兴趣组织阅读);

3. 阅读 + 型读书会(阅读与其他社交活动相结合)

A19 贵读书会的图书来源?

1. 本机构自有图书;2. 读者自带图书;3. 读书活动前专门购置图书

A20 贵读书会的阅读介质包括哪些?(可多选)

1. 纸质书;2. 电子书;3. 听书(如通过喜马拉雅 FM、得到等 APP 收听);4. 其他。请列举:

A21 您认为当地政府对读书会或全民阅读的支持力度如何?

1. 很大;2. 比较大;3. 一般;4. 比较小;5. 很小

A22 您认为所在城市的民众接触阅读和书籍的程度如何?

1. 很频繁;2. 比较频繁;3. 一般;4. 比较少;5. 很少

A23 您认为读者、民众加入贵读书会的主要目的是什么?(可多选)

1. 增强个人修养;2. 结交朋友和社会关系;3. 培养阅读兴趣;4. 享受集体阅读氛围

A24 贵读书会的活动地点是否固定?

1. 是;2. 否

A25 贵读书会组织线下阅读活动的周期?

1. 每周 1 次;2. 每月 1 次;3. 每月多次;4. 每 2—3 月 1 次;5. 周期不稳定

A26 贵读书会是否向读者 / 会员收取会费?(如选“是”,请转 A27;如选“否”,请转 A28)

1. 是;2. 否

A27　贵读书会的收费标准是?

1.1—300 元 / 年；2.301—500 元 / 年；3.501—1000 元 / 年；4.1001—3000 元 / 年；5.3001 元及以上

A28　贵读书会组织活动的经费来源?

1. 上级或主管机构拨款；2. 主业营收补贴；3. 读者 / 会员会费；4. 活动当天读者众筹；5. 组织者个人支出

A29　在您看来，读书会这种阅读组织的作用和意义是什么?（可多选）

1. 是促进全民阅读、提高公众文化修养的一种有效手段；

2. 是出版社图书营销的一种新型手段；

3. 是结交书友、拓展人脉的一种沟通渠道；

4. 是企事业单位、社会团体或个人塑造公共形象的一种公关方式

A30　贵读书会发展过程中存在的困难或问题?（可多选）

1. 政策支持不够；2. 活动场地限制；3. 运行经费不足；4. 团队人力不足；5. 规章制度不完善；6. 发展定位不明确；7. 宣传力度不够；8. 活动新意创意不足

A31　您认为地方政府或主管部门能在哪些方面支持读书会的发展?（可多选）

1. 出台政策鼓励；2. 加强群众宣传；3. 加大资金投入；4. 开辟专门空间；5. 增加人员编制；6. 引荐名家资源；7. 开展业务培训；8. 统合地方资源；9. 其他。请列举：

填答完毕，感谢您的宝贵时间！

附录三

全国读书会读者情况调查问卷

全国读书会读者情况调查问卷

本课题组受人民出版社委托进行全国读书会发展情况调查研究，并根据课题需要设计了本问卷。恳请您用几分钟时间予以填答。本问卷实行匿名制，所有数据只用于统计分析，请您放心填写。题目选项无对错之分，请按自己的实际情况填写。谢谢您的帮助！

填写说明：(1) 请在您所选的选项上打“√”；(2) 如选“其他”，请填写您的答案；(3) 如无说明则为单选题。

B1　您的性别是？

1. 男；2. 女

B2　您的年龄是？

1. 7—17 岁；2. 18—30 岁；3. 31—50 岁；4. 51—65 岁；5. 66 岁及以上

B3　您的月薪是多少？

1. 3000 元及以下；2. 3001—5000 元；3. 5001—8000 元；4. 8001—12000 元；5. 12001—20000 元；6. 20001 元及以上

B4　您的最高学历是？

1. 初中或初中以下；2. 高中；3. 中专；4. 大专；5. 大学本科；6. 硕士；7. 博士或博士以上

B5　您所在的省份是？

北京　天津　上海　江苏　浙江　安徽

福建　江西　湖南　山东　河南　内蒙古　吉林

湖北　宁夏　新疆　广东　西藏　海南　陕西

广西　四川　河北　贵州　重庆　山西

甘肃　黑龙江　青海　云南　辽宁

B6　加入读书会之前，您平均每天的阅读时间？

1. 1个小时以下；2. 1—2个小时；3. 3—4个小时；4. 5—6个小时；5. 6个小时以上

B7　加入读书会之后，您平均每天的阅读时间？

1. 1个小时以下；2. 1—2个小时；3. 3—4个小时；4. 5—6个小时；5. 6个小时以上

B8　您对阅读的喜爱程度？

1. 非常喜欢；2. 比较喜欢；3. 一般喜欢；4. 不太喜欢；5. 很不喜欢

B9　您加入读书会的初衷是什么？（可多选）

1. 增强个人修养；2. 结交朋友和社会关系；3. 培养阅读兴趣；4. 享受集体阅读氛围

B10　是什么吸引您加入了现在的读书会？（可多选）

1. 阅读定位（对象人群、读物类型、阅读目标等）；

2. 负责人的威望和魅力；

3. 集体阅读的气氛；

4. 阅读活动的形式丰富

B11　您是如何知晓所在这家读书会的？

1. 朋友推荐；2. 在网络渠道无意中看到；3. 主动搜索找到的

B12　您喜欢传统纸质阅读还是新兴的电子化、网络化阅读？

1. 传统阅读形式；2. 新兴阅读形式；3. 都愿意接受

B13　您关注了所在读书会的哪些线上发布渠道？（可多选）

1. 微信公众号；2 微信群；3. 微博；4.QQ群；5. 官网

B14　您对读书会举办的线上活动是否满意？

1. 非常满意；2. 比较满意；3. 一般；4. 不太满意；5. 很不满意

B15　您喜欢读书会的哪些阅读形式？（可多选）

1. 读书讨论；2. 领读人领读；3. 作者讲座；4. 听书；5. 其他。请列举：

B16 您喜欢读书会的哪些阅读相关活动？（可多选）

1.实物展示；2.书画活动；3.篇章朗诵；4.阅读游戏；5.电影欣赏；6.亲子互动；7.户外运动；8.其他。请列举：

B17 您喜欢在读书会里读书还是参加活动？

1.读书；2.参加活动；3.二者密不可分，都有必要

B18 您参加读书会活动的规律性如何？

1.十分规律；2.比较规律；3.一般；4.不太规律；5.很不规律

B19 您加入读书会组织的亲朋好友有多少人？

1.10人以上；2.6—10人；3.1—5人；4.没有；5.不太清楚

B20 您家庭或社区环境中的阅读氛围怎么样？

1.很好；2.还可以；3.一般；4.不太好；5.很不好

B21 您工作环境中的阅读氛围怎么样？

1.很好；2.还可以；3.一般；4.不太好；5.很不好

B22 您认为所在读书会的优点或优势是什么？

1.图书资源丰富；2.阅读活动有趣有益；3.阅读形式多样有效；4.专家大咖资源丰富；5.读书活动的规律性强

B23 您认为所在读书会的缺点或不足是什么？

1.图书资源短缺；2.阅读活动不够吸引人；3.阅读形式比较单一；4.专家大咖资源不足；5.活动开展过于随意

B24 你是否接受读书会收取会费/年费的做法？（选“是”，请转B25；选“否”，请转B26）

1.是；2.否

B25 您可以接受读书会每年收取多少会费/年费？

1.1—300元/年；2.301—500元/年；3.501—1000元/年；4.1001—3000元/年；5.3001元及以上

B26　总体看，您加入读书会之后，自己的阅读收获和个体进步情况如何？

1. 非常大；2. 比较大；3. 一般；4. 比较小；5. 很小

填答完毕，感谢您的宝贵时间！

责任编辑：宰艳红
责任校对：白　玥
封面设计：胡欣欣

图书在版编目（CIP）数据

中国读书会发展调查研究报告 / 陈丹，常昕　著 . —北京：人民出版社，2019.4
ISBN 978 – 7 – 01 – 020577 – 9

I. ①中…　II. ①陈…　②常…　III. ①读书活动 – 社会组织 – 调查报告 – 中国
IV. ① G252.17-23

中国版本图书馆 CIP 数据核字（2019）第 053255 号

中国读书会发展调查研究报告
ZHONGGUO DUSHUHUI FAZHAN DIAOCHA YANJIU BAOGAO

陈丹　常昕　著

人民出版社 出版发行
（100706　北京市东城区隆福寺街 99 号）

北京盛通印刷股份有限公司印刷　新华书店经销

2019 年 4 月第 1 版　2019 年 4 月北京第 1 次印刷
开本：710 毫米 ×1000 毫米 1/16　印张：17.5
字数：240 千字

ISBN 978 – 7 – 01 – 020577 – 9　定价：59.00 元

邮购地址 100706　北京市东城区隆福寺街 99 号
人民东方图书销售中心　电话（010）65250042　65289539